Toskana

Eine Übersichtskarte der Toskana mit den eingezeichneten Reiseregionen finden Sie in der vorderen Umschlagklappe.

Gottfried Aigner

Toskana

Sehnsuchtsland Toskana
Viel mehr als nur Zypressenhügel

Klatschmohn im Olivenhain

Nicht Gott, sondern Menschen haben die Landschaft der Toskana geschaffen. Jedenfalls jene Landstriche, die in der Erinnerung projiziert und tausendfach auf Titeln von Büchern und in Filmberichten präsentiert werden: abgerundete Hügel mit spitzen Zypressen und breitflächigen Schirmpinien, Felder mit glühend rotem Klatschmohn und violetten Schwertlilien. Diese Harmonie konnte Goethe während seiner Italienreise (September 1786 bis Mitte 1788) nicht dazu verführen, sich von Tischbein lieber auf einem toskanischen Weinberg statt in der Campagna malen zu lassen. Dass der reisende Dichter sogar Florenz mied, um sich nicht von Rom als Ziel der Sehnsucht ablenken zu lassen, bedauern fanatische Goethe-Zitierer bis heute.

Die stolzen Toskaner kümmert das weniger, denn wenn es um große Dichter geht, präsentieren sie voller Stolz ihre eigenen: Dante Alighieri, Giovanni Boccaccio und Francesco Petrarca. Durch die Werke dieses Trios bildete sich bereits im 14. Jahrhundert aus der Volkssprache der Toskaner die Hochsprache Italiens. Für aufmerksame Besucher der Region ein Witz, klingt das Toskanische doch etwas eigenartig, weil die Einheimischen kein »K« (ca, co, cu) sprechen, dafür ein »H« flüstern, wenn sie z. B. einen *hantico* (Loblied) auf die beliebte *haccia* (Jagd) singen, bei der sie mit dem *hanohiale* (Fernrohr) nach dem *honiglio* (Kaninchen) Ausschau halten *(cantare, cantico, caccia, cannochiale, coniglio)*.

Apropos Jagd: Toskaner sind leidenschaftliche Jäger, vor allem Wildschweine visieren sie gerne mit Kimme und Korn an. Doch für ihre Jagdgier müssen sie die mit Wein und Oliven bepflanzten Haine verlassen. Die mit Zypressen markierten Hügel mit Gutshöfen und Villen eignen sich allenfalls für die Pirsch auf Fasane, die ihren Schrei, an dem sie fast zu ersticken scheinen, auch in besiedelten Gebieten erschallen lassen. Grunzende Wildschweine aber gibt es außerhalb der klassischen Zypressen-Toskana, der Maremma und den Chianti-Wäldern beispielsweise auch in der dunkelgrünen **Garfagnana** nordwestlich von Lucca und im **Casentino** östlich von Florenz.

Die nordwestliche Ecke der Region erreicht zuerst, wer über Piemont oder die westliche Emilia Romagna anreist. Mit der Klischee-Toskana hat das Waldgebiet zwischen Fivizzano und Bagno di Lucca nichts zu tun. Hier beherrschen Kastanien- und Akazienwälder die Natur, und seit dem Ende der Eiszeit haben sich rauschende Bergbäche tief in die Bergwelt gegraben. Die Straßen, die nicht immer Platz für die Begegnung von zwei Fahrzeugen bieten, winden sich in engen Kehren auf und ab. Eine abenteuerliche Landschaft für Urlauber, die das Urige mögen. So etwa sah die ganze Toskana aus, bevor die Bauern mit der landwirtschaftlichen Nutzung begannen.

Im Südwesten der Garfagnana bildet der Höhenzug der **Alpi Apuane** die Grenze zur wilden Schönheit. In dieser Bergwelt haben sich vor Jahrmillionen durch den Druck von Vulkanen, Meeren und Erdfaltung feinste Kalzitkristalle zu hartem, weißen Marmor verfestigt. Vor allem in **Carrara** und **Massa** wird seit der Antike der edle Stein aus den Bergen gebrochen und durch immer raffiniertere Methoden heute in erschreckender Schnelligkeit geplündert. Die Beobachtung der Abbautechnik im hohen Fels reizt zum Besuch der Apuanischen Alpen. Die karge Landschaft mit Bergkämmen, die an gigantische Totenschädel erinnern, lassen den Besucher schaudern. Jedoch: Italien ist der wichtigste Marmorproduzent, viele tausend Arbeitsplätze bietet diese Industrie. Für Kunstinteressierte sind die Marmorberge unbedingt eine Wallfahrt wert, denn hier suchte sich Michelangelo für seine berühmten Kunstwerke, z.B. den Jüngling David mit der Schleuder, den geeigneten Marmor persönlich aus.

Südlich der Marmorstädte beginnt die **toskanische Küste**, für viele eine atemberaubende Überraschung: 330 Kilometer Wasserlinie, vorwiegend tiefe Sandstrände, manche zig Kilometer lang, die meisten flach ins Wasser gleitend – ein Paradies für Familien mit Kindern. Von der Versilia bis zur Riviera degli Etruschi haben sich kommerzielle und auch städtische Badeanstalten breit gemacht, viele mit allem Komfort von der Badekabine bis zur Warmwasserdusche. Dazwischen, im Süden immer häufiger, wurden lange Sandstrände naturbelassen. Jeder kann sie kostenlos benutzen und in versteckten Buchten unorganisiertes Badeleben genießen. Man muss sich im Schatten der Pinien allerdings damit abfinden, dass die Natur Seegras anlandet – in einem unbestimm-

Sehnsuchtsland Toskana

»Es gibt in der Toskana zwei Sorten Ortschaften, ist man versucht, es unzulässig vereinfachend zu sagen. Nämlich solche, von denen man eine schöne Aussicht hat, und jene, die einen schönen Anblick bieten.«
Günter Kunert

Sehnsuchtsland Toskana

»Ist es schwierig, Italiener zu sein, so ist es besonders schwierig, Toskaner zu sein ... Dass alle Italiener intelligent sind, dass die Toskaner aber bei weitem intelligenter sind als alle anderen Italiener, ist etwas, was alle wissen, was aber nur wenige zugeben wollen ... So ist es ein großes Glück für alle in Italien, dass die Toskaner intelligente und somit freie Menschen sind. Und ein noch größeres Glück wäre es, wenn es in Italien mehr Toskaner und weniger Italiener gäbe.«
Curzio Malaparte (eig. Kurt Erich Schuckert, 1898-1957), »Verdammte Toskaner«, 1957

ten Rhythmus auch wieder abholt – und dass die Hinterlassenschaften unverbesserlicher Umweltverschmutzer an der begrenzenden Macchia, an den Wurzeln der Pinien oder an den angelandeten, zu Gerippen ausgebleichten Baumstämmen hängen bleiben.

Das nördliche Zentralgebiet der Toskana wird vor kalten Winden durch den **Tosco-Emilianischen Apennin** geschützt. Von seinen im Winter schneebedeckten Hängen und Vorgebirgen fließen zahlreiche Flüsse und Bäche südwärts, um den vom Osten, vom Monte Falterona (1 654 m) bei Arezzo heranströmenden Arno aufzufüllen. Dazu gehören der Bisenzio mit dem hübschen Prato an seinen Ufern und der Ombrone, in dessen Arm **Pistoia** heranwuchs. Der dritte wichtige Appenin-Fluss ist der Serchio, der an den Mauern von **Lucca** vorbeifließt, dann aber auf dem Weg zum Arno abknickt und nördlich des toskanischen Hauptflusses ins Meer mündet. Der Arno ist für sein Umland Segen und Fluch zugleich. In seinem Einzugsbereich liegen zwei der kulturhistorisch wichtigsten Städte: **Florenz** und **Pisa**. Einerseits lieben es die Einheimischen, an seinen Ufern zu picknicken und zu angeln, sich auf ihm mit Paddelboot und Kanu schaukeln zu lassen. Andererseits haben seine von allen Seiten zugeführten Schlamm-Massen früher und heute manche Probleme bereitet.

Zuerst war Pisa das Opfer. Die alte Seehandelsstadt lag einst am Meer, seit dem 13. Jahrhundert verlandete der Hafen Zug um Zug, der Schlick schob das Meer immer mehr zurück. Die Pisaner müssen heute bis zu 15 Kilometer fahren (acht Kilometer Luftlinie), um das große Wasser zu erreichen.

In unserer Zeit hat sich der Arno mit seinem Moder Florenz ausgesucht: Heftiger Novemberregen ließ 1966 den Strom so stark anschwellen, dass seine morastige Brühe in die Stadt schwappte und neben Wohnungen und Geschäften wertvolle Kunstschätze vernichtete. Die Gelassenheit der Toskaner, der Florentiner insbesondere, verhinderte große Anstrengungen, einer ähnlichen Katastrophe Dämme vorzubauen: Nach der Statistik wiederhole sich ein ähnliches Drama nur alle 700 Jahre. Und man leitet dem Wasser des Arno lässig auch noch den eigenen Schlamm zu: 50 Prozent des städtischen Abwassers sollen ungeklärt in den Fluss rauschen.

Wo der Arno noch sauber ist, südöstlich von Florenz, breitet sich die **Valdarno** aus,

ein fruchtbares Tal, das aber auch von größeren Industrieansiedlungen durchsetzt ist. Östlich dieser landwirtschaftlich stark genutzten Gegend schiebt sich die bis auf 1 600 Meter ansteigende Bergzone des **Pratomagno** dazwischen. Dahinter liegt die erlebnisreiche, fast gleich hohe Waldlandschaft des **Casentino** mit einer Vielzahl von Schlössern, Kirchen und Klöstern. Weiter südlich bieten sich wundervolle Städtchen an: **Poppi**, **Bibbiena** und **Arezzo**, für Verehrer des großen Künstlers Piero della Francesca ein Wallfahrtsort der besonderen Klasse.

Wer sich von Arezzo dann wieder nach Südwesten orientiert, hat auf jeden Fall **Siena** im Visier, Italiens schönste und bestens erhaltene Mittelalter-Metropole, reich an Geschichte und Gassen, Plätzen und Brunnen. Zwei Landschaften besonderer Art stellen sich vorher in den Weg: Chianti und Crete. Diese beiden Landstri-

Sehnsuchtsland Toskana

Der Badestrand von Talamone

Sehnsuchtsland Toskana

Wildschwein-Ragout mit Polenta, Bohnen, Trauben und Pinienkernen

che bilden die klassische Toskana – nur ein kleiner Teil der Region, der sich aber mit seinen Hügeln, Gutshäusern, Zypressen und Schirmpinien in den Köpfen seiner Verehrer festgesetzt hat.

Weinliebhaber kennen ihre Richtung und sie erkennen das **Chianti** mit einem Blick: voller Reben, dazwischen nette Städtchen und Dörfer, auf den Höhen ein paar Burgen und Klöster. Wenn das Laub gefallen ist, gleich nach der Weinlese und ehe die Reben wieder grünen, verliert das Chianti an Charme, denn man sieht seine künstliche Gestalt in aller Deutlichkeit. Nicht so, wenn die **Monti del Chianti** angesteuert werden. Das Gebiet zwischen den Weinorten **Greve**, **Radda** und **Gaiole** im Westen sowie dem weiter östlich sich von Nord nach Süd erstreckenden **Tal des Arno** (Valdarno) ist relativ urig geblieben, hier genießt man die blumen- und kräuterreiche Macchia. Es duftet nach Verführung und Wildheit, Naturliebhaber lassen sich einfach in einen Busch Rosmarin fallen oder erfreuen sich an den seidigen Blättern der Zistrosen. Schatten liefern in diesem Gelände weder Rebstöcke noch Zypressen, sondern Kastanien, Stein- und Flaumeichen.

Wer Schatten absolut meiden will, sollte »die andere Landschaft« wählen, die **Crete**. Die Hügel aus Lehm und Tuff machen es den Bauern schwer, eine reiche Getreideernte einzufahren. Aber bis zum Hochsommer sprießen leckere Kräuter aus dem kargen Boden, sie locken bimmelnde Schafherden an, die sich damit ihre Milch würzen. Das Ergebnis ist ein unübertroffener Pecorino, ein würziger Schafskäse für verwöhnte Zungen.

Von Siena westwärts gibt es schon wieder die Wahl zwischen Kultur und Landschaft. Im Nordwesten bietet sich ein Städtereigen an, der Mauern, Türme und Paläste offeriert: **Colle di Val d'Elsa, San Gimignano** und **Volterra**. Südlich dieses Kulturtrips kommen einsame Berge mit versteckten Dörfchen auf den Plan, Landschaften mit Kräuter-Macchia und Eichen verschiedener Arten: die **Colline Metallifere**. Auf den einsamen Wegen der metallhaltigen Hügel, die seit der Etruskerzeit ein begehrtes Erzgebiet sind, kann man sich noch verirren. Unheimlich mittendrin der Atem der Hölle: Rund um **Larderello** dampft der Boden, heiße Schwaden zischen durch die Ritzen der Erde. Ein Gewirr von Rohren und Leitungen zeigt an, dass der Mensch den Feuer spuckenden Teufel gebändigt hat: Von der Magma des Erdinneren aufgeheiztes Wasser treibt oben Turbinen an und erzeugt Strom.

Schätze aus dem Bauch der Erde charakterisieren auch die Gegend südlich der Colline Metallifere. An der Küste sind **Populonia** und **Piombino** alte Schürfstätten der Etrusker und später der Römer. Hier und drüben auf der toskanischen Insel Elba gewannen sie Erze, verhütteten sie auf dem Festland, beispielsweise rund um Populonia, wo Nekropolen ihre Existenz beweisen (vgl. S. 90 f.). Erzgewinnung findet man auch zwischen **Massa Marittima** und **Campiglia Marittima**, wo bei der Rocca di San Silvestro in einem einmaligen Bergwerksmuseum 3 000 Jahre Geschichte des Untertagebaus nachvollzogen werden können.

Auf holprigen Wegen und selten direkt von West nach Ost geht es dann über das berühmte Weinstädtchen **Montalcino** und **Pienza** hinüber nach **Montepulciano**, wo sich Renaissancepaläste und edle Weinsorten gegenseitig die Schau stehlen. Nordöstlich dieser wundervollen Hügellandschaft schließt sich das **Valdichiana** an. Auf den saftigen Weiden des Chiana-Tals grasen die berühmten weißen Chiana-Rinder, Lieferanten der besten *bistecca fiorentina*, die man in guten Restaurants zentimeterdick und nicht unter einem Kilo bestellt. In dieser Gegend, südlich des Terrassenstädtchens **Cortona**, schlug der karthagische Feldherr Hannibal – der mit den Elefanten – sein Lager auf und trieb im Jahr 217 v. Chr. das römische Heer in das Wasser des Trasimeno-Sees an der toskanisch-umbrischen Grenze (vgl. Hannibals Zug durch die Toskana, S. 175 f.).

Weiter unten, südlich der Linie Pienza-Montepulciano, westlich begrenzt von der waldreichen Landschaft des **Monte Amiata** (1738 m) und von neuen Naturparks, beginnt tief beeindruckendes Etruskerland. Hier haben sich die wahrscheinlich aus Kleinasien stammenden Siedler vor allem Gebiete mit Tuffstein ausgesucht, weichem Gestein, in das sich leicht Grotten für die Lagerung von Lebensmitteln und für Gräber schlagen ließen. Beispielsweise in **Chiusi** an der umbrischen Grenze und weiter südlich, dort wo die Region Latium die Toskana berührt, die Städtchen **Sovana, Sorano, San Quirico** und das auf einem markanten Tuffberg in den Himmel gewachsene **Pitigliano**.

Von hier nach Westen, quer durch die große Provinz **Grosseto**, wird es einsam und ruhig. Kleine Bauerndörfer und mittelalterliche Orte wie etwa das selten besuchte, reizende **Manciano** liegen am Weg. Die Straßen sind recht kurvenreich, die maremmanischen Wälder beginnen, Reitergruppen kreuzen den Weg, gelegentlich ein paar Wanderer. Wo die Bewaldung lichter wird, ist bereits das Meer zu riechen. An saftig grünen Hängen, reich an würzigen Kräutern, fressen sich Schafherden durch die Wiesen – auch der Maremma-Pecorino gehört zur qualitativen Spitze.

Mit den Flüssen Ombrone und Albegna erreicht man die Küste. Zwischen beiden Gewässern liegt der **Parco Naturale della Maremma**, das naturgeschützte Wandergebiet mit Bergen, Wäldern, Macchia, Türmen und naturbelassenem Sandstrand. Südlich davon reizt die durch drei Dämme mit dem Festland verbundene Ex-Insel **Monte Argentario**. Von hier aus gibt es eine Schiffsverbindung zum Inselchen **Giglio**, das mindestens einen Tagesausflug wert ist.

Die größte toskanische Insel, das legendäre **Elba**, ist mit dem Schiff am schnellsten von Piombino aus zu erreichen. Hier hielt sich Napoleon 300 Tage unfreiwillig auf, traf heimlich seine Geliebte und den gemeinsamen Sohn. Doch außer solchen historischen Erinnerungen hat die Insel – eine kleine Welt für sich – alles zu bieten, was Urlauber suchen: sandige Strände und tiefe Felsbuchten, romantische Häfen, einsame Berge, malerische Burgruinen, im Frühjahr eine reich blühende Flora und im Herbst für das leibliche Wohl süffigen Wein, schmackhafte Wildgerichte, Pilze aus den Wäldern der Insel und das ganze Jahr über frische Fische vom Meer ringsum.

Sehnsuchtsland Toskana

»Kaum auszudrücken ist aber erst, was diese Landschaft für Gefühle erregt. Sie hat nichts Historisches ... die Spuren der Menschen, die ewigen unveränderten Hügel und Täler, ja die untergehende Sonne und die Wolken werden hier zu einer Einheit, die Olivenbäume, die Mauern und Burgen, die Friedhöfe, auf denen man sitzt, alles gehört zusammen, ist von einer Zeit und greift so in einen hinein wie nichts anderes auf der Welt.«
Hugo von Hofmannsthal

9

Glanzlichter der Geschichte
Macht und Untergang der Medici-Dynastie

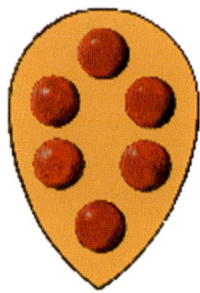

Das Familienwappen der Medici

Die Verherrlichung der mächtigen Medici als Unterstützer des Humanismus und der Renaissance, Förderer der Kunst, als Bauherren prächtiger Städte und Gründer eines toskanischen Staates sollte nicht den Blick auf das Umfeld verstellen. Es war das Geld der Kaufleute, das die Möglichkeiten schuf, Kultur zu fördern. Diese wiederum konnten ihren Profit nur anhäufen, weil die Arbeiter schlecht bezahlt wurden. Die Macht der Bourgeoisie, die den Grund besitzenden Adel auf das Land verwiesen hatte, bedeutete nichts anderes als die Herrschaft der Bankiers und Kaufherren über das Proletariat. In Florenz hatte die *Signoria*, der städtische Rat der vornehmen Herren, vorwiegend Meister der Zünfte, Vertreter der Industrie und des Kapitals, die Macht. Das gemeine Volk galt als unfähig, politisch zu denken, sich ein gesundes Urteil zu bilden. Seine Freiheit bestand zeitweise darin, »nur« von den eigenen Herren regiert zu werden, frei von den Launen und Begehrlichkeiten des Kaisers, des Papstes oder des Adels.

Geld, die Wurzel der Kultur

Ungeachtet der Abwesenheit von Demokratie beginnt sich das Leben in den Städten Nord- und Mittelitaliens vom finsteren Mittelalter zu befreien. Die Berührung mit anderen Kulturen durch den Handel zwischen dem Orient und den Ländern nördlich der Alpen bringt neue Ideen, Freiheit in Glaubensdingen, Zuwendung zum Schönen – sei es durch die Anerkennung des menschlichen Individuums oder durch die Förderung seiner Werke in Form von Literatur, Malerei, Bildhauerei und Architektur. »Ein großes Wunder ist der Mensch«, schwärmen die Philosophen. Die Antike wird wiederbelebt, der Renaissance (*rinascità* = Wiedergeburt) Raum geboten, Geld spielt keine Rolle. Geld ist die Wurzel aller Kultur, folgert Will Durant in seiner »Kulturgeschichte der Menschheit«.

Die Belebung der schöpferischen Kräfte findet im Machtbereich der ersten Medici ihren Höhepunkt, ein einzigartiges Jahrhundert erhebt Florenz zum kulturellen Zentrum Europas (1434–1534). Wie auch in anderen Epochen zu beobachten, folgen auf die Befreiung der Stadtbevölkerung von geistigen und sittlichen Fesseln nach ihrem Höhepunkt der Abstieg ins moralische Nirwana, in chaotische Zustände, die Zersetzung der Macht und der Verfall des Wohlstands. Die Medici haben an beiden Ereignissen einen wesentlichen Anteil: sowohl an der Renaissance, der Hinwendung zum Diesseits, zum Schönen, wie auch an ihrem Ende, dem moralischen und nationalen Desaster.

Cosimo, der Millionen-Erbe

Der wirtschaftliche Siegeszug der unternehmungsfreudigen Familie beginnt bereits im Jahr 1201 mit Chiarissimo de' Medici. Dessen Sohn Averardo (geb. 1314) häuft Geld vor allem durch gewagte Spekulationen an, sein Großneffe Salvestro (geb. 1378) und dessen Großneffe Giovanni di Bicci de' Medici (1360-1429) mehren den Reichtum der Sippe weiter. Giovanni gelingt es sogar, die Geldgeschäfte des Papstes verwalten zu dürfen. Als er stirbt, hinterlässt er seinem Sohn Cosimo (1389-1464) ein Millionenvermögen und einen klangvollen Namen.

Vier Jahre lang baut Cosimo das Handelsimperium aus und finanziert beispielsweise den Krieg gegen Lucca. Sein Erfolg erregt Neid, und 1433 gelingt es Rinaldo degli Albizzi, Cosimo des Verrats zu verdächtigen. Um dem Todesurteil zu entgehen, flieht Cosimo mit Familie und Anhängerschaft nach Padua und Venedig. Doch ein Jahr später wird das Urteil aufgehoben und Cosimo kehrt im Triumph zurück. Rinaldo und seine Familie müssen Florenz verlassen.

Der gebildete Cosimo übernimmt nur für kurze Zeit politische Ämter, widmet sich bald lieber seinen Geschäften und regiert mit Darlehen und Geldgeschenken. Auch scheut er sich nicht, seinen Einfluss mit Gewalt durchzusetzen, treu seiner Redensart, dass sich »Staaten nicht durch Vaterunser regieren lassen«. Das Volk schätzt seine Wohltätigkeit, die Kurie seine Freigebigkeit, die Künstler sein Kunstverständnis, und führende Köpfe des Humanismus suchen seine Nähe: Coluccio Salutati, Niccolò de' Niccoli, Leonardo Bruni, Carlo Marsuppini, Gianozzo Manetti u.a. Unter Cosimos Gönnerschaft entstehen berühmte Werke von Sandro Botticelli, Donato de' Bardi, genannt Donatello, schafft die wahrscheinlich erste frei stehende Figurengruppe »Judith und Holofernes«, die Frührenaissance-Architektur erhält ihre Impulse durch Filippo Brunelleschi (Domkuppel von Florenz) und Michelozzi (Palazzo der Medici, Kloster San Marco). Cosimo der Ältere kann 30 Jahre lang segensreich wirken, das Florenz von heute ist sein Werk.

Siegeszug von Lorenzo dem Prächtigen

Dem großen Mäzen folgt Piero der Gichtige (1416-69), der allerdings schon nach fünf Jahren durch angeborene Arthritis stirbt. So kommt sein Sohn Lorenzo il Magnifico, der Prächtige (1449-92), mit 20 Jahren an die Macht, von seinem Großvater Cosimo rechtzeitig auf die Laufbahn des Regenten vorbereitet. Zielbewusst baut dieser sein Imperium aus. Er heiratet im selben Jahr aus politischen Gründen Clarice Orsini, Tochter einer römi-

Glanzlichter der Geschichte

Jacopo Pontormo (1494-1556/57): Cosimo il Vecchio, der Ältere (1518/19), Uffizien, Florenz

Lorenzo il Magnifico (1449-92)

Glanzlichter der Geschichte

schen Familie. Mit ihr zeugt er zehn Kinder, von denen sieben überleben. Politisch vereinigt er sich mit Mailand und Venedig, um so den Frieden in Nord- und Mittelitalien zu sichern.

Papst Sixtus ist diese Machtanhäufung ein Dorn im Auge, deshalb fördert er das rivalisierende Bankhaus der Familie Pazzi (1478). Unter Anführung von Francesco de' Pazzi sollen Lorenzo und sein Bruder Giuliano während der Heiligen Messe im Dom erdolcht werden. Doch nur der Bruder stirbt, Lorenzo kann fliehen. In der Zwischenzeit versucht eine zweite Gruppe der Verschwörer den Palazzo der Medici zu erobern. Doch das Volk und die Prioren der Regierung stehen auf Lorenzos Seite. Sie werfen die Aufrührer aus den Fenstern und knüpfen Francesco de' Pazzi und den Erzbischof Salviati an den Palastfenstern auf. Das Volk schleift den Leichnam des Oberhaupts der Pazzi nackt durch die Gassen und wirft ihn in den Arno.

Diese frevelhafte Tat führt zum Krieg mit Rom, Papst Sixtus kann König Ferrante von Neapel für einen Straffeldzug gewinnen. Die florentinische Armee wird bei Poggibonsi geschlagen, das Land verwüstet. Als das Volk verzweifelt ist, segelt Lorenzo unbewaffnet mit dem Schiff von Pisa nach Neapel, um den König milde zu stimmen. Dieser bewundert den Mut des jungen Mannes, und nach drei Monaten beschließen sie ein Bündnis. Das Volk in Florenz bejubelt Lorenzo il Magnifico, den »Prächtigen«. Auch der Papst verbündet sich mit dem ehemaligen Gegner, vor allem weil die Türken bei Otranto landen (1480) und Rom, die Hauptstadt der Christenheit, einnehmen wollen. Den vereinigten Heeren gelingt es, die Türken zu vertreiben, und Lorenzo kann sich in Frieden seinen kulturellen und anderen Neigungen widmen. Er hält sich mehrere Mätressen, verbrämt seine tyrannische Herrschaft – es gab weder Volksparlamente noch ein allgemeines Wahlrecht – mit Turnieren und Pferderennen, mit Volksfesten und Umzügen für das einfache Volk.

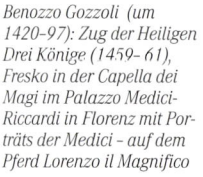

Benozzo Gozzoli (um 1420-97): Zug der Heiligen Drei Könige (1459-61), Fresko in der Capella dei Magi im Palazzo Medici-Riccardi in Florenz mit Porträts der Medici – auf dem Pferd Lorenzo il Magnifico

Die Geschäfte der Kaufherren blühen – das Proletariat hat Brot und Spiele, politische Konflikte werden unterdrückt, so lange Il Magnifico alle bei guter Laune hält. Er selbst widmet sich erfolgreich der Dichtkunst und fördert Künstler, darunter den schon von seinem Großvater begünstigten großen Botticelli (»Die Geburt der Venus«) und Domenico Ghirlandaio, unter dessen Fresken in der Santa Trinità Lorenzos Porträt zu finden ist. Auch entdeckt er die Begabung des jungen Michelangelo, der als 14-Jähriger in die Bildhauerschule aufgenommen wird. Weiterhin gehört Andrea del Verrocchio zu den Bevorzugten des Herrschers, in dieser Zeit entsteht die Bronzeplastik »Knabe mit Delphin« (Palazzo Vecchio).

Glanzlichter der Geschichte

Lorenzos Lust, Feste zu feiern, findet vor allem in den Karnevalsumzügen ihren Höhepunkt. Seine Lieder kommen bei der Jugend gut an: »Bacchus lebe! Amor lebe! Singt und springt in trunknem Schwunge, der uns allem Schmerz enthebe!« Seine Kinder genießen eine gute Erziehung und Lorenzo sorgt zu Lebzeiten für geschickte Heiraten. Er bereitet seinen Erstgeborenen, Piero, auf eine politische Karriere vor, bestimmt seinen zweiten Sohn Giovanni, die geistliche Laufbahn einzuschlagen, und es gelingt dem Mächtigen sogar, Papst Innozenz VIII. dazu zu bewegen, den 13-Jährigen zum Kardinal zu ernennen. Mit 43 Jahren stirbt Lorenzo il Magnifico am Familienleiden Gicht und Arthritis, erschwert durch ein Magenleiden, das seine Ärzte mit zerstampften Perlen und Edelsteinen in Wein zu heilen versuchen.

In der Zwischenzeit hat der um die Moral besorgte Prediger Savonarola begonnen, gegen das leichtlebige Florenz, gegen den Verderber der Jugend und gegen die seiner Ansicht nach unsittlichen Künste zu wettern. Trotzdem schafft es Lorenzo, Savonarola für Beichte und Absolution an sein Totenbett zu holen (1494).

Die Stunde des Savonarola

Der Nachfolger des »Renaissancemenschen« – inzwischen war die Vererbung der Macht innerhalb der Medici selbstverständlich – ist Lorenzos ältester Sohn Piero der Einfältige (1471–1503), ein schwacher Charakter. Sein Pech ist außerdem, dass der französische König Karl VIII. 1494 einmarschiert, um Italien zu erobern. Piero will es seinem Vater gleichtun, besucht das Lager des Eroberers, um ihn gnädig zu stimmen. Doch dieser setzt alle seine Forderungen durch: Piero überlässt Pisa, Livorno und andere Bastionen den Franzosen und verpflichtet sich aus der durch seine Verschwendung schon ziemlich leeren Schatulle eine hohe Summe in die Kriegskasse einzuzahlen. Das nimmt eine Seitenlinie der Medici zum Anlass, Piero von der Signoria absetzen zu lassen. Er darf nicht einmal mehr seinen Palast betreten, wird mit Schimpf und Hohn samt Familie aus der Stadt getrieben. Der Pöbel plündert die in vier Generationen zusammengetragenen Kunstsammlungen, der Rest wird versteigert.

Dies ist die Stunde des Mönchs Savonarola, der 1495 eine neue Verfassung durchsetzt, Steuern abschafft und den Rat der Stadt zu neuen Gesetzen überredet: keine Spiele, keine Pferderennen,

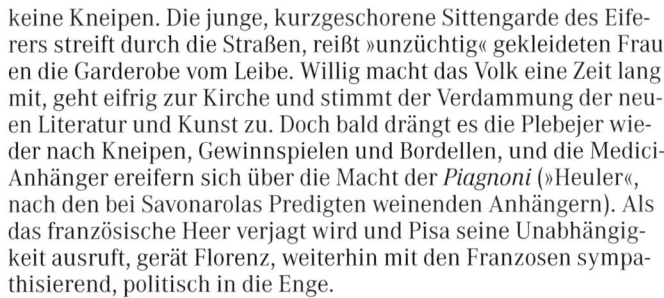

Glanzlichter der Geschichte

Die Stunde des Mönchs Savonarola hat geschlagen: keine Kunstwerke, keine Steuern, keine Spiele, keine Pferderennen, keine Kneipen, keine Bordelle; »unzüchtig« gekleideten Frauen wird die Garderobe vom Leibe gerissen.

keine Kneipen. Die junge, kurzgeschorene Sittengarde des Eiferers streift durch die Straßen, reißt »unzüchtig« gekleideten Frauen die Garderobe vom Leibe. Willig macht das Volk eine Zeit lang mit, geht eifrig zur Kirche und stimmt der Verdammung der neuen Literatur und Kunst zu. Doch bald drängt es die Plebejer wieder nach Kneipen, Gewinnspielen und Bordellen, und die Medici-Anhänger ereifern sich über die Macht der *Piagnoni* (»Heuler«, nach den bei Savonarolas Predigten weinenden Anhängern). Als das französische Heer verjagt wird und Pisa seine Unabhängigkeit ausruft, gerät Florenz, weiterhin mit den Franzosen sympathisierend, politisch in die Enge.

Savonarola wendet sich außerdem gegen die Macht des Papstes Alexander VI., geißelt Rom der Hurerei. Bald stockt der Handel der florentinischen Kaufleute mit den anderen italienischen Städten. Durch einen elfmonatigen Regen verfault das Korn auf den Feldern (1497), Hungernde brechen tot auf der Straße zusammen. Savonarolas Gegner, die *Arrabbiati* (die »tollen Hunde«, Schimpfwort der Savonarola-Anhänger), bekommen Aufwind und wollen das Predigtverbot des Papstes gegen Savonarola durchsetzen. Der Mönch widerspricht und lässt nicht nach, eine moralische Umwälzung durchzupeitschen. Nun regt sich in der Signoria heftiger Widerstand, die Ratsherren wollen endlich für Ruhe sorgen und das Ansehen der Handelsstadt wieder herstellen. Savonarola und seine engsten Anhänger werden gefoltert und gezwungen, sich der Ketzerei zu beschuldigen. Am 23. Mai 1498 lässt die Republik ihren Gründer und dessen Anhänger auf dem Platz vor dem Palazzo Vecchio aufhängen, die Körper verbrennen und die Asche in den Arno streuen.

Wiederkehr der Medici mit Kanonen

Bis zum Jahr 1512 wechselt die Signoria und der ihr vorstehende *Gonfaloniere* alle zwei Monate, was quasi einer Ohnmacht der Regierung gleichkommt. Schließlich wird Piero Soderini als Gonfaloniere auf Lebenszeit gewählt. Unterstützt von seinem politischen Berater Machiavelli zwingt er Pisa, sich wieder unter die Fittiche von Florenz zu begeben (1508).

Doch der Allianz von Rom, Venedig, Mailand und Neapel (Heilige Liga) ist die republikanische Regierung, die weiterhin auf dem Bündnis mit den Franzosen beharrt, ein Ärgernis. 1512 marschieren sie gegen die Abtrünnigen, schaffen Savonarolas Verfassung ab, führen die Macht der Medici wieder ein. Lorenzos Sohn Giuliano übernimmt die Regierung, sein früh zum Kardinal ernannter Bruder Giovanni besteigt als Leo X. den Heiligen Stuhl. Doch Giuliano ist ein schwacher Herrscher, wird bald von seinem ehrgeizigen Neffen Lorenzo (1492–1519), dem Sohn Pieros des Einfältigen, abgelöst. Lorenzo stirbt nach sechs Jahren Regierungszeit, ohne Nachkommen zu hinterlassen. Mit dessen Tod endet die legitime Linie von Cosimo dem Älteren. Giovanni als Leo X. und nach ihm (1521) Clemens VII. (vorher Kardinal Giulio de' Medici, Sohn des von den Pazzi erdolchten Giuliano) beherrschen Florenz lange Zeit von Rom aus. Clemens beauftragt seinen

Santi di Tito (1536–1603): Porträt von Niccolò Machiavelli, im Palazzo Vecchio, Florenz

unehelichen Sohn Alessandro mit den Regierungsgeschäften in Florenz. Dessen selbstherrliche Art veranlasst republikanisch gesonnene Familien, die päpstlichen Statthalter zu vertreiben (1527). Doch Clemens ruft den deutschen Kaiser und König von Spanien, Karl V., zu Hilfe, um seine Sippe mit Gewalt wieder an die Macht zu bringen.

Pistoia und Prato werden erobert, Florenz belagert. Am Kampf gegen die Medici beteiligt sich auch Michelangelo. Er lässt die Arbeit an den Medici-Gräbern ruhen und baut stattdessen Wälle und Bastionen. Die Florentiner hungern, sie verzehren Katzen und Ratten. Als ihr verräterischer Heerführer Baglioni dann auch noch die Stadt dem Feind öffnet, ergeben sich die Republikaner (12. August 1530). Clemens krönt als Dank Karl zum Kaiser des Heiligen Römischen Reichs. 1531 kehrt Alessandro de' Medici wieder zurück und bringt der Toskana eine Epoche sittlicher Verrohung und gewalttätiger Diktatur. Wer sich gegen ihn wendet, wird erschlagen oder vertrieben, die Signoria entmachtet.

Glanzlichter der Geschichte

Nach der Wiederkehr der Medici leidet das Volk unter Not und Gewalt. Michelangelo schreibt in einem Gedicht aus dem Jahr 1564: »Und Amor und die Musen, blühende Lauben, was sind sie als Gekritzel und Gelumpe, in Schenke, Gosse, Abort nun zu finden!«

Tyrannen herrschen, das Volk leidet

Als der Tyrann Alessandro von Lorenzino, einem entfernten Verwandten, ermordet wird (1537), stimmt das geschwächte Volk ohne Murren der Herrschaft eines weiteren Medici zu: Aus der Linie Lorenzo des Älteren (1395–1440), eines Bruders des Dynastie-Gründers Cosimo des Älteren, wartet bereits der 28-jährige Cosimo der Jüngere (1519–74) auf seine Chance. Der Sohn von Giovanni dalle Bande Nere (1498–1526), einem Medici, der von Raub und Krieg im Untergrund lebt, erbt die Härte seines Vaters. Fast drei Jahrzehnte lang herrscht er als Cosimo I. über die Toskana, die damals fast so groß ist wie heute. Nach Arezzo und Pisa fällt auch Siena in seinen Machtbereich.

Während man in den Palästen der Herrschenden und der Kaufleute in marmornen Sälen mit Pomp und prallen Bäuchen feiert, als kulturelles Feigenblatt die bis dahin in bescheidenem sozialen Status lebenden Künstler hofiert, ist das Volk vergessen. In den Gassen der Städte und auf dem Land herrschen Not und Gewalt. Michelangelo beschreibt 1564 in einem Gedicht, dass ein Berg von Kot sich vor seiner Pforte türme. »Und Amor und die Musen, blühende Lauben, was sind sie als Gekritzel und Gelumpe, in Schenke, Gosse, Abort nun zu finden!«

Doch die Medici regieren ungerührt weiter. 1569 erheischt Cosimo I. von Papst Pius IV. den Titel Großherzog der Toskana. Er herrscht unbarmherzig und schreckt auch vor den Mitteln der Spionage innerhalb der Familien nicht zurück. Aber Handel und Industrie, die lange Zeit litten, blühen wieder auf. Der Medici veranlasst die Trockenlegung der Maremmen, erschließt Silberbergwerke und Marmorbrüche. Sein rücksichtslos angehäuftes Vermögen verwendet er

Cosimo I. de' Medici, dargestellt von Agnolo Bronzino (1503–72) – das Gemälde (1545) hängt in den Uffizien in Florenz

Glanzlichter der Geschichte

zum Teil für Kunst und Literatur, kauft einen großen Teil der verloren gegangenen mediceischen Kunstwerke zurück. Auch lässt er vom berühmten Baumeister Giorgio Vasari ein mächtiges Verwaltungsgebäude bauen, die Uffizien. Nachdem seine Frau und drei Kinder an der Malaria sterben, leidet sein Verstand. Er überlässt seinem Sohn Francesco die Regierung und stirbt 1574 mit 55 Jahren.

Der letzte Medici an der Macht, Gian Gastone, stirbt 1737 kinderlos. Das Haus Habsburg-Lothringen setzt Franz von Lothringen als Großherzog der Toskana ein, 1741 wird er zum Kaiser Franz I. ernannt.

Das Ende von drei Medici-Jahrhunderten

Mit Großherzog Francesco (1541–87) neigt sich die an Auf- und Abstiegen reiche Ära der Medici allmählich ihrem Ende zu. Die Familie ist mit dynastischen Streitigkeiten und Mord innerhalb

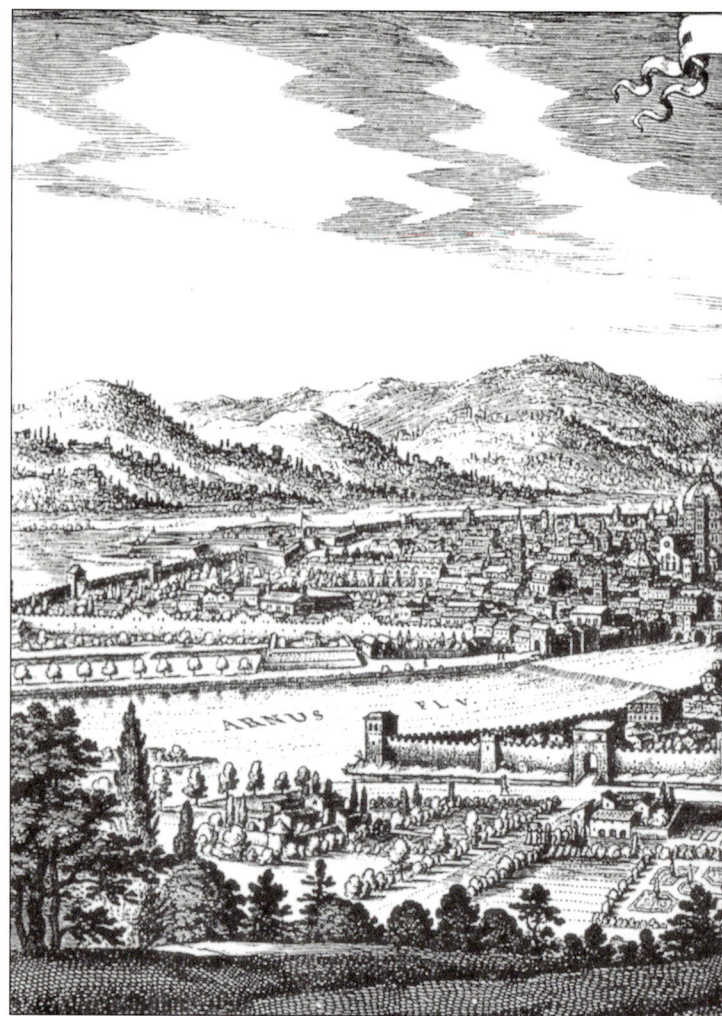

der Sippe beschäftigt. Auch Francesco soll vergiftet worden sein. Ihm folgt sein Bruder, Kardinal Ferdinand (1549–1609), der noch einmal für Wohlstand sorgt, sich um die Kultur, vor allem um die Musik kümmert. Ferdinando I. sind auch die Entwässerung der Sümpfe im Chiana-Tal und der Ausbau der Stadt Livorno zuzuschreiben.

Der bereits eingeleitete Abstieg folgt Zug um Zug: Die Nachfolger Cosimo II., Ferdinando II. und Cosimo III. leben in Saus und Braus und verschwenden das Vermögen: Der letzte Medici, Großherzog Gian Gastone, regiert 1723–37 ohne bemerkenswerte Leistungen, er stirbt kinderlos. Seine Schwester Anna Maria Lodovica überlebt ihn noch sechs Jahre und vermacht die Kunstschätze der Medici der Stadt Florenz. Das Großherzogtum Toskana wird dem Haus Habsburg-Lothringen zugeschlagen.

Glanzlichter der Geschichte

Florenz auf einem Merian-Stich aus dem 17. Jahrhundert

Chronik – Daten zur toskanischen Geschichte

Chronik
Daten zur toskanischen Geschichte

30 000 v. Chr.
Steinwerkzeug-Funde bei Prato und Skelettreste bei Arezzo beweisen die Anwesenheit des Altsteinzeitmenschen.

1500 v. Chr.
Es entstehen erste feste Siedlungen der Villanova-Kultur (nach dem Fundort Villanova bei Bologna), Ackerbau und Viehzucht, Werkzeuge und Waffen aus Bronze.

1000 v. Chr.
Das bis heute nicht vollständig erforschte Volk der Etrusker dringt vom Osten her ein, verdrängt allmählich die Villanova-Kultur.

Um 700 v. Chr. wird die Villanova-Kultur von der Zivilisation der Etrusker verdrängt. Die indogermanischen Einwanderer dringen friedlich in Mittelitalien ein und gründen politisch autonome Städte (Zwölf-Städte-Bund). Macht und Reichtum schaffen sie durch ihren Handel mit Metallerzeugnissen bis Nordeuropa und im gesamten Mittelmeerraum. Mit dem Sieg über die Griechen in der Seeschlacht bei Alalia (540 v. Chr.) erreichen die Etrusker den Höhepunkt ihrer Geschichte. Ab dem 4. Jh. v. Chr. dringen die Römer in die etruskischen Zentren ein, die Macht des aufsteigenden Rom verdrängt allmählich die Kultur des alten Etrusker-Volkes.

7. Jh. v. Chr.
Die Etrusker gründen politisch autonome Städte, zum Teil auf den besiedelten Hügeln der Villanova-Kultur. In der heutigen Toskana sind das Vetulonia, Roselle und Populonia in Küstennähe sowie im Landesinneren Chiusi, Volterra, Arezzo, Fiesole und Cortona. Erzabbau in den Colline Metallifere und auf Elba, Trockenlegung der Maremmen, Gründung einer Flotte zum Schutz der Küste.

540 v. Chr.
Seeschlacht bei Alalia (Korsika), Sieg über die Griechen.

5. Jh. v. Chr.
Niederlagen gegen Griechen und Phönizier.

4. Jh. v. Chr.
Die geschwächten etruskischen Städte – ihnen fehlt auch der politische Zusammenhalt – werden allmählich vom aufsteigenden Rom erobert oder durch Bündnisse gebunden.

2. Jh. v. Chr.
Die Römer gründen die Kolonialstädte Florenz und Pistoia, bauen die etruskischen Siedlungen Pisa und Lucca für ihre Veteranen aus.

89 v. Chr.
Die Etrusker erhalten das römische Bürgerrecht, politisch, kulturell und wirtschaftlich haben sie keine Bedeutung mehr.

297
Kaiser Diokletian gründet aus dem alten Etrurien und Umbrien die Tuscia (später Toskana).

476
Untergang des Weströmischen Reiches, Beginn einer Jahrhunderte dauernden Fremdherrschaft, die Städte verfallen, das Land verödet, trocken gelegte Landstriche versumpfen wieder.

493
Kriege zwischen den Ostgoten unter Theoderich und Byzanz.

568
Italien zerfällt in ein langobardisches und byzantinisches Gebiet – die Langobarden nehmen die zerstörte Toskana kampflos ein, Tuszien wird Herzogtum.

ab 774
Der Franke Karl der Große erobert das Langobardenreich, Tuszien wird Markgrafschaft, der Handel floriert, in den Städten zieht neuer Wohlstand ein.

10.–13. Jh.
Machtkämpfe zwischen den römisch-deutschen Kaisern und den Päpsten. Die toskanischen Städte nehmen entweder Partei für die »Guelfen« (Papsttreue) oder die »Ghibellinen« (Kaisertreue). Sie finanzieren zum großen Teil die Machtkämpfe, schließlich ist Pisa seit dem Sieg über die Sarazenen (1062) die reichste Stadt der Toskana, auch Florenz, Siena, Lucca und Pistoia wachsen zu starken Handelszentren (u.a. Tuch) heran. Andererseits bekämpfen sich die entstandenen Stadtstaaten Pisa, Florenz, Lucca und Siena untereinander. Sogar in den Städten selbst schlagen Ghibellinen und Guelfen aufeinander ein, bauen uneinnehmbare Geschlechtertürme (Beispiel San Gimignano).

13.–14. Jh.
Siena und Pisa sind meistens gegen den gemeinsamen Feind Florenz verbündet. Lucca und San Gimignano kämpfen gegen Siena, werden also »automatisch« zu Partnern von Florenz. 1260 besiegt Siena das feindliche Florenz bei Montaperti, doch schon 1269 ist Florenz wieder obenauf. Bis 1406 hat Florenz die Städte Arezzo, Pistoia, Prato, Cortona und Volterra erobert, auch San Gimignano kommt unter seine Verwaltung und sogar Pisa, dessen Hafen inzwischen verlandet war. Siena und Lucca bleiben noch unabhängig. Florenz fördert die Künste, Dante (1265–1321), Boccaccio und Giotto finden dort ihre Mäzene.

Ende des 14. Jh. erleidet das Land große Rückschläge durch Pestepidemien (1348 und 1374) sowie Hungersnöte (1365–74).

> **Chronik – Daten zur toskanischen Geschichte**

Dante Alighieri, dargestellt in dem Freskenzyklus »Berühmte Persönlichkeiten« (um 1450) von Andrea del Castagno (um 1421/23–57), Galleria degli Uffizi Florenz

Chronik – Daten zur toskanischen Geschichte

1434–1494
Die unteren Volksschichten lehnen sich gegen den Blut saugenden Adel auf, suchen sich für die Stadtherrschaft *(Signoria)* eine starke Persönlichkeit aus. Die Wahl fällt auf den reichen Familien-Clan der Medici: Cosimo der Ältere, Piero (nur fünf Jahre) und Lorenzo il Magnifico. Die Renaissance hält Einzug, Florenz wird zum geistigen Zentrum Europas.

1494
Nach dem Tod von Lorenzo il Magnifico erobern die Franzosen die Toskana, der religiöse Fundamentalist Girolamo Savonarola schwingt sich zur Macht auf, predigt gegen Künste und Literatur, fordert die Verbrennung dieser »eitlen Werke«. Vier Jahre später endet der Eiferer auf dem Scheiterhaufen in Florenz (Metallplatte auf der Piazza della Signoria).

1512–1574
Erst 1512 kommen die Medici nach Florenz zurück. Kardinal Giovanni de' Medici (durch gute Beziehungen bereits mit 13 Jahren zum Kardinal ernannt) wird zum Papst gewählt: Leo X. Cosimo I. (1519–74) erobert fast die ganze Toskana, fördert massiv alle Künste: Bau der Uffizien, Unterstützung von Michelangelo, Bau des Korridors auf dem Ponte Vecchio als Verbindung zur neuen Residenz, dem Palazzo Pitti. 1569 wird Cosimo I. von Papst Pius V. zum Großherzog der Toskana ernannt – ohne dass dieser dazu berechtigt war.

Eleonora di Toledo, die Frau von Cosimo I., mit ihrem Sohn Giovanni de' Medici auf einem Gemälde von Agnolo Bronzino (1544/45), Uffizien in Florenz

300 Jahre dauert die Macht des Medici-Clans (1434–1737), Renaissance und Humanismus blühen auf, Kunst und Architektur werden gefördert. Doch das gemeine Volk hat nichts zu sagen, gilt als unfähig, politisch zu denken.

1574–1737
Die Medici-Dynastie regiert rund 160 Jahre weiter. Ferdinando I. entwässert die Sümpfe im Chiana-Tal und in der Ebene von Pistoia, gründet die Hafenstadt Livorno, lässt viele Festungen gegen befürchtete Aufstände bauen. Andererseits verlottert die Politik, Macht wird durch Heirat gesichert, religiöser Fanatismus verstört die Toskaner (Cosimo III.), eine radikale Steuerpolitik lässt die Bevölkerung verarmen.

1737
Gian Gastone de' Medici stirbt kinderlos. Die europäischen Fürstenhäuser streiten um die Erbfolge. Das Haus Habsburg-Lothringen setzt sich schließlich durch, Franz von Lothringen wird Großherzog der Toskana, 1741 zum Kaiser Franz I. ernannt.

1765–1792
Der Sohn von Kaiser Franz I., Peter Leopold, baut Handel, Handwerk und Landwirtschaft neu auf, reformiert Steuerpolitik und Verwaltung, verbietet Folter und Todesstrafe.

1799–1814
Napoleon besetzt die Toskana, die anschließend unter bourbonische Verwaltung kommt.

Chronik – Daten zur toskanischen Geschichte

1815–1859
Nach dem Wiener Kongress (1815) regieren die Habsburger unter Ferdinand III. weiter. Seine Herrschaft wird 1848 während des ersten Unabhängigkeitskrieges für ein Jahr unterbrochen.

1859
Zweiter Unabhängigkeitskrieg, Leopold muss fliehen. Bei einer Volksabstimmung wird der Anschluss der Toskana und der Emilia Romagna an das savoyische Königreich Piemont beschlossen. Vittorio Emanuele II. übernimmt die Regierung.

1860–1871
1860 erobert Garibaldi von Sizilien aus den Süden Italiens. 1861 wird Vittorio Emanuele II. zum König Italiens ausgerufen. Von 1865 bis 1871 ist Florenz vorläufige Hauptstadt des neuen Königreichs.

1900
Florenz wird wieder das geistige Zentrum Italiens. Im Café Giubbe Rosse treffen sich die Literaten.

Gespräch über Gott und die Welt im Vorhof von Santissima Annunziata in Florenz

Chronik – Daten zur toskanischen Geschichte

1915
Italien tritt auf Seiten der Alliierten in den Ersten Weltkrieg ein.

1918–1945
Ende des Ersten Weltkriegs brechen in Italien soziale Unruhen aus. Nach bürgerkriegsähnlichen Zuständen gründet der frühere Sozialist Benito Mussolini die Bewegung des Faschismus. Er hievt sich 1922 an die Macht.

1940 paktiert Italien mit dem Hitler-Regime Deutschlands und tritt in den Zweiten Weltkrieg ein. 1943 stürzen antifaschistische Kräfte den Diktator, die westlichen Alliierten landen auf Sizilien. Als Italien mit den Alliierten einen Waffenstillstand schließt, besetzen deutsche Truppen fast ganz Italien und befreien Mussolini. Florenz wird 1944/45 durch alliierte Bombenangriffe und Sprengungen der sich zurückziehenden deutschen Truppen stark zerstört, alle Brücken – außer dem Ponte Vecchio – gesprengt.

In der Altstadt von Castiglione della Pescaia

1946
Volksentscheid und Ausrufung der Republik, die Monarchie ist abgeschafft.

1966
Sintflutartige Regenfälle lassen am 2. November den Arno über die Ufer treten. Zahlreiche Kunstwerke fallen der Flut zum Opfer und sind unwiederbringlich verloren.

1986
Florenz wird zur zweiten europäischen Kulturmetropole erklärt (nach Athen).

1993
Bombenanschlag der Mafia auf die Uffizien und den Palazzo Vecchio, bedeutende Kunstwerke werden zerstört.

> *Chronik - Daten zur toskanischen Geschichte*

2000
Die Toskana ist im Heiligen Jahr Durchgangsstation von drei Pilgerwegen, die nach Rom führen: dem Frankenweg, dem Santiagoweg und dem Bernsteinweg.

2001
Am 15. Dezember wird der Schiefe Turm von Pisa nach elf Jahren wieder für Besucher freigegeben.

2004
Die Uffizien werden modernisiert, fünf neue Säle eröffnet.

2008
In fast allen historischen Zentren gilt Fahrverbot für Kfz (Zona Traffico Limitato). Nur wer ein Hotel mit Parkplatz gebucht hat, darf einfahren.

2009
Internationales Jahr der Astronomie und 400-jähriges Jubiläum der Experimente Galileo Galileis in Florenz.

2011
Mit einer Unterschriftenaktion erbittet Florenz die »Mona Lisa« vom Louvre für eine Ausstellung anlässlich des 100. Jahrestages ihres spektakulären Raubes.

Die schönsten Reiseregionen der Toskana

REGION 1
Florenz und Mugello

Florenz und Mugello

Stadt der Renaissance und die Villen der Medici

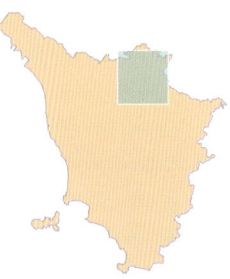

Florenz ist der kulturelle Mittelpunkt der Toskana. Die Stadt der Renaissance, vom breiten Arno durchflossen, fordert viel Zeit, um ihre Kostbarkeiten, ihre Plätze, Palazzi, Kirchen und Museen zu erfassen. Seit der Kern der Medici-Stadt zur Fußgängerzone erklärt wurde, ist der Genuss der historischen Meile trotz Busverkehr, Lieferfahrzeugen, Anliegerautos und knatternden Mofas wieder einigermaßen möglich. Nerven kostet die Besichtigung allerdings um die Mittagszeit, wenn fortlaufend geführte Besuchergruppen durch die Gassen ziehen und sich mit den Angestellten und Arbeitern mischen, die zur Pasta nach Hause oder in ein Ristorante eilen. Für den Bummel sollte man die Vormittagsstunden und den späteren Nachmittag wählen; die Monate Juli und August sind nach Möglichkeit zu meiden, denn dann sind Pflaster und Mauerwerk aufgeheizt und die Temperaturen betragen bis zu 40 Grad Celsius im Schatten. Damit keine Ermüdung auftritt, teilen wir den Besuch von Florenz in drei Abschnitte ein.

Das ländliche Mugello mit seinen berühmten Medici-Villen ist eines der beliebtesten Ausflugsziele der Florentiner. Anschließend wechseln sie ostwärts in die Valdisieve mit seiner Weinstraße. In den Wirtshäusern genießt man die Mugello-Spezialität *tortelli di patate*, die bissfesten Kartoffelmaultaschen, und dazu trinken die Gäste den köstlichen »Chianti Rufina« aus den berühmten mit Stroh geflochtenen Flaschen, die aus dem Sieve-Tal stammen. Die romantische Sommerfrische liegt zwischen 190 und 300 Meter hoch, hinter den Silhouetten der sanften Hügel erhebt sich der Apennin, der das fruchtbare »Arkadien der Florentiner« vor kalten Winden schützt. In dieser Landschaft konnte sich altes Handwerk bis heute erhalten. (Karte vgl. S. 44.)

»Florenz gehört zu den geistig lebhaftesten Städten Italiens. Man muss schon über die Alpen gehen, nach Paris, in eine andere Stadt, die von Natur intellektuell ist, um auf ihren Plätzen und Märkten eine Bevölkerung zu erleben, deren schlagfertige Bemerkungen ebenso spontan und treffend sind. Der Florentiner Witz ist niemals geschwätzig und geifernd wie der venezianische; er ist trocken und präzise und trifft den wunden Punkt. Auch Streitsucht und Aufruhr liegen in der Natur des Florentiners.«
Guido Piovene, *Viaggio in Italia*, 1957

Florenz

Rund um die Piazza del Duomo

Optimal ist die Anreise mit Bahn oder Bus, das erspart die nervenaufreibende Parkplatzsuche. Mit Autobus und Zug gelangt man zur Piazza della Stazione und von dort ist die Piazza del Duomo, empfehlenswerter Start für den ersten Teil der Besichtigung, schnell zu Fuß oder mit dem Stadtbus erreicht. Falls sich vor der golden glänzenden **Paradiespforte** des Baptisteriums, der Taufkirche San Giovanni, gerade keine Besucher drängeln, sollte man die

REGION 1
Florenz und Mugello

Die »Paradiestür« des Baptisteriums in Florenz von Lorenzo Ghiberti (Kopie)

Chance nutzen, zuerst ungestört das Bilderbuch des Ostportals zu entziffern. Auf zehn Bronzetafeln hat Lorenzo Ghiberti in 28 Jahren (1424-52) die Geschichte des Alten Testaments dargestellt. Es handelt sich allerdings um die perfekte Kopie, das Original befindet sich im Museo dell' Opera del Duomo.

Im **Baptisterium** selbst, Dantes Tauf- und Lieblingskirche (1059-1150), überrascht der hohe Kuppelraum. Die Kuppel ist geschmückt mit Mosaiken im byzantinischen Stil. Sie werden in der Mitte von Christus als Weltenrichter beherrscht, links und rechts von ihm das Jüngste Gericht mit dem Paradies und der Hölle der Verdammten, im Zentrum ein schreckliches, gehörntes Ungeheuer, das die sündigen Menschen krallt und verschlingt.

Gegenüber der Paradiespforte nimmt die mit schwarzem, weißem, grünem und rotem Marmor verkleidete Fassade des **Duomo Santa Maria del Fiore** das Auge des Betrachters gefangen. Rechts davon erhebt sich der nach Plänen von Giotto di Bondone (1266-1337) errichtete, 85 Meter hohe **Campanile**. Sportlichen Besuchern bieten sich 414 Stufen zum Ersteigen an. Wer es schafft, wird mit einem einmaligen Blick über Florenz belohnt.

REGION 1
Florenz und Mugello

»Holzschneider, Bildhauer, Goldarbeiter, Perspektivzeichner, Maler und Musiker war der Florentiner Andrea del Verrocchio. Er hatte jedoch in der Bildhauer- und Malerkunst eine etwas harte und schroffe Methode, gleich jemand, der sie mehr durch unendliches Studium, als durch Gabe der Natur erwirbt…«

Giorgio Vasari

Seitlich vom Campanile schwebt die 91 Meter hohe **Domkuppel** des Medici-Baumeisters Brunelleschi (1377–1446). Über das freitragende Kunstwerk gab es vor Baubeginn viele Diskussionen – es ohne Bodengerüst zu bauen, hielt man für Unsinn. Warnende Stimmen erinnerten an den Einsturz der Kuppel der Hagia Sophia in Konstantinopel (1346) und an die statische Verstärkung des Baptisteriums, dessen Kuppel sich zu senken drohte. Doch Filippo Brunelleschi bleibt stur, will die Maurerkunst der Römer wieder beleben und in der Architektur Zeichen für eine Renaissance setzen. Im Jahre 1420 erhält der Baumeister endlich den Auftrag. Damit die Maurer und ihre Gehilfen keine Zeit durch beschwerliche Auf- und Abstiege verlieren, gewinnt er einen Weinhändler, einen Bäcker und eine Köchin, die das Team über der wachsenden Kuppel versorgen. Am 25. März 1436 kann das Wunderwerk mit einem freien Innendurchmesser von 41,50 Metern feierlich eingeweiht werden. Diese einzigartige Leistung lässt sich beim Aufstieg nachempfinden. 463 Stufen sind es bis zur Laterne, von der aus sich ein wunderbarer Blick über Florenz bietet. Achtung, Einbahn: Umkehren ist nicht möglich.

Der **Dom** bietet 20 000 Menschen Platz, theoretisch. Praktisch betritt man die Kirche durch ein zählendes Drehkreuz, mehr als 800 Menschen auf einmal dürfen sich jetzt in dem nüchternen, ziemlich düsteren Innenraum nicht aufhalten. Im ersten Joch rechts stehen die Büsten der Dombaumeister Brunelleschi und Giotto, zwischen ihnen der Prophet Daniel. In der Kuppel zu sehen sind restaurierte Fresken von Giorgio Vasari und Federico Zuccari, sie stellen das »Jüngste Gericht« dar.

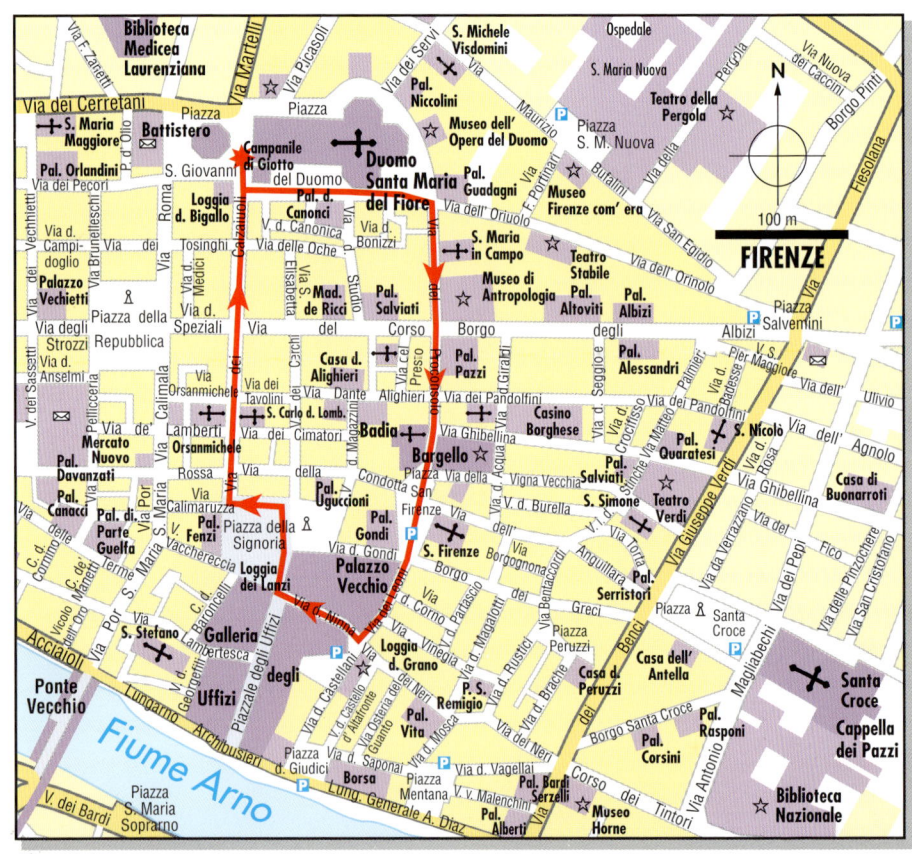

Florenz: Blick durch die Via dei Servi auf den Dom ▷

**REGION 1
Florenz und
Mugello**

Vor dem Querschiff links lohnt ein Blick auf das Gemälde »Dante und die Göttliche Komödie« von Domenico di Michelino. Dante Alighieri (1285-1321) vor den Toren der Stadt, im Bild dargestellt die »drei Reiche«: Hölle (links), Läuterungsberg oder Fegefeuer in der Bildmitte, auf der Spitze das Paradies mit Adam und Eva. Einen Besuch wert ist auch die frühchristliche Vorgängerkirche Santa Reparata mit dem Grab Brunelleschis.

Wer sich für die originalen Kunstgegenstände aus Dom, Campanile und Baptisterium interessiert, sollte einen Besuch des Dombaumuseums, des **Museo dell' Opera del Duomo** einplanen. Zu bestaunen sind hier wertvolle Skulpturen – die restaurierte originale Paradiespforte, Kanzeln und Altäre –, die aus Gründen des Denkmalschutzes von ihren Originalstandorten entfernt wurden.

An der Südostecke des Domplatzes strebt die Via del Proconsolo zum **Museo Nazionale del Bargello**, 1250 von den Bürgern der Stadt als erster Regierungspalast gebaut, ein Siegeszeichen über den Adel. Im Palazzo Bargello sind Werke u.a. von Michelangelo, Donatello, Giambologna, Verrocchio und Cellini versammelt. Höhepunkte sind Michelangelos marmorner »Trun-

Weltberühmte Arno-Brücke in Florenz: der Ponte Vecchio

kener Bacchus« (1497), einmalig in seiner Pose, die dem römischen Weingott einen kleinen Schwips bescheinigt; Giambolognas Bronzestatue, die einen athletischen, leichtfüßigen »Merkur« (1564) zeigt; Donatellos anmutiger, nackter »David« (1430), ein wundervoller Bronzeguss und die erste frei stehende Aktfigur seit der Antike.

Fast von überall ist der Campanile der Badia mit seiner markanten Helmspitze zu entdecken. Die **Badia Fiorentina** (auch Santa Maria Assunta), eine der ältesten Kirchen von Florenz (978), birgt ein Schmuckstück: Auf dem Altarbild von Filippino Lippi (1486) erscheint dem heiligen Bernhard die von Engeln umringte Muttergottes vor einer sich weit nach hinten erstreckenden Landschaft. Durch eine Tür rechts vom Altar kommt man zum Kreuzgang der Badia, einer Oase der Ruhe. Dort wird in einem Freskenzyklus das Leben eines anderen Heiligen dargestellt: des heiligen Benedikt, seit 1964 der Schutzheilige Europas (zur Zeit für den Tourismus geschlossen).

Über die Via del Proconsolo geht es zur zentralen **Piazza della Signoria**. Der mit Skulpturen geschmückte Platz ist seit dem 14. Jahrhundert der politische Mittelpunkt der Stadt und der Toskana. Mit der Schaffung dieses Are-

REGION 1
Florenz und Mugello

als zeigten die Medici ihre Machtfülle. Gewaltig wie eine Festung wirkt der **Palazzo Vecchio**, der ehemalige **Palazzo della Signoria** (1298-1314), mit seiner 94 Meter hohen Torre d'Arnolfo. Hier tagte die *Signoria*, die neunköpfige Stadtregierung, und hier residierten die Medici bis zu ihrem Umzug in den Palazzo Pitti.

Fast jeder Besucher betritt den Renaissance-Innenhof, um den liebenswürdigen, graziösen Putto zu sehen, der einen Wasser spuckenden Delphin in seinen Armen hält (Kopie, Original in einer Nische im zweiten Stock, 1475 von Verrocchio). Über Vasaris breite Treppe kommt man in den ersten Stock zum Saal der Fünfhundert. Die Gemälde an Decke und Wänden idealisieren die Schlachten und Siege der Medici, vor allem Cosimos I. (von Vasari). In den Räumen von Papst Leo X. verherrlichen die Deckengemälde die irdischen Medici-Götter. Die Gemächer der Eleonora di Toledo, Gemahlin von Cosimo I., zeigen Szenen aus dem Leben berühmter Frauen. Ihre Kapelle wurde von Bronzino mit meisterhaften Fresken ausgemalt (1540-45), darunter äußerst beeindruckend die Verfolgung von Moses und seinem Volk durch ägyptische Soldaten, die im Roten Meer ertrinken.

Mit dem Gesicht zum Palazzo Vecchio betrachten wir draußen den Aufmarsch der Skulpturen von links nach rechts. Das bronzene Reiterstandbild stellt Großherzog Cosimo I. dar, der mit militärischer Macht die Toskana einigte (Giambologna, 1595). An der linken Ecke des Palazzo Vecchio dokumentiert der protzige Neptun über dem Nymphenbrunnen die mediceischen Siege zur See (1576, von Ammannati). Rechts davon symbolisiert der Marzocco, Donatellos Löwe (1460), Kraft und Freiheit. Davor erinnert eine Platte im Boden an den fundamentalistischen Pater Savonarola, der an dieser Stelle aufgehängt und verbrannt wurde.

Auf der rechten Seite des Palazzo steht die Kopie von Michelangelos »David« (Original von 1501 in der Galleria dell'Accademia), Sinnbild des kurzen Triumphes der Republikaner über die Tyrannei der Medici. An der rechten Seite des Goliath-Bezwingers erschlägt Herkules den Feuergott Cacus mit einer Keule, wiederum ein Zeichen der sich stark fühlenden Medici-Herzöge (1533/34 von Baccio Bandinelli).

Unter den gotisch-florentinischen Arkaden der **Loggia dei Lanzi** (1382) geht der Skulpturenreigen weiter. Links hält der bronzene Perseus das Haupt der männermordenden Medusa in der Hand, eine Warnung Cosimos I. an alle Feinde (1554 von Cellini). Erwähnenswert im rechten Bogen der Loggia ist wegen seiner Leichtigkeit, seiner Eleganz in den Bewegungen Giambolognas aus einem Marmorblock gehauener »Raub der Sabinerinnen« (1583).

Um die Verwaltung in seiner Nähe zu haben, ließ Cosimo I. ganze Häuserzeilen niederreißen. So konnte sein Hofarchitekt Vasari ab 1559 die **Uffizi-**

◁ *Piazza della Signoria, dominiert vom Palazzo Vecchio*

REGION 1
Florenz und Mugello

Leonardo da Vinci (1452-1519): Verkündigung (1472-75), Uffizien, Florenz

en (ufficio = Büro, Amt) bauen, durch einen Gang mit dem Palazzo della Signoria verbunden. In den Büroräumen wurden später die Kunstsammlungen der Medici untergebracht. Um stundenlanges Warten zu vermeiden, ist es besser, die Tickets vorher zu bestellen; man wird dann sofort eingelassen (vgl. Infos, S. 40). Beim ersten Besuch sollte man sich auf den großen Saal mit den Nummern 10 bis 14 konzentrieren, um dann über den Saal 15 die Tribuna zu erreichen.

In den Sälen 10 bis 14 sind die Vertreter der italienischen Renaissance Botticelli, Ghirlandaio und Filippino Lippi zu bewundern. Die Höhepunkte sind hier Botticellis »Geburt der Venus« (die römische Liebesgöttin, auf einer Muschel von starken Winden ans Ufer geblasen), seine »Primavera« – ein Rausch an sinnlicher Farbenpracht und »Die Anbetung der Könige« mit Cosimo il Vecchio als grauhaarigem König vor der Muttergottes kniend. Im Saal 15 sind frühe Arbeiten von Leonardo da Vinci zu besichtigen: »Die Taufe Christi«, die »Verkündigung« und die unvollendete »Anbetung der Könige«. Über den Saal des Hermaphroditen (Nr. 17) kommt man in die Tribuna (Nr. 18), wo die Kunstschätze der Medici nach deren persönlichem Geschmack präsentiert werden. Anziehungspunkte ersten Ranges sind die »Mediceische Venus«, der »Musizierende Engel« und mehrere Porträts der Medici. Nach umfassenden Modernisierungen wurden 2004 im ersten Stock fünf neue Säle eröffnet. Sie zeigen Werke von Caravaggio, den Caravaggisten, Guido Reni und der Bologneser Schule.

An der Nordwestecke der Piazza della Signoria beginnt die lebhafte Via dei Calzaiuoli, die Straße der Schuhmacher, und bietet Gelegenheit zu einem Shopping-Bummel. In der ersten Hälfte lohnt auf der linken Seite die reich verzierte gotische **Kirche Orsanmichele** (1337-1404) einen Stopp. Anfangs war das Gebäude ein Getreidemarkt und -speicher. Dank eines wunderschönen Madonnenbildes wurde das Handelshaus bald eine Pilger- und Gebetsstätte (Oratorium) und zur Kirche der Zünfte umgebaut. Ihr Anziehungspunkt ist weiterhin das Gnadenbild Mariae in einem gewaltigen Marmortabernakel.

Ruhestatt vieler Berühmtheiten: Santa Croce

Abstecher: Lohnenswert ist ein Besuch der gotischen **Kirche Santa Croce** (hinter dem Palazzo Vecchio über den Borgo dei Greci mit vielen Ledergeschäften zur Piazza Santa Croce, Kar-

**REGION 1
Florenz und
Mugello**

te s. S. 28). Im Gotteshaus befinden sich die Grabmäler von Michelangelo, Galileo Galilei, Gioacchino Rossini, Niccolò Machiavelli u.a. Für Dante wurde ein Scheingrab errichtet, das echte Grab des von der Stadt vertriebenen Sohnes liegt in Ravenna. Ein Meisterwerk Brunelleschis ist die **Pazzi-Kapelle** im Klosterbereich rechts der Kirche. Im angeschlossenen **Museum** gehört der Besuch zuallererst Cimabues Kruzifix (13. Jh.), das nach der Arno-Überschwemmung fast verloren schien, jedoch nach jahrzehntelanger Restaurierung gerettet werden konnte.

Das Altstadtviertel

Das Altstadtviertel liegt im Nordosten von Florenz. Zentrum der Tour ist die begrünte **Piazza San Marco** mit dem **Kloster San Marco** (13. Jh.). Cosimo il Vecchio ließ das Kloster 1437 vergrößern. Sein Stararchitekt Michelozzo schuf die Biblioteca (1441), die erste öffentliche Bibliothek Europas. Der Dominikanermönch Fra Angelico hat mehr als 40 Klosterzellen mit sanftem Pinselstrich freskiert (1438–45). Empfehlenswert vor allem die Zellen 2 mit der »Grablegung« und 7 mit der »Verspottung Christi« sowie die »Verkündigung« am Treppenaufgang zum Dormitorium. Vom Kreuzgang kommt man ins Museum in der früheren Pilgerherberge. Unter den Tafelbildern Fra Angelicos ist besonders die »Kreuzabnahme« eine längere Betrachtung wert.

Südlich des Platzes liegt die **Galleria dell'Accademia** (1563). Ein Anziehungspunkt ist die florentinische Malerei des 13. bis 16. Jahrhunderts, darunter die anmutige »Madonna del Mare« von Sandro Botticelli (1444–1510) sowie »Venus und Amor« von Jacopo da Pontormo (1494–1556). Michelangelo ist hauptsächlich mit seinem »David« vertreten, den er mit 29 Jahren aus einem verhauenen Marmorblock geschlagen hat. Bereits 1873 wurde die Statue vom Platz vor dem Palazzo Vecchio hierher gebracht, um sie vor Umwelteinflüssen zu schützen. Seine durch Staubpartikel entstandenen Altersflecken wurden 2004 nach langem Expertenstreit mit in destilliertem Was-

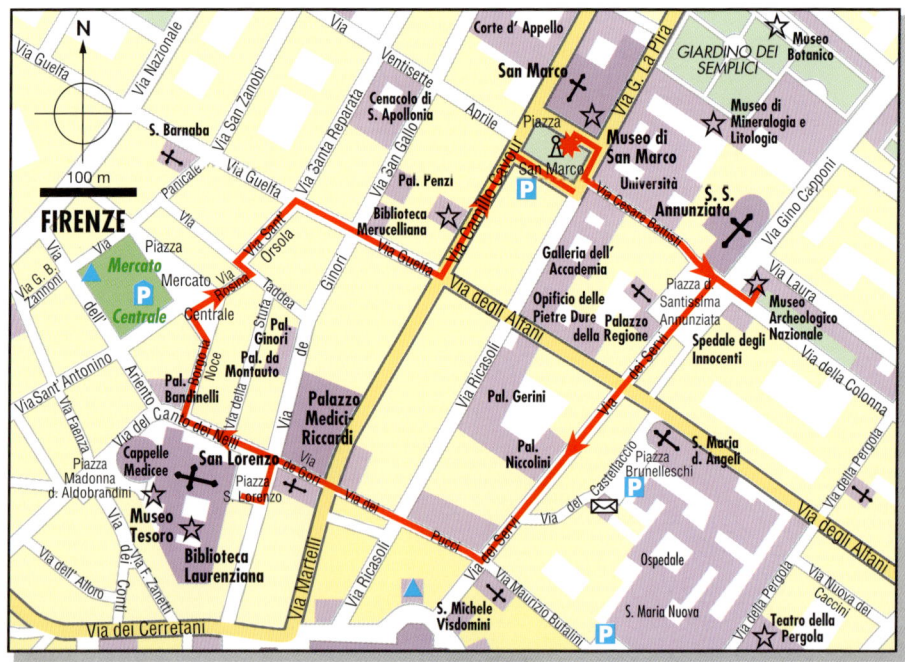

ser getränktem Chinapapier weitgehend entfernt – 500 Jahre nach seiner Aufstellung vor dem Palazzo Vecchio.

Vom San-Marco-Platz geht es über die Via Cesare Battisti zur harmonischen **Piazza Santissima Annunziata**, einer architektonischen Schönheit. Die Kirche, die dem Platz ihren Namen gab, wurde wirkungsvoll mit einer siebenbogigen Vorhalle verschönert (Michelozzo, 1444). Schräg gegenüber steht das **Spedale degli Innocenti** (*innocenti* = Unschuldige), Europas erstes Waisenhaus. Andrea della Robbia schuf die glasierten Terrakotten mit den Wickelkindern (1463). Links am Waisenhaus war ein Drehfenster *(rota)* zu sehen. Durch den drehbaren Steinzylinder konnten unerwünschte Kinder ungesehen abgegeben werden. Zum Waisenhaus gehört eine sehenswerte **Gemäldegalerie**, u.a. mit Botticellis »Madonna mit Kind und Engel« (1465-67).

Das **Museo Archeologico Nazionale** hinter dem Findelhaus in der Via della Colonna wartet mit einer ägyptischen Ausstellung und einer umfangreichen Sammlung etruskischer Zeugnisse. Zum Kummer der Kunstfreunde aus Arezzo steht auch das Original ihrer bronzenen Chimäre, des Fabeltiers aus Löwe, Ziege und Schlange, in den Räumen dieses Museums.

Wieder zurück an der Piazza Santissima Annunziata geht von ihrer südlichen Flanke die Via dei Servi ab. Wo die Straße auf die Via dei Pucci stößt, geht es nach rechts weiter zur lebhaften Einkaufsstraße Via Cavour, an deren Anfang der **Palazzo Medici-Riccardi** steht. In der Capella dei Magi sind die Fresken »Zug der Heiligen Drei Könige« (1459-61, Benozzo Gozzoli, vgl. S. 12) der Anziehungspunkt des Palastes. Eine märchenhafte Landschaft zieht sich in die Tiefe, der Zug mit edel gekleideten Menschen, prächtigen Pferden und manchen exotischen Tieren, beispielsweise angeleinten Geparden und lustig dargestellten Kamelen, erscheint rechts vor den Hügeln und bewegt sich über eine Kalkklippe nach unten.

Hinter dem von außen abweisenden Palast öffnet sich die Piazza **San Lorenzo** mit der gleichnamigen Grabeskirche der Medici, den Cappelle Medicee. Ihre triste Backsteinfassade wirkt wenig anziehend. Michelangelos Pläne für die Vorderansicht konnten wegen Geldmangels nicht realisiert werden. Im Inneren (Neubau ab 1419) überzeugt Brunelleschis klare, harmonische Architektur. In die zum Kirchenkomplex gehörende **Fürstenkapelle** (Cappella dei Principi) gelangt man durch den Eingang an der Piazza Madonna degli Aldobrandini. Sechs der Medici-Großherzöge wurden hier beigesetzt. Neu eröffnet wurde das **Museo Tesoro di San Lorenzo** unterhalb der Basilika. Unter den liturgischen Schätzen der Medici ist das silberne Kruzifix von Michelozzo (1444) besonders sehenswert. In den Gewölben befindet sich auch das Grab von Cosimo il Vecchio (1389-1464).

Vom ruhigen Kreuzgang (Eingang rechts von der Kirche) kommt man in die **Biblioteca Laurenziana** (1524), wiederum ein meisterliches Werk von Michelangelo, das mit dem von ihm entworfenen Treppenaufgang aus Sandstein ein würdevolles Entree erhält. Bereits seit 1571 ist die Bücherei für die Öffentlichkeit zugänglich, aber die wertvollen Folianten mussten aus Angst vor Dieben an die Pulte gekettet werden, was heute noch zu sehen ist.

Leichtere Kost findet man nur wenige Schritte von der San-Lorenzo-Kirche nordwärts über den Borgo la Noce im **Mercato Centrale** mit seinem unübersehbaren Angebot. In der zweistöckigen Markthalle von 1874 teilen sich im Erdgeschoss Hunderte von Ständen, auf deren Theken sich Brot, Wurst, Fleisch, Geflügel, Fisch und Käse türmen, den Platz. Wer nicht für den Abend einkaufen, sondern gleich den Hunger stillen will, findet hier auch fertige toskanische Spezialitäten wie die typische *porchetta*, mit Kräutern gefülltes Spanferkel. Im Obergeschoss gibt es Obst, Gemüse und Blumen.

> **REGION 1**
> **Florenz und Mugello**

Das Original aus Marmor – der »David« (1501-04) von Michelangelo in der Galleria dell'Accademia in Florenz

REGION 1
Florenz und Mugello

Diesseits und jenseits des Arno

Die Rundtour auf beiden Seiten des Arno beginnt mit dem **Palazzo Pitti**. Der 205 Meter breite Palast (ab 1457) hat seinen Namen von den früheren Besitzern, einer mit den Medici rivalisierenden, verarmten Familie. Das Angebot an Museen im Palast ist zu groß, um in eine Tagestour einbezogen zu werden. Da heißt es, je nach Interesse auszuwählen oder sich auf die **Galleria Palatina** zu beschränken. Sie zeigt einen großen Teil der Medici-Sammlung berühmter Meisterwerke. Schon die Nennung der Namen lässt die Herzen höher schlagen: Botticelli, Caravaggio, Perugino, Raffael, Rubens, Tizian, Tintoretto, Van Dyck, Velázquez, Veronese. Die Werke sind dem Geschmack der Medici folgend auf die rote Seidentapete gehängt worden, also nicht nach Themen, Künstlern oder Chronologie geordnet. Wer Tizian bevorzugt, sollte auf folgende Werke achten: »Bildnis eines Edelmanns« (Ritratto di Gentiluomo), dessen Identität bis heute ein Geheimnis geblieben ist; unbekannt blieb auch, welche Dame dem Künstler bei »La Bella« (Die Schöne) Modell saß; ebenso meisterhaft die geheimnisvoll sinnliche »Maddalena« (Maria Magdalena). Auf den Spuren von Rubens sollten Kunstinteressenten »Die Folgen des Krieges« suchen: Venus versucht, den Kriegsgott Mars daran zu hindern, sich an der schwarz verhüllten Europa zu rächen. Raffael ist mit einem seiner schönsten Gemälde vertreten, mit dem Rundbild *(tondo)* »Madonna della Sedia«.

Fürstliches Schlafgemach im Palazzo Pitti

Vor dem Palast führt die Via de' Guicciardini direkt zum **Ponte Vecchio** (1345). Alle Besucher der toskanischen Hauptstadt drängen sich auf dem schmalen Steg, die Belagerung durch fliegende Händler ist inzwischen per Dekret aufgehoben worden. Wie Schwalbennester kleben die kleinen Geschäfte auf der Brücke, verführerisch glitzert der Schmuck aus Gold und Silber, mit Diamanten und Rubinen besetzt, aus den Vitrinen der Gold- und Silberschmiede. Das ist aber erst seit 1593 so. Vorher hatten hier Metzger, Gerber und Schmiede ihre Werkstätten. Lärm und Gestank waren kaum auszuhalten, Gerber und Metzger warfen ihre Abfälle einfach in den Fluss. Herzog Ferdinando I., der seit 1587, mit Beginn seiner Herrschaft, täglich vom Pitti-Palast in den Palazzo Vecchio zum Regieren gehen musste, hatte nach sechs Jahren endlich die Nase voll, warf die Umweltsünder raus und holte die Kunsthandwerker.

Zum nächsten Ziel geht es am Arno quasi westwärts entlang dem Lungarno Acciaiuoli mit seinen wunderschönen Fassaden bis zur Via de' Tornabuoni, die den San-Trinità-Platz kreuzt. An der Kreuzung über die Via della Spada leitet die Via del Sole zur **Piazza Santa Maria Novella** mit dem gleichnamigen Gotteshaus. Von den Bänken vor der Kirche kann man in Ruhe die Renaissancefassade aus weißem und grünem Marmor auf sich wirken lassen. Das erste schmale Fries über dem Portal besteht aus lauter aufgeblähten Segeln. Der Grund: Im Jahre 1350 ging den Florentinern das Geld aus, die Fassade konnte nicht vollendet werden. 1456 finanzierte der reiche Florentiner Kaufmann Giovanni Rucellai die Fer-

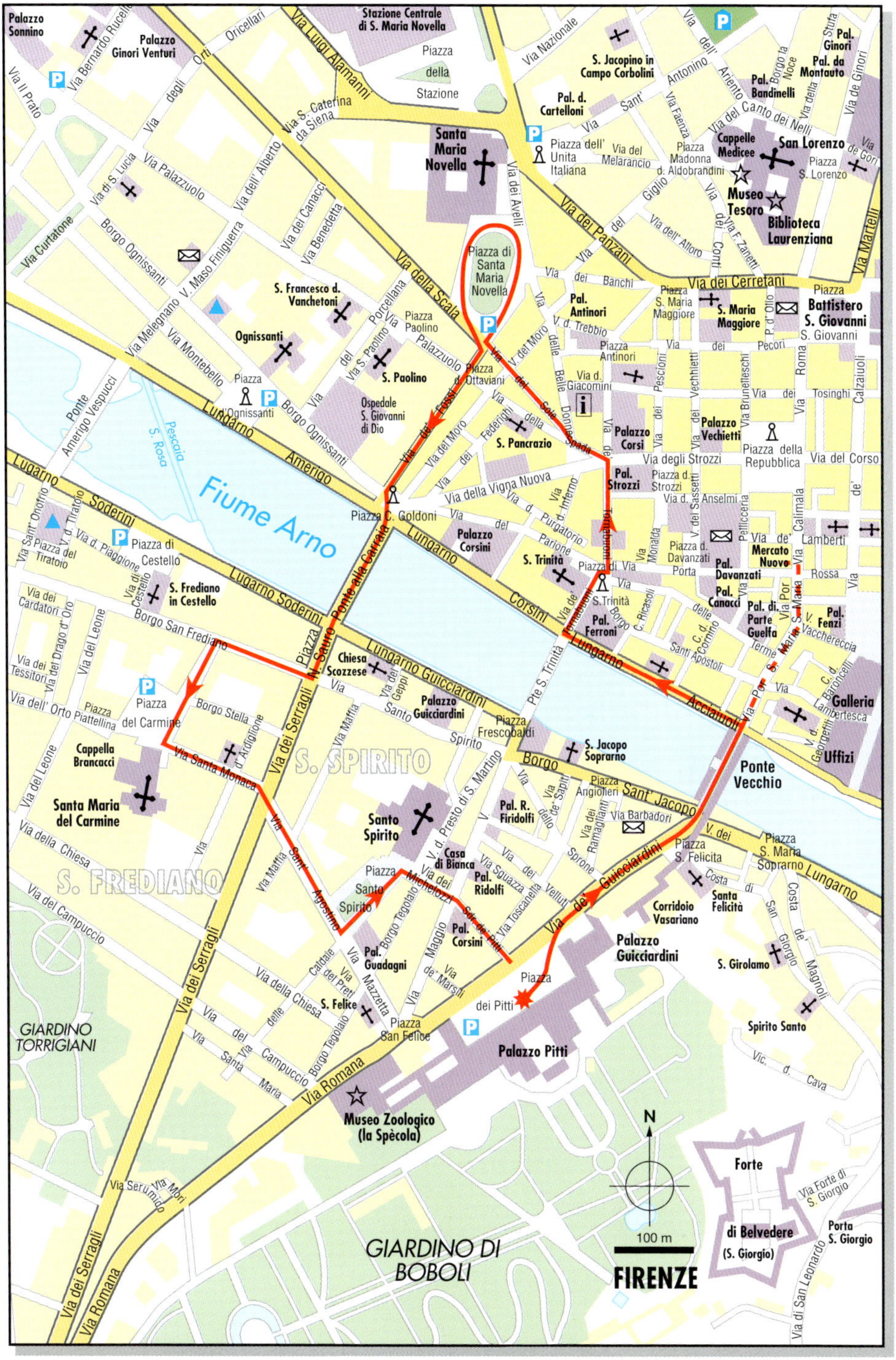

Palazzo Sonnino
Via Bernardo Rucellai
Palazzo Ginori Venturi
Oricellari
Via degli Orti
Via Luigi Alamanni
Stazione Centrale di S. Maria Novella
Piazza della Stazione
Via Nazionale
S. Jacopino in Campo Corbolini
Pal. d. Cartelloni
Via Sant' Antonino
Via dell' Ariento
Borgo la Noce
Pal. Bandinelli
Pal. Ginori
Pal. da Montauto
Via della Stufa
Via de Ginori
Via del Canto dei Nelli
Via Il Prato
Via S. Caterina da Siena
Santa Maria Novella
Piazza dell' Unita Italiana
Via del Melarancio
Via Faenza
Piazza Madonna d. Aldobrandini
Cappelle Medicee
San Lorenzo
Piazza S. Lorenzo
Via de Gori
Via S. Lucia
Via di S. Lucia
Via Palazzuolo
Via dell' Alberto
Via dei Canacci
Via Benedetta
Via dei Avelli
Via dei Panzani
Via del Giglio
Via dell' Alloro
Via dei Conti
Via F. Zanetti
Museo Tesoro
Biblioteca Laurenziana
Via Martelli
Via Curtatone
Borgo Ognissanti
V. Maso Finiguerra
Via della Scala
Piazza di Santa Maria Novella
Via dei Banchi
Via dei Cerretani
Piazza S. Maria Maggiore
S. Maria Maggiore
P. d' Olio
Piazza Battistero S. Giovanni
S. Francesco d. Vanchetoni
Via Porcellana
Piazza Paolino
Pal. Antinori
V. d. Trebbio
Via del Moro
Via dei Pecori
Via Melegnano
Ognissanti
Via S. Paolino
S. Paolino
Via Palazzuolo
Piazza d. Ottaviani
Via delle Belle Donne
Piazza Antinori
Via d. Giacomini
Via dei Pescioni
Via dei Vecchietti
Via Brunelleschi
Via Roma
Via dei Tosinghi
Via Calzaiuoli
Via Montebello
Piazza d'Ognissanti
Ospedale S. Giovanni di Dio
Via dei Fossi
Via del Sole
Via della Spada
Via dei Federighi
S. Pancrazio
Palazzo Corsi
Palazzo Vechietti
Piazza della Repubblica
Ponte Amerigo Vespucci
Pescaia S. Rosa
Lungarno Amerigo
Via del Moro
Via degli Strozzi
Via del Corso
Pal. Strozzi
Piazza d. Strozzi
Via d. Anselmi
Via dei Sassetti
Via Pellicceria
Via Calimala
Via della Vigna Nuova
Via del Parione
Via d. Purgatorio
Via dell' Inferno
Via Tornabuoni
Via Monalda
Fiume Arno
Piazza C. Goldoni
Lugarno Soderini
Via Sant' Onofrio
V. d. Tiratoio
Piazza del Tiratoio
Via d. Piaggione
Piazza di Cestello
Palazzo Corsini
Lungarno Corsini
S. Trinità
Piazza di S.Trinità
Piazza d. Davanzati
Porta Rossa
Pal. Davanzati
Mercato Nuovo
Via de' Lamberti
Via di Cestello
S. Frediano in Cestello
Via dei Cardatori
Borgo San Frediano
Lugarno Soderini
Ponte alla Carraia
Piazza N. Sauro
Pal. Ferroni
Borgo S. Apostoli
C. Ricasoli
Pal. Canacci
C. d. Cornino
Via delle Terme
Pal. di Parte Guelfa
Via Por S. Maria
Pal. Fenzi
V. Vacchereccia
Via del Drago d'Oro
Via del Leone
Via dei Tessitori
Chiesa Scozzese
Lungarno Guicciardini
Via dei Geppi
Palazzo Guicciardini
Pte S. Trinità
Lungarno Acciaiuoli
Santi Apostoli
Via dell' Orto
Piazza Piattellina
Piazza del Carmine
Borgo Stella
Via d' Ardiglione
Via dei Serragli
Via Maffia
Santo Spirito
Piazza Frescobaldi
S. Jacopo Soprarno
Ponte Vecchio
C. d. Baroncelli
Lambertesca
Galleria Uffizi
V. d. Georgofili
Cappella Brancacci
Via Santa Monaca
S. SPIRITO
Borgo Sant' Jacopo
Piazza Angiolieri
Via de' Sapiti
Via dello Presto
Via del Leone
Santa Maria del Carmine
Via Sant' Agostino
V. d. Presto di S. Martino
Pal. R. Firidolfi
Via dei Ramaglianti
Via Barbadori
V. dei Bardi
Piazza S. Maria Soprarno
Via della Chiesa
Via Maffia
Casa di Bianca
Via dei Michelozzi
Via Squazza
Via Toscanella
Via dei Velluti
Via dello Sprone
Piazza S. Felicita
Costa di S. Giorgio
Costa de' Magnoli
S. FREDIANO
Piazza Santo Spirito
Pal. Ridolfi
Via de' Guicciardini
Corridoio Vasariano
Santa Felicità
Via del Campuccio
Borgo Tegolaio
Pal. Guadagni
Caldaie
Via del Pret
Via Maggio
Sdr. de Pitti
Pal. Corsini
Palazzo Guicciardini
S. Girolamo
Via Mazzetta
Via de' Marsili
Piazza dei Pitti
Via della Chiesa
S. Felice
GIARDINO TORRIGIANI
Via del Campuccio
Via delle Caldaie
Via Santa Maria
Piazza San Felice
Palazzo Pitti
Spirito Santo
Vic. d. Cava
Via Romana
Museo Zoologico (la Spècola)
N
Via Serumido
Via Mori
Forte di Belvedere (S. Giorgio)
Via Forte di S. Giorgio
Porta S. Giorgio
100 m
GIARDINO DI BOBOLI
FIRENZE
Via dei Serragli
Via Romana
Via di San Leonardo

REGION 1
Florenz und Mugello

Beherbergt viele Kunstschätze: Santa Maria Novella

tigstellung der prachtvollen Fassade, und die Segel waren das Wahrzeichen des Geschäftsmanns.

Im Zentrum der **Kirche Santa Maria Novella**, deren Raumeindruck überrascht – das Mittelschiff ist 100 Meter lang und etwa 29 Meter breit –, verstärkt das auf seitlichen Arkaden ruhende Kreuzgewölbe den nach oben strebenden Stil der Gotik. Von der reichen Ausstattung der Kirche aus der Renaissance fallen vor allem auf: in der Apsis hinter dem Hochaltar (Tornabuoni-Kapelle) links Ghirlandaios Freskenzyklus aus dem Marienleben, rechts Szenen aus dem Leben Johannes des Täufers, Fresken mit Patriziern in zeitgenössischen Gewändern. In diesem Teil kam auch Ghirlandaios Schüler Michelangelo zum Zuge. Im Kreuzgang und Refektorium wurde ein Museum mit dem Kirchenschatz und den abgenommenen Fresken Ghirlandaios aus dem Kreuzgang (14. Jh.) eingerichtet. Ein Abstecher in den **Chiostro Verde** (Grüner Kreuzgang) lohnt außerdem wegen Giottos mächtigem Kruzifix, einem Meisterwerk, und Masaccios »Santa Trinità« (1427).

Die Rundtour nähert sich wieder dem Arno, den man über die Via de' Fossi erreicht und auf dem Ponte alla Carraia überquert. Von hier aus hat man einen schönen Blick in Richtung Ponte Vecchio, die Palastfassaden des Lungarno Corsini spiegeln sich im trägen Wasser. Am anderen Ufer geht es über die Piazza N. Sauro und bald rechts ab in den Borgo San Frediano und dann in die Via Santa Monaca bis zur Piazza del Carmine. In der Kirche **Santa Maria del Carmine** ist die weltberühmte **Cappella Brancacci** das Ziel vieler Besucher. Um die wertvollen Fresken des 15. Jahrhunderts zu schützen, dürfen sich nur 20 Personen gleichzeitig im Raum aufhalten – Geduld ist also erforderlich. Der mächtige Freskenzyklus zeigt zehn Szenen aus dem Leben des Petrus. Daran arbeiteten drei große Künstler: der ältere Masolino und sein Schüler Masaccio (1424–28), 50 Jahre später vollendete Filippino Lippi das Werk (1480). Petrus ist an seinem orangeroten Umhang zu erkennen. Vor allem der junge Masaccio gilt als richtungsweisend für die Malerei der Renaissance. Er wendet sich ab von der verhaltenen, mehr dekorativen Darstellung seines von der Gotik beeinflussten Meisters. Masaccio beherrscht die Perspektive, seine Menschen sind voller Leben, zeigen Gefühle, wirken realistisch wie beispielsweise in der Szene »Petrus heilt den Kranken« (linker Teil, untere Reihe ganz rechts).

Noch deutlicher wird der Vergleich des neuen Stils der Frührenaissance mit der Gotik in den beiden seitlichen

Fresken (oben links und rechts, ganz außen) »Vertreibung aus dem Paradies« und »Der Sündenfall«. Seit der Restaurierung sind Adam und Eva übrigens wieder zu sehen, wie Gott und der Künstler sie schufen: nackt und bloß. Erst nach dem 15. Jahrhundert wurden den Bewohnern des Paradieses Feigenblätter verpasst. Rechts sieht man Adam und Eva von Masolino beim Sündenfall: graziös, zurückhaltend, zart. Links werden Masaccios Adam und Eva des Paradieses verwiesen: Qualvoll sind ihre Gesichter, ihre Gestik zeigt Scham, dramatisch die Bewegungen, der Schritt in ein ungewisses Leben außerhalb des Garten Eden.

Richtung Osten, vorbei an der Kirche Santo Spirito, einem beispielhaften Werk von Brunelleschi, geht es zum Palazzo Pitti und dem dahinter liegenden **Giardino di Boboli**. Gleich am Eingang hinter dem Palazzo trifft man auf den Bacchus-Brunnen mit einer Schildkröte, auf der ein wonniges Dickerchen reitet, angeblich der Hofzwerg Cosimos I. Ein Vexierbild bietet die Grotte von Buontalenti (um 1556), deren Stalaktiten sich bei näherem Hinsehen in Hirten und ihre Schafe verwandeln. Weitere Brunnen, ein Amphitheater, ein Rokokokaffeehaus und eine Zypressenallee hinunter zum See Isolotto gestalten den Bummel durch den Park recht abwechslungsreich. Mitten im See auf einer Insel regiert Ozeanus und zu seinen Füßen breiten sich die Flüsse Nil, Ganges und Euphrat aus. Über den Boboli-Gärten wacht die **Festung Belvedere** (Ende 16. Jh.). Nach jahrelanger Renovierung ist sie wieder für das Publikum geöffnet. Von dort oben bietet sich ein wunderbarer Panoramablick auf die Stadt und die sie umgebende Hügellandschaft.

Abstecher: Über den Lungarno Amerigo erreicht man die Piazza Ognissanti mit der **Barockkirche Ognissanti** (Allerheiligen). Domenico Ghirlandaio (1449-94) hat auch hier gearbeitet: Nicht versäumen darf man das Refektorium mit des Meisters »Abendmahl« (Cenacolo), im Kirchenraum, rechts vom zweiten Altar eine Schutzmantelmadonna (1472), die der Familie Vespucci Schutz bietet. Bei dem jungen Mann rechts handelt es sich um Amerigo Vespucci, dessen Grab rechts zwischen der 2. und 3. Seitenkapelle zu finden ist. Der junge Amerigo Vespucci folgte den Spuren des Amerika-Entdeckers Kolumbus und sein Vorname gab der Neuen Welt ihren Namen, weil er sie in seinen Briefen beschrieb.

REGION 1
Florenz und
Mugello

Santa Maria del Carmine:
Für die Brancacci-Kapelle
malte Masaccio 1428 das
Fresko »Der Zinsgroschen«

REGION 1
Florenz und Mugello

Service & Tipps:

ⓘ **Ufficio Informazioni Turistiche**
Via Cavour 1r, 50129 Firenze
✆ 055-29 08 32, Fax 055-276 03 83
– Borgo Santa Croce 29r, ✆ 055-234 04 44
– Piazza Stazione 4, ✆ 055-21 22 45
www.firenzeturismo.it

✈ **Aeroporto Amerigo Vespucci**
Via del Termine, Vorort Peretola, 6 km von der Stadtmitte entfernt
✆ 055-306 13 00
www.aeroporto.firenze.it

🚌 **Autostazione**
Piazza della Stazione, Nähe Bahnhof Santa Maria Novella, Firenze
✆ 055-58 05 28 (Gesellschaft ATAF)
✆ 055-28 38 78 (Gesellschaft LAZZI)

🚆 **Stazione**
Stazione Santa Maria Novella
Informationsbüro FS (Ferrovie dello Stato), Ufficio am Hauptbahnhof
✆ 14 78-88088, tägl. 7–21 Uhr
Buchungen über ✆ 055-235 61 36
www.trenitalia.com
Gute Bahnverbindungen zu allen wichtigen Städten der Toskana.

🚴 **Leih-Fahrräder**
An der Piazza della Repubblica und an manchen Parkplätzen rund um das Centro Storico werden Fahrräder verliehen. Auskunft über www.florencebike.it

🏛 **Keine Wartezeit bei den Museen**
✆ 055-29 48 83, Fax 055-26 44 06
www.firenzemusei.it
www.florence-tickets.com
Mo–Fr 8.30–17, Sa 8.30–12.30 Uhr
Reservierungsgebühr € 4 plus Online-Service € 4,90 pro Person, unter 6 Jahren frei
Vor den berühmtesten Museen der Stadt bilden sich fast jeden Tag Schlangen. Um lange Wartezeiten zu vermeiden, können Tickets telefonisch und per Internet (s. oben) vorbestellt werden, Bezahlung mit Kreditkarte. Man kommt dann zur festgelegten Zeit an den Schalter neben der Kasse und wird bevorzugt eingelassen. Vorbestellungen sind für alle staatlichen Museen in Florenz möglich: Galleria degli Uffizi, Galleria dell'Accademia, Palazzo Pitti, Cappelle Medicee, Museo di San Marco, Museo Nazionale del Bargello, Museo Archeologico Nazionale, Opificio delle Pietre Dure und die Medici-Villen.

Historisches Zentrum:

🏛 **Duomo Santa Maria del Fiore**
Piazza del Duomo s/n, Firenze
Mo–Mi und Fr 10–17, Do und 1. Sa im Monat 10–15.30, sonst Sa 10–16.45, So/Fei 13.30–16.45 Uhr, Eintritt frei
Krypta Santa Reparata: Mo–Sa 10–17 Uhr, Eintritt € 6, unter 12 Jahren frei
Campanile: tägl. 8.30–19.30 Uhr, lange Wartezeiten, Eintritt € 6 (ab 12 J.)
Domkuppel: Mo–Fr 8.30–19, Sa 8.30–17.40, 1. Sa im Monat 8.30–16 Uhr lange Wartezeiten, So/Fei geschl. Eintritt € 8, unter 12 Jahren frei
Hauptkirche, gotisch-toskanisch (1296), Fresken von Vasari.

🏛 **Baptisterium**
Piazza di San Giovanni s/n
Firenze
Mo–Sa 12–19, So/Fei 8.30–14 Uhr
Eintritt € 4, unter 12 Jahren frei
Älteste Kirche (1059–1150), Paradiespforte, Kuppel mit Mosaiken.

🏛 **Museo dell' Opera del Duomo**
Piazza del Duomo 9, im Palazzo Vescivile, Firenze
Mo–Sa 9–18.50, So 9–13.30 Uhr
Eintritt € 6/3 (ab 12 J.)
Original der Paradiespforte, Werke von Michelangelo und Donatello.

🏛 **Museo Nazionale del Bargello**
Via del Proconsolo 4, Firenze
Tägl. 8.15–13.50 Uhr, außer 1., 3. u. 5. So und 2. u. 4. Mo des Monats, Eintritt € 4, EU-Bürger unter 18 und ab 65 J. frei
Eines der bedeutendsten Museen der Stadt.

🏛 **Galleria degli Uffizi (Uffizien)**
Piazzale degli Uffizi 6, Firenze
www.uffizi.firenze.it
Di–So 8.15–18.50, Juli–Sept. Di/Mi 8.15–22 Uhr, Eintritt € 6,50, EU-Bürger bis 18 und ab 65 J. frei
Eine der bedeutendsten Gemäldesammlungen der Welt.

REGION 1
Florenz und Mugello

Museo dell' Opera di Santa Croce
Piazza Santa Croce 16, Firenze
Mo-Sa 9.30-17, So/Fei 13-17 Uhr
Eintritt € 5/3 (11-17 Jahre)
Cimabues Kruzifix Croce Dipinta, nach Arno-Überschwemmung 12 Jahre lang restauriert, »Abendmahl« von Taddeo Gatti u.a.

Palazzo Vecchio
Piazza della Signoria, Firenze
Mo-Mi und Fr, Sa 9-19, Do und So/Fei 10-14, im Sommer oft bis 24 Uhr, Voranmeldung für Führungen obligatorisch
Eintritt € 4,50 (18-25 und über 65 J.), € 2 (4-17 J.), Familien € 14-16
Frühere Residenz der Medici.

Museo di Orsanmichele
Via dei Calzaiuoli s/n
Eingang Via dell' Arte della Lana
Firenze
Kirche Di-So 10-17, Museo Mo 10-17 Uhr
Gotische Kirche, gotisches Marmortabernakel.

Altstadtviertel:

Kloster/Museo San Marco
Piazza San Marco 3, Firenze
Di-Fr 8.15-13.50, Sa/So/Fei 8.15-18.50 Uhr, Eintritt € 4, unter 18 und ab 65 Jahren frei
Fresken von Fra Angelico.

Museo Archeologico Nazionale
Piazza della Santissima Annunziata 9
Firenze
℡ 055-29 48 83, www.firenzemusei.it
Mo 14-19, Di, Do 8.30-19, Mi, Fr, Sa und So/Fei 8.30-14 Uht
Eintritt € 4, EU-Bürger unter 18 und ab 65 Jahren frei
In einem Palazzo von 1620, etruskische Sammlungen.

Palazzo Medici-Riccardi
Via Cavour 3, Firenze
Tägl. außer Mi 9-19 Uhr
Eintritt € 7/4 (6-12 und ab 65 Jahre)
Fresken in der Dreikönigskapelle.

San Lorenzo/Museo Tesoro Cappelle Medicee
Piazza Madonna degli Aldobrandini s/n
Kirche und Museo Tesoro Mo-Sa 10-17, So/Fei März-Okt. 13.30-17 Uhr, Nov.-Feb. So geschl., Eintritt € 3,50 (ab 12 J.)
Kapelle: Di-So 8.15-16.50 Uhr, Eintritt € 6, unter 18 und ab 65 Jahren frei
Von Brunelleschi konzipierte Hauskirche der Medici. Ihre Kirchenschät-

Der doppelgeschossige Kreuzgang von San Lorenzo in Florenz ist ein Werk der Frührenaissance

REGION 1
Florenz und Mugello

Gelati »alla fiorentina«

Die in diesem Buch bei den jeweiligen Regionen-Infos empfohlenen Restaurants wurden in vier Preisklassen eingeteilt, die sich auf ein Menü ohne Getränke beziehen:

€ – unter 20 Euro
€€ – 20 bis 30 Euro
€€€ – 30 bis 40 Euro
€€€€ – über 40 Euro

ze und zahlreiche Reliquarien im neuen Museo Tesoro unter der Kirche, vom Kreuzgang aus.

Galleria dell'Accademia
Via Ricasoli 58–60, Firenze
☎ 055-238 86 09, www.polomuseale.firenze.it, Di–So 8.15–18.50 Uhr
Eintritt € 6,50, EU-Bürger bis 18 und ab 65 J. frei
Original von Michelangelos David.

Spedale degli Innocenti
Piazza Santissima Annunziata 12 Firenze
Tägl. 8.30–19 Uhr, Eintritt € 4 (ab 12 J.)
Europas erstes Waisenhaus mit Gemäldegalerie.

Rund um den Arno:

Capella Brancacci
(Santa Maria del Carmine)
Piazza del Carmine 14, Firenze
Mi–Mo 10–17, So/Fei 13–17 Uhr, Di geschl., Eintritt € 4, Kombi-Ticket mit Palazzo Vecchio € 8 (ab 12 J.)
Petrus-Freskenzyklus, Vertreibung aus dem Paradies, Der Sündenfall.

Palazzo Pitti
Piazza dei Pitti s/n, Firenze
Galleria Palatina, Appartamenti Reale, Galleria d'Arte Moderna: Di–So 8.15–18.50 Uhr, Eintritt € 8,50; andere Museen im Palazzo im Sommer 8.15–18.30, im Winter bis 16.30 Uhr, Eintritt € 7, unter 18 und ab 65 Jahren frei
Zahlreiche Museen, Galleria Palatina mit Werken von Botticelli, Raffael, Rubens, Tizian, Velázquez.

Giardino di Boboli
Hinter dem Palazzo Pitti, Firenze
April/Mai und Sept. 8.15–18.30, Juni-Aug. 8.15–19.30, Nov.–Feb. 8.15–16.30, März und Okt. 8.15–17.30 Uhr, Eintritt € 4, kombiniert mit Museen (EU-Bürger bis 18 und ab 65 J. frei)
Wer nur die Gärten besuchen will, kann den überfüllten Palazzo Pitti meiden und die Eingänge Forte Belvedere, Via Romana oder Piazzale di Port Romana wählen. Park mit Grotten, Brunnen und Seen.

Santa Maria Novella
Piazza Santa Maria Novella 18r Firenze

Museum und Kreuzgang: Mo–Sa 9–17, So/Fei 13–17, Fr erst ab 11 Uhr
Eintritt € 3,50 (ab 12 J.)
Giottos gewaltiges Kruzifix, Trinitätsfresko von Masaccio im Refektorium.

Kirche Ognissanti/Cenacolo del Ghirlandaio
Borgo Ognissanti 42, Firenze
Kirche tägl. 7–12.30 und 16–20 Uhr
Werke von Ghirlandaio und Taddeo Gaddi, Grab des Amerigo Vespucci. Refektorium mit »Abendmahl« von Ghirlandaio. Nur Mo, Di und Sa 9–12 Uhr, Eintritt frei

Osteria dei Cento Poveri
Via Palazzuolo 31 und 23, Firenze
☎ 055-21 88 46
Gemütlich, mit Holzbalkendecken und Holztischen, traditionelle toskanische Küche, Spezialität: Tagliatta di Tonno (gebratener Thunfisch). €€

Trattoria La Carabaccia
Via Palazzuolo 190/r, Firenze
☎ 055-21 47 82
Supermoderne Einrichtung im Tonnengewölbe, frische Salate (z.B. Artischocke mit Parmesan), preiswertes Menü, Pizza und Focaccia. €€

Trattoria de Nerbone
Mercato Centrale, Firenze
☎ 055-21 99 49, So geschl.
Typische Marktkneipe mit original florentinischen Spezialitäten. €

La Spada
Via della Spada 62r, Firenze
☎ 055-21 87 57, mittags und abends
Traditionelles toskanisches Gasthaus, seit 130 Jahren, mit Drehspieß über Holzfeuer (Rosticciana). Preiswertes Menü. €€

Il Ritrovo
Via de Pucci 4a, Firenze
☎ 055-28 16 88, mittags und abends
Typisch toskanische Küche, Fleisch- und Fischgerichte, preiswertes Tagesmenü. €€

Toto
Via Borgo Sant' Apostoli 6, Firenze
☎ 055-21 20 96
Zwischen Uffizien und Ponte Vecchio. Urig, toskanische Spezialitäten, beste *bistecca fiorentina,* auch Pizza. €

REGION 1
Florenz und Mugello

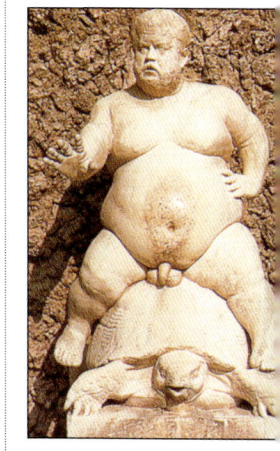

Mercato Centrale
Piazza del Mercato Centrale/Via dell' Ariento s/n, Firenze
Mo-Sa 7-14 Uhr

Mercato delle Pulci/ Antiquitätenmarkt
Piazza dei Ciompi, Firenze
Di-Sa 10-19 Uhr

Mercato di Santo Spirito/Antiquitätenmarkt
Piazza Santo Spirito, Firenze
2. So im Monat 9-19 Uhr

Fressecke für jeden Geldbeutel: Rund um den **Mercato San Ambrogio** werden alle lukullischen Genüsse befriedigt. In der Markthalle selbst und an den Bauernständen ringsum können sich Apartment-Urlauber preiswert mit frischem Gemüse, Obst, Fleisch, Fisch, Käse etc. eindecken. Gleich um die Ecke hat man die Qual der Wahl: **Ristorante Cibréo,** Via A. Del Verrochio 8r, ✆ 055-234 11 00 (Tisch vorbestellen), höchste Qualität, fantasievolle toskanische Küche, einmaliger Service, Beratung durch sprachbegabte Ober mit am Tisch sitzend. €€€€
Trattoria Cibréino, Via de' Macci 122r, ✆ 055-234 11 00, aus der selben Küche wie Cibréo, einfacheres Ambiente, kleinere Auswahl. €€
Caffé Cubréo, Via A. Del Verrocchio 5r, ✆ 055 234 58 53, wechselnde Eindeckung: Frühstück, Mittagessen, Nachmittagskaffee, Aperitif, Abendessen, auch Tische im Freien. €€-€€€

Wichtige Feste in Florenz:
Ostersonntag: *Scoppio del Carro* zwischen Dom und Baptisterium, Umzug, Messe, Feuerwerkskarren
Sonntag nach Himmelfahrt: *Festa del Grillo* im Cascine-Park, Jahrmarkt
24. Juni: *Calcio Storico* auf der Piazza Santa Croce, historisches Raufballspiel

Kartenvorbestellung unter
✆ 055-21 08 04, www.boxol.it

Ausflugstipp:

Fiesole
Florenz gab es noch nicht, als die Etrusker bereits *Faesulae* gründeten. Viele kommen hierher, um vor allem den Blick auf die toskanische Metropole zu genießen. Doch auch Fiesole hat seine Sehenswürdigkeiten: das Rathaus (14. Jh.) mit vielen typischen Wappen, die **Kathedrale San Romolo** (ab 11. Jh.), das **Museo Bandini** mit Werken des 13.–15. Jahrhundert sowie Terrakotten der Familie Della Robbia, schließlich das **Römische Theater** (1. Jh.) mit etruskischem Museum und das **Kloster San Francesco** mit einer Sammlung toskanischer Malerei aus dem 15. und 16. Jahrhundert.

Service & Tipps:

Tourist-Info
Via Portigiani 3/5
50014 Fiesole
✆ 055-59 87 20
Fax 055-59 88 22
www.comune.fiesole.fi.it

Kathedrale San Romolo
Piazza della Cattedrale 1, Fiesole
Tägl. 7.30 und 15-18, Winter bis 17, So/Fei 10-16 Uhr
Dreischiffiger romanischer Dom, in der Cappella Salutati schöne Fresken sowie Skulpturen von Mino da Fiésole (1430-84).

Römisches Theater mit Archäologischem Museum und Museo Bandini
Via Portigiani 1, Fiesole
Sommer Di-So 9-19, Winter 10-16 Uhr, Mo geschl.
Eintritt für alle Museen € 10/6
(7-25 und über 65 Jahre)
Archäologische Zone mit Römischem Theater (1. Jh.), Reste eines Tempels und der Thermen, Archäologisches Museum mit Funden vorwiegend aus der etruskischen Periode. Daneben Museo Bandini.

Kloster San Francesco
Via San Francesco 13, Fiesole
Di-Fr 10-12, Sa/So/Fei 15-17 Uhr, Eintritt frei, Spende erbeten
Kloster auf einem Hügel, am Hang abwärts die Klostergebäude mit Museum: toskanische Malerei des 15. und 16. Jh.; Sammlungen der Missionare aus China und Ägypten, außerdem archäologische Funde der Umgebung.

Bacchus-Brunnen im Giardino di Boboli in Florenz

REGION 1
Florenz und Mugello

Mugello

❶ Bivigliano

Der kleine Ort Bivigliano mit dem **Kloster Monte Senario** liegt nördlich von Florenz östlich der SS 65. Die Kirche des 1233 gegründeten Klosters wurde von Cosimo I. verschönert (1539), später barockisiert. Wertvolle Gemälde aus dem 17. Jahrhundert und der holzgeschnitzte Altar sind die wichtigsten Sehenswürdigkeiten, in der Klosterapotheke gibt es den leckeren Likör *Gemma d'Abeto*.

Service & Tipps:

Kloster Monte Senario
Bei Bivigliano

Tägl. tagsüber geöffnet Klosterkirche mit kostbaren Gemälden (17. Jh.) und bemerkenswertem holzgeschnitzten Altar.

❷ Borgo San Lorenzo und Vicchio

Beide Orte liegen östlich der SS 65 am hier von West nach Ost verlaufenden Sieve-Fluss. Borgo San Lorenzo, der Hauptort des Mugello, ist bekannt durch seine Kunstkeramik. In der romanischen **Pieve San Lorenzo** (10. Jh.) im historischen Kern lächelt eine wunderschöne Madonna, die Giotto di Bondone (ca. 1266–1337) zugeschrieben wird. Der Künstler wurde ganz in der Nähe, im zu Vicchio gehörenden Ortsteil **Vespignano** geboren. Hier hütete der spätere Künstler seine Schafe und malte mit dem Stock naturgetreue Szenen in den Staub. Der große Maler Cimabue (ca. 1240–1302) soll das Talent entdeckt und gefördert haben.

Das Gebiet des oberen Sieve-Tals hat noch andere große Künstler wie zum Beispiel **Fra Angelico** (ca. 1387–1455) hervorgebracht: Er erblickte bei Vicchio als Giovanni das Licht der Welt und arbeitete später zuerst in Fiesole, was ihm den Beinamen »da Fiesole« einbrachte.

> **REGION 1**
> *Florenz und Mugello*

An der Piazza Dante in Borgo San Lorenzo steht die kleine Bronzeskulptur eines Hundes mit der Inschrift: »Fido esempio di fedeltà.« Fido soll bis zu seinem Tod 14 Jahre lang jeden Tag zur Bushaltestelle gelaufen sein, um sein Herrchen abzuholen – allerdings vergeblich, denn Carlo Soriani war bei dem Luftangriff 1943 auf die Stadt ums Leben gekommen.

Service & Tipps:

ℹ️ **Ufficio Promozione Turistica**
Via P. Togliatti 45
50032 Borgo San Lorenzo
✆ 055-84 52 71 85, Fax 055-845 62 88
www.mugellotoscana.it

👁 **Pieve San Lorenzo**
Borgo San Lorenzo
Mo-Sa 9–12, So/Fei 15–17 Uhr
Pfarrkirche mit dem Grundriss einer Basilika, 1263 wieder aufgebaut; sehenswerte Madonna, vermutlich von Giotto.

👁 **Antico Molino Faini**
Grezzano Nr. 70, ca. 8 km nördlich Borgo San Lorenzo
So/Fei von 15–19 Uhr, sonst telefonisch verabreden: ✆ 055-849 25 80 (nur italienisch). Alte Steinmühle, von Liebhabern restauriert.

🍴 **Il Feriolo**
Via Faentina 32, Località Polcanto, Borgo San Lorenzo
✆ 055-840 99 28, Di geschl.
Restaurant auf einer kleinen Festung, traditionelle Küche. €€€

🍴 **Locanda degli Artisti**
Piazza Romagnoli 2

Borgo San Lorenzo
✆ 055-845 53 59, Mi geschl.
Gute lokale Küche, mit Pergola. €€€

👁 **Casa di Giotto**
Località Vespignano, Vicchio
✆ 055 84 39 22 48, culture@comune.
vicchio.fi.it, Öffnungszeiten weniger zuverlässig, meistens Mitte Juni–Mitte Sept. Di, Do, Sa und So/Fei 10–12 und 16–19 Uhr, sonst nur Sa und So/Fei, Eintritt zusammen mit Museo di Arte Sacra € 4/2
Geburtshaus von Giotto mit einer Führung durch das Leben und Wirken des bedeutenden Künstlers.

🏛 **Museo di Arte Sacra**
Viale B. Angelico 26, Vicchio
Öffnung s. Casa di Giotto
Beato Angelico (1387–1455) vom Geburtsort gewidmet, Kirchenschätze und Gemälde, sehenswerte »Madonna col Bambini«, Terrakotta Johannes des Täufers, wahrscheinlich von Andrea della Robbia.

🍴 **Villa Campestri**
Via di Campestri 19, Vicchio
✆ 055-849 01 07
Restaurant in historischem Stil, erste »Oleoteca« Italiens, entsprechende Menüs dell' Olio. €€€

In der Gelateria auf dem Platz vor der Pieve San Lorenzo gibt es hervorragendes Eis, das man unbedingt probieren sollte.

---

❸ Careggi und ❹ Sesto Fiorentino

Rund um den im Norden von Florenz westlich der SS 65 liegenden Ort Careggi finden sich gleich drei Villen des Medici-Geschlechts. Die **Villa Careggi** wurde 1417 von Lorenzo erworben, ab 1457 erweitert; die **Villa della Petraia** gelangte 1575 in den Besitz von Kardinal Ferdinando de' Medici, der sie umgestaltete.

45

**REGION 1
Florenz und
Mugello**

Ein Verteidigungsturm flankiert den quadratischen Innenhof, dort sind die Fresken mit Szenen aus dem Hause Medici interessant. In der **Villa Castello**, Richtung Sesto Fiorentino, lebte Cosimo I. in seiner Jugend und hier verbrachte er auch seinen Lebensabend. 1538 wurde der berühmte Garten mit seinen Grotten und Labyrinthen, Statuen aus Bronze und Marmor, Fontänen und Wasserspielen gestaltet. Der Brunnen in der Mitte zeigt Herkules im Kampf mit dem Riesen Antaios. Er war unbesiegbar, solange er seine Mutter, die Kraft spendende Erde, berührte, doch Herkules hob den Giganten hoch und erdrückte ihn.

Villa Castello, eine der Medici-Villen, in der Cosimo I. in seinen Jugend- und Altersjahren lebte

Villa La Petraia
Località Castello
Careggi Richtung Sesto Fiorentino
Garten: März und Okt. 8.15–17.30, April/Mai und Sept. 8.15–18.30, Juni-Aug. 8.15–19.30, Nov.–Feb. 8.15–16.30 Uhr, Villa schließt 1 Std. früher; 2. und 3. Mo des Monats geschl.
Eintritt frei
Quadratischer Innenhof mit Fresken zur Familiengeschichte der Medici.

Service & Tipps:

Villa Medicea di Careggi
Viale Pieraccini 17, Careggi
✆ 055-427 97 85
Eine der ältesten Medici-Villen, hier starben Cosimo d. Ältere (1464) und Lorenzo il Magnifico (1492); nur nach Absprache zu besichtigen.

Villa Reale di Castello
Via di Castello, Località Castello, Careggi Richtung Sesto Fiorentino
Öffnungszeiten des Gartens vgl. Villa La Petraia
Eintritt frei
Sehr beliebter Garten mit Grotten, Labyrinthen, Wasserspielen und bemerkenswerten Statuen.

❺ Palazzuolo sul Senio

Eingebettet in die Landschaft des Senio-Tals liegt dieser ruhige und gepflegte, mittelalterliche Ort. Der Senio fließt mitten durch das Städtchen, am Marktplatz steht der repräsentative **Palazzo dei Capitani dei Popoli** (14. Jh.), das Stadtvogthaus (mit Museum s.u.).

Service & Tipps:

Museo Archeologico Alto Mugello
Palazzo dei Capitani, Palazzuolo Senio
Sept./Okt. Sa/So/Fei 15–18, Juli/Aug. Mo und Mi-So 16–19, Di 20–23 Uhr
Eintritt € 2/1
Archäologische Funde des Hoch-Mugello mit den Tälern der Flüsse Lamone, Senio und Santerno vom Neolithi-

kum bis zum Mittelalter.

Locanda Senio (Charme & Relax)
Via Borgo dell' Ore 1
Palazzuolo sul Senio
✆ 055-804 60 79, Fax 055-804 39 49
Mo-Fr nur abends
www.locandasenio.it
Restaurant mit köstlicher Mugello-Küche, Spezialität: *Carretto al Dragoncello e Menta* (Zicklein mit Estragon

und Minze). €€€
Einkaufsmöglichkeit landwirtschaftlicher Mugello-Produkte im hoteleigenen Laden »Dispensa«.

La Bottega dei Portici
Piazza Garibaldi 3
Palazzuolo sul Senio

☏ © 055-804 65 80, Mo geschl.
Bodenständige Küche, in der Saison Steinpilz- und Kastaniengerichte. Viele Fleischrezepte, auch Lamm und Zicklein. €€
Außerdem Verkauf von Wein, Grappa, Olivenöl, Honig etc.

REGION 1
Florenz und
Mugello

❻ San Piero a Sieve

Wo die SS 551 von der SS 65 abzweigt, schmiegt sich der Ort in Terrassen an den Hang des Sieve-Tals. Überragt wird San Piero von der **Fortezza di San Martino** (15. Jh.) mit einer fast zwei Kilometer langen Außenmauer, die man umrunden kann. In der Pfarrkirche, der **Pieve di San Pietro**, befindet sich eines der schönsten Terrakotta-Taufbecken von Giovanni della Robbia.

Drei Kilometer nordwestlich des Ortes liegt das **Kloster Bosco ai Frati**, wieder ein Medici-Bau. Im kleinen Museo di Arte Sacra ist ein hölzernes Kruzifix zu betrachten, in der Kirche selbst Gemälde aus dem 16. und 17. Jahrhundert.

Verbleibt man auf dem Weg nach San Piero a Sieve auf der SS 65, biegt bald ein Sträßchen nach Westen zum **Medici-Castello del Trebbio** (1461) ab. Weiter auf der SS 65 wird schnell die **Villa di Cafaggiolo** (1451) sichtbar, ein festungsartiger Bau, von Michelozzo für Cosimo il Vecchio errichtet. Seine Söhne Lorenzo und Giuliano verbrachten hier einen glücklichen Teil ihrer Jugendzeit.

Schmuckstück der Kirche San Pietro in San Piero a Sieve ist das Terrakotta-Taufbecken von Luca della Robbia (1399–1482)

Service & Tipps:

ⓘ **Ufficio Turismo**
Via Medici 10
50037 San Piero a Sieve
© 055-848 75 28, Fax 055-84 84 32
www.comune.san-piero-a-sieve.fi.it

👁 **Pieve di San Pietro**
San Piero a Sieve
Meistens tägl. tagsüber geöffnet, im Zweifelsfall anrufen:
© 055-84 81 61
Oktagonales Taufbecken aus lasierter Terrakotta von Luca della Robbia (1508).

👁 **Kloster Bosco ai Frati**
3 km nordwestl. von San Piero a Sieve
Offizielle Öffnung: Do–So 10–13 und 15–19 Uhr
Manchmal öffnen die Mönche auch auf Klingeln oder anrufen:
© 055-84 81 11
Eintritt frei, Spende erbeten
Eines der ältesten Klöster der Tos-

REGION 1
Florenz und Mugello

kana (12. Jh., von Michelozzo im 15. Jh. wieder aufgebaut); in der Kirche Gemälde des 16. und 17. Jh., nebenan im kleinen Museo di Arte Sacra ein Holzkruzifix von Donatello.

Castello del Trebbio
Westl. von San Piero a Sieve nahe der SS 65. Die von Zypressen umgebene Villa kann nur von außen, der Park nach Voranmeldung (℡ 055-845 62 30) Mo-Fr vormittags besichtigt werden.

Villa di Cafaggiolo
Westl. von San Piero an SS 65 Mitte April-Mitte Okt. Mi-Fr 14.30-18.30, Sa/So/Fei 10-12.30 und 14.30-18.30, Winter nur Sa/So/Fei 10-12.30 und 14.30-18.30 Uhr, Eintritt frei
Mächtige Medici-Villa mit Park, beeindruckendes Beispiel der Renaissance-Architektur, Lieblings-Residenz von Lorenzo il Magnifico.

Osteria del Girodibacco
Via Nazionale 8, Località Cafaggiolo, 100 m vom Castello Cafaggiolo ℡ 055-841 81 73
Freundliches Restaurant mit Weinausschank, auch im Garten, kreative toskanische Küche, Wein auch glasweise. Do geschl. €€€

Michelozzo baute die Villa di Cafaggiolo 1451 für Cosimo il Vecchio

❼ Scarperia

Vier Kilometer nördlich von San Piero a Sieve reizt der durch Stadtmauer und restaurierten Wehrturm geschmückte Ort Scarperia zu einem Besuch. Stolz erhebt sich im Zentrum der **Palazzo dei Vicari** mit zahlreichen Fresken sowie Stadtvogtwappen aus Stein und glasierter Terrakotta an der Fassade. In der Gemeinde wird seit fünf Jahrhunderten die Tradition der **Messerschmiede** gepflegt, das **Museo Ferri Taglienti** wurde im Palazzo dei Vicari untergebracht.

Von Scarperia aus führt ein Sträßchen etwa drei Kilometer nach Südosten und dann Richtung Norden zum Nest **Grezzano** mit einer mittelalterlichen Wassermühle (vgl. Borgo di San Lorenzo). Weiter über eine schmale Straße ostwärts gelangt man zur SS 302 und zur Ortschaft **Ronta**. Im Ortsteil Madonna dei Tre Fiumi ist der **Antico Mulino Margheri** noch in Betrieb. Die Familie Margheri verkauft steingemahlene Erzeugnisse aus Weizen, Mais und Kastanien.

Service & Tipps:

ⓘ **Pro Loco**
Via Roma 20, 50038 Scarperia
℡ 055-846 81 65, Fax 055-84 88 62
www.prolocoscarperia.it

🏛 **Palazzo dei Vicari**
Museo Ferri Taglienti
(Museum für Schneidewerkzeuge)
Scarperia, gegenüber der Pfarrkirche
Okt.-Mai nur Sa/So/Fei 10-13 und 15-18.30, Juni-Sept. Mi-Fr 15.30-19.30, Sa/So/Fei auch 10-13 Uhr
Eintritt € 3/1,50
Wechselnde Ausstellungen zum Thema Schneidewerkzeuge in der Piano Nobile, von dort Zugang zum Messer-Museum. Alles über Schneidewerkzeuge und zu deren Herstellung notwendigen Werkzeugen.

👁 **Messerschmiede** *(coltellerie)*
- Berti Andrea, Werkstatt in der

Via della Resistenza 12, Verkauf in der Via Roma 43, Scarperia
– **Saladini**, Werkstatt, Ausstellung und Verkauf in der Via Solferino 19–21, Ausstellung in der Via Roma 325, Scarperia

Autodromo Internazionale del Mugello
Östl. von Scarperia
www.mugellocircuit.it
Das Paradies für Motorradfans: Auf der 5 200 m langen Piste testet Ferrari seine Formel-1-Wagen und hier finden Motorradrennen in verschiedenen Klassen und die Weltmeisterschaften im Superbike statt. Außerhalb von Rennen kann man beim Training zuschauen.

Locanda Le Isole
Via di Cavallino 129–130 Scarperia
℗ 055-840 61 19
Im Sommer Mo geschl., im Winter nur Fr–So geöffnet
Kreative mugellanische Küche, auch Fischgerichte, Tische im Garten. €€

Osteria dei Poeri
Via Roma 78/80, Scarperia
℗ 055-843 08 19, Mo geschl.
Gute, typisch toskanische Küche. €€

REGION 1
Florenz und Mugello

❽ Valdisieve

Wo der Sieve-Fluss östlich von Borgo San Lorenzo einen Bogen nach Süden macht, endet der Mugello und beginnt die Valdisieve mit der ersten **Weinstraße** Italiens, die über Dicomano, Londa, Pelago und Rufina nach Pontassieve führt. 15 Kellereien in kleinen Festungen, Villen und Gutshöfen reihen sich hintereinander. An den Hängen über dem Sieve wachsen der bekannte Chianti Rufina und der Pomino. Von hier stammt übrigens die bekannte langhalsige Flasche mit dem gelben Strohkleid.

In **Dicomano**, von den Römern gegründet, wird das **Oratorio di San Onofrio** gerne besucht, ein Beispiel des italienischen Neoklassizismus mit beachtenswerten Halbreliefs an den Seitenwänden. Von Dicomano zehn Kilometer in Richtung Nordosten erreicht man **San Godenzo** mit seiner romanischen Benediktinerabtei (1208). Bedeutend sind die Kanzel (15. Jh.), eine farbige Statue des heiligen Sebastian (Baccio da Montelupo) und am Altar der Krypta das Polyptychon »Madonna mit dem Kinde und vier Heiligen«. Südöstlich von **Pelago** liegt die von Wäldern umgebene, tausend Jahre alte **Abbazia di Vallombrosa**. Oberhalb von Rufina, in **Pomino**, streben Anhänger von Luca della Robbia zur Pfarrkirche **San Bartolomeo**, um dessen Altartafel aus Terrakotta mit der gekrönten Muttergottes mit Kind zu bewundern.

Pontassieve schließlich ist umrahmt von Hügeln und Hängen mit Weinbergen, Olivenhainen und immer wieder mit malerischen Villen und Landgütern. Im älteren Teil des Ortes sind von den mittelalterlichen Mauern die **Torre dell' Orologio** (Uhrenturm) und die **Porta Fiorentina** erhalten. Unterhalb des Ortes, dort wo sich der Sieve in den Arno ergießt, spannt sich die **Medici-Brücke** über den Fluss, die Großherzog Cosimo I. 1555 erbauen ließ.

An der Valdisieve, der ersten Weinstraße Italiens, wächst der süffige Chianti Rufina

REGION 1
Florenz und Mugello

Durch die Valdisieve führt Italiens erste Weinstraße. In der kleinsten der sieben Chianti-Lagen wächst der Chianti Rufina, der sich durch seine Lagerfähigkeit auszeichnet.

Service & Tipps:

ⓘ Consorzio Chianti Rufina
Villa Poggio Reale, Viale Duca della Vittoria 7
50068 Rufina
✆ 055-839 99 44, Fax 055-839 61 54
www.chiantirufina.it
Informationen zur Weinstraße und Adressen der Mitglieder.

Oratorio di San Onofrio
Dicomano, am Ortsrand Richtung Forli
Nur Sa 10–12 und 17.30–18.30, So 17.30–18.30 geöffnet oder anrufen
✆ 055-83 80 50
Gutes Beispiel des italienischen Neoklassizismus (1796); im Inneren tragen 16 korinthische Säulen die abgesenkte Kuppel, an den Seitenwänden bemerkenswerte Halbreliefs, kürzlich restauriert.

Abbazia Benedettina di San Godenzo
Benediktinerabtei San Godenzo, nordöstl. von Dicomano
Tägl. 8.30–12 und 15–18 Uhr
Romanische Abtei (1208), im erhöhten Presbyterium Sarkophag des San Gardenzio (Godenzo), goldgrundige Altartafel (Daddi, 1333): Madonna mit Kind, links davon Johannes der Täufer und Benedikt, rechts Nicola de Bari und Johannes der Evangelist. Apsis mit modernem Mosaik »Mariä Krönung mit Heiligen« (1921-1929), in der rechten Kapelle eine geschnitzte, farbige Statue des heiligen Sebastian (Baccio da Montelupo, 1506) in natürlicher Größe. Untermalung mit gregorianischen Gesängen.

Abbazia di Vallombrosa
Vallombrosa
südöstl. von Pelago
Sommer 6.30–12 und 15–18, Winter 9–12 und 15–18 Uhr
Abtei in einem dunklen Waldgebiet, Gründung um 1000, im 15. Jh. fertig gestellt; großes Becken (Ende 18. Jh.) vor der Abtei, schöne Fassade (17. Jh.), im Inneren bemerkenswerte Kapellen und Tabernakel (16.–17. Jh.). Reiches Museo di Arte Sacra, Sommer tägl. geöffnet, sonst nach Voranmeldung, ✆ 055-86 22 51. Auch Unterkunft möglich.

Pfarrkirche San Bartolomeo
Am Rande von Pomino
von Rufina ca. 7 km auf der SP 91
Im Sommer 16–17.30, im Winter 15–16.30 Uhr
Sollte geschlossen sein, an der Tür neben dem Kirchenportal klingeln, außerhalb der Zeit telefonisch anmelden: ✆ 055-83 18 99
Einfache Pfarrkirche (12./13. Jh.) mit wertvoller Terrakotta-Altartafel aus der Werkstatt Andrea della Robbia, weiß auf blauem Grund: »Muttergottes mit Kind und Heiligen«; im linken Seitenaltar Tafelbild »Madonna mit Kind und Heiligen« (15. Jh.) von Maestro di San Miniato; an der rechten Wand »San Giacomo« als Synopie und im Original, von den ursprünglich freskierten Pfeilern abgenommen.

🏛 Museo della Vite e del Vino
Villa Poggio Reale
Viale Duca della Vittoria 7
50068 Rufina
✆ 055-839 50 78
www.villapoggioreale.it
Mi, Fr 15–19, Sa 9–13 und 15–18, So 10–13 Uhr
Eintritt € 3/1,50 (6–14 und über 65 Jahre)
Enoteca del Chianti Rufina e Pomino nur auf Anfrage.

Osteria La Casellina
Località Montebonello (von Pontassieve nach Norden Richtung Rufina, kurz vor Rufina der Vorort Montebonello, dort westwärts, liegt außerhalb des Ortes)
✆ 055-839 75 60
Stimmungsvolles Restaurant mit Terrasse, sehr freundlicher Service, phantasievolle toskanische Küche, preiswertes Kindermenü. Mo geschl.
€€-€€€

Weinproben mit Besichtigungen

Casa Vinicola Dreolino
Via Fiorentina 5/6
Rufina
✆ 055-839 70 21
www.dreolino.it
April-Sept. Mo-Fr 14–18, 4. So im Monat 15–18, Okt.–März Mo-Fr 15–17, Sa 9–13 Uhr
Führung durch die Weinkeller des 1939 gegründeten Weinguts.

Castello di Pomino/Marchesi de Frescobaldi
Pomino bei Rufina
✆ 055-271 41
Mo-Do 10-12 und 14-17, Fr 10-12 und 14-16, 1., 2. und 4. So im Monat 9-13 Uhr
Weingut aus dem 15. Jh. mit berühmten Weinkellern.

Fattoria di Travignoli
Pelago, Straße nach Vallombrosa
✆ 055-836 10 98
www.travignoli.com
April-Sept. Mo 10-18, Di-Fr 14-18, Sa 8-12, Okt.-März Mo und Mi 13.30-17.30, Sa 8-12 Uhr
Olivenöl, Wein und vieles mehr direkt vom Erzeuger.

Cantina VI.C.A.S.
Via Lisbona 39, Pontassieve
✆ 055-831 40 20
cantinavicas@libero.it
Di-Fr 9-12 und 14-18, Sa 8.30-12.30 und 14.30-18 Uhr

Fattoria di Lavacchio
Montefiesole bei Pontassieve
✆ 055-839 61 68
www.fattorialavacchio.com
April-Sept. Mo-Fr 14-18, Sa 8-13 und 15-18, Okt.-März Mi 14-18, Sa 8-12 und 14-18 Uhr

REGION 1
Florenz und Mugello

❾ Villa Demidoff

Die Hauptstraße SS 65 führt vor Pratolino durch den Demidoff-Park. Die Villa Demidoff wurde 1569 von Francesco de' Medici erworben, 1820 von den Lothringern zerstört und vom russischen Prinzen Demidoff 1872 wieder aufgebaut. In der Mitte des Parks mit Grotten und Brunnen steht die gut erhaltene Brunnenstatue des bärtigen Apennin des Bildhauers Giambologna. Kulturelle Veranstaltungen am Wochenende.

Service & Tipps:

Villa und Park Demidoff
SS 65 kurz vor Pratolino
Parkbesichtigung: April-Sept. Fr/Sa/So 10-20, sonst nur Do-So 10-18 Uhr
Eintritt frei
Der russische Prinz Demidoff baute 1872 das zerstörte Personalgebäude

(paggeria) zur Villa um. Park mit Brunnen und künstlichen Grotten.

Il Pievano Arlotto (Demidoff Hotel)
Via della Lupaia 1556, Pratolino
✆ 055-50 56 41
Gepflegtes, feines Restaurant, Mugello- und internationale Küche. €€-€€€

REGION 2
Der Nordwesten und Pisa

Der Nordwesten und Pisa

Mittelalterliche Städte, berühmte Marmorberge und ein Bummel rund um den Schiefen Turm

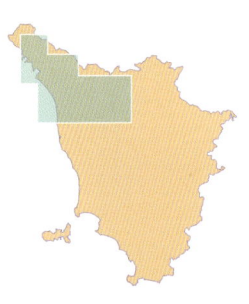

Im nordöstlichen Teil der Garfagnana liegt der Parco dell'Orecchiella. Das einst entwaldete Gebiet wurde mit Eichen, Kastanien, Tannen, Buchen und Lärchen wieder aufgeforstet. Seit dem WWF-Programm »Lupo Italia« gibt es hier wieder Wölfe, außerdem Mufflons, Wildschweine und Rotwild. Die Vermehrung von Kleintieren förderte die Zunahme von Greifvögeln wie Adler, Falke und Uhu.

Im Nordwesten von Florenz reihen sich anheimelnde kleine Städte aneinander, darunter Prato, Pistoia, Collodi und Lucca. Von dort geht es nordwärts in die grüne Garfagnana mit wilden Bächen und schroffen Bergen. Im Westen der Waldlandschaft schließen sich die Marmorberge von Carrara an, deren Ausläufer die Küste mit Badeorten wie Viareggio, mit Naturstränden und Pinienwäldern erreichen. Obwohl die Autobahn streckenweise verführerisch nahe liegt, sollte man unbedingt die Landstraße wählen, um die abwechslungsreiche, von der klassischen Toskana sehr verschiedene Landschaft zu genießen.

Acht Kilometer Luftlinie liegt heute Pisa vom Meer entfernt. Als die Stadt noch eine große Seemacht war, lag sie direkt am Mittelmeer. Doch der Hafen verschlammte immer mehr und 1284 erlosch der Glanz pisanischer Macht, Genua beherrschte die See. Die gebliebene Schönheit Pisas lässt sich im Schatten des Schiefen Turms erobern. (Karte vgl. S. 54/55.)

❶ Aulla

Das von einem Schloss bewachte, sonst wenig attraktive Aulla liegt am nordwestlichen Ende der grünen Garfagnana an der SS 62 unweit der Autobahn A 15. Während der Langobarden-Zeit führte hier die Strada Romea nach Rom, später Frankenstraße genannt, vorbei. Der Ort ist Endstation der abwechslungsreichen, einspurigen Bahn aus Lucca und Ausgangspunkt für Wanderungen. Hier trifft man auf den Fluss Magra und fährt auf guter Straße nordwärts nach Pontremoli.

❷ Bagnone

Von Aulla oder dem weiter nördlich liegenden Ort Villafranca aus erreicht man das zu Füßen der Apuanischen Alpen liegende Dorf Bagnone. Ein lohnender Abstecher, der hübsche Flecken überrascht mit Renaissancepalästen, Bogengassen und dem Kastell mit einem zylindrischen Turm.

Service & Tipps:

✖ **Locanda Ricci Lina**
Piazza Marconi 1, Bagnone
✆ 01 87-42 90 69
Do geschl.

Mitten im historischen Zentrum, traditionelle Speisekarte; Spezialitäten: *Barbotta*, ein Kuchen aus Zwiebeln und Maismehl, Lamm (*agnello a scottadito* – zum Abnagen – oder *fritto*).
€€

52

Gavarini
Via Benedicenti 50, Villafranca
in Lunigiana, Ortsteil Mocrone
✆ 01 87-49 55 04
Mi (außer Aug.) geschl.

Hundert Jahre altes Restaurant, traditionelle Küche der Lunigiana; Spezialitäten: Lamm aus dem Ofen und gefülltes Kaninchen.
€€

REGION 2
Der Nordwesten und Pisa

❸ Barga

Zu Fuß geht es durch die Altstadtgassen weiter zum **Dom San Cristoforo** (9.–15. Jh.). Von der Domterrasse aus schweift der Blick über Barga und die grüne Garfagnana. Die weiße Travertinkirche birgt eine fünf Meter hohe **Marmorkanzel** (Guido Bigarelli da Como, frühes 13. Jh.). Wunderschön sind die Reliefs im oberen Teil: Taufe Christi, Mariä Verkündigung, die Heiligen Drei Könige und die Evangelisten. Zwei Säulen werden von fressgierigen Löwen getragen, einer macht sich über einen Menschen her, der andere über einen Drachen. Eine der hinteren Säulen lastet auf einem Männchen. Die beängstigen-

An der SS 445 zwischen Borgo a Mozzano und Castelnuovo di Garfagnana in der Höhe von Gallicano führt eine kleine Straße etwa 5 km hoch nach Barga.

Guido da Como, Schöpfer der Marmorkanzel im Dom von Barga, war auch am Bau des Doms von Prato beteiligt. In Lucca gestaltete er die Fassade der Kirche San Michele in Foro und im Baptisterium von Pisa soll er das riesige Taufbecken verziert haben.

Die Marmorkanzel im Dom von Barga

REGION 2
Der Nordwesten und Pisa

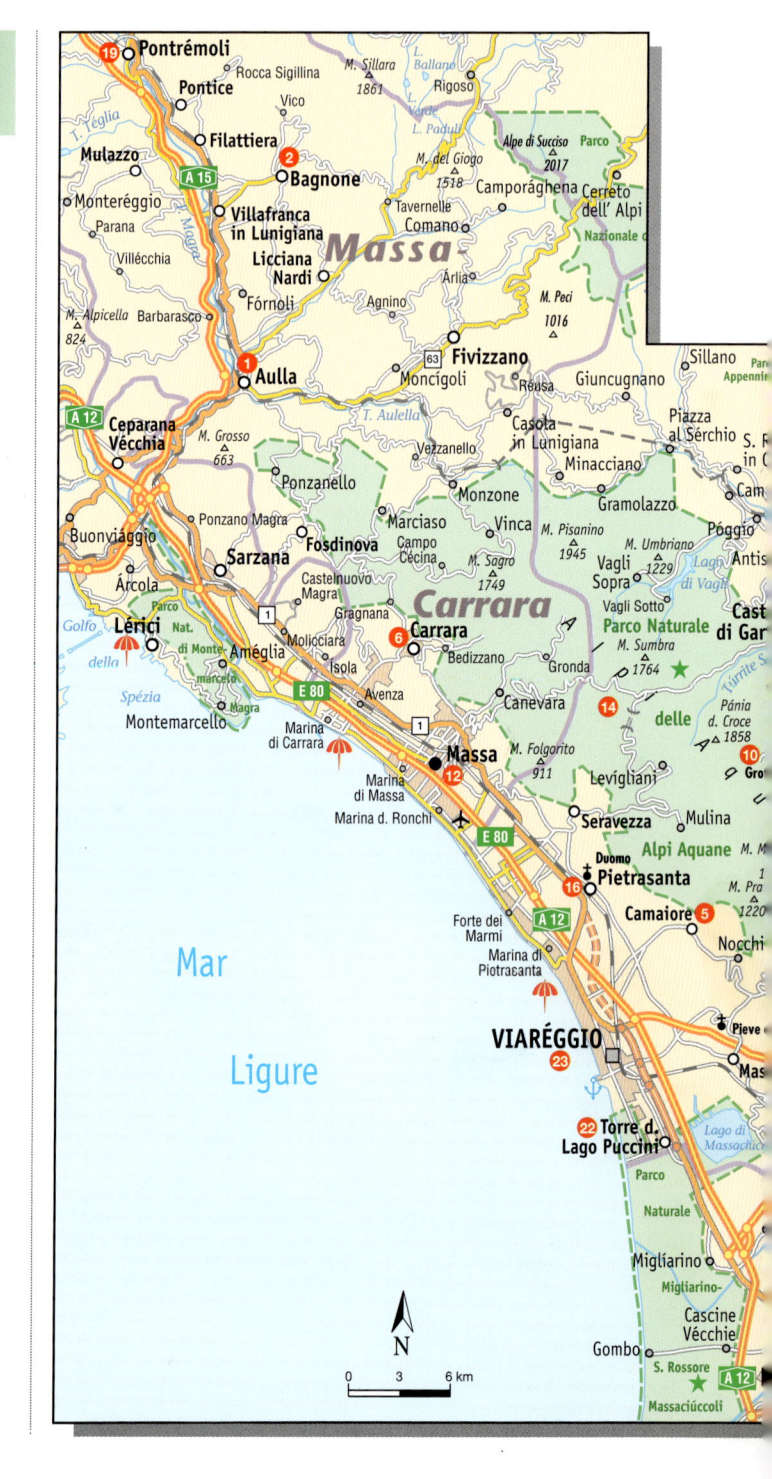

den Löwen finden in der Bibel (1. Petr. 5,8) eine Deutung: »Der Teufel geht umher wie ein brüllender Löwe, suchend, welchen er verschlinge.« Das hockende Männlein wird unterschiedlich ausgelegt: entweder als Allegorie für das Schicksal der Verdammten in der Hölle oder als der Mensch, der die Kirche auf seinen Schultern trägt.

Rund 6 km nördlich von Barga liegt **Castelvecchio Páscoli** in wunderbarer Panoramalage. Der Ort hat seinen Zusatz im Namen nach dem politisch engagierten Dichter Giovanni Páscoli (1855-1912), der im Ortsteil Caprona von 1895 bis zu seinem Tod lebte und arbeitete.

In der Villa, die er mit seiner Schwester bewohnte, ist heute ein Páscoli-Archiv untergebracht. Hier sind seine Werke zu sehen, die zwischen Traum und Vision einerseits sowie Strenge und politischem Engagement andererseits schwanken. Auch Briefe und Fotografien des Dichters sind ausgestellt, der seit 1905 als Professor für italienische Literatur in Bologna tätig war.

REGION 2
Der Nordwesten und Pisa

Casa Páscoli
Localitá Caprona
April-Sept. Di 15.30-18.45, Mi-So 10.30-13 und 15-18.45, Okt.-März Di 14-17.15, Mi-So 9.30-13 und 14.30-17.15 Uhr
Eintritt € 3/1,50

Service & Tipps:

Informazione Turistica
Piazzale Angelio 3
55051 Barga
℡ 05 83-72 34 99
www.comune.barga.lu.it

Dom San Cristoforo
Barga
Tägl. 9-19 Uhr
Blick von der Terrasse und beeindruckende Löwenkanzel.

La Pergola
Via Sant' Antonio 1
Barga
℡ 05 83-772 30 86
Beliebtes Restaurant mit einheimischer Küche. €€

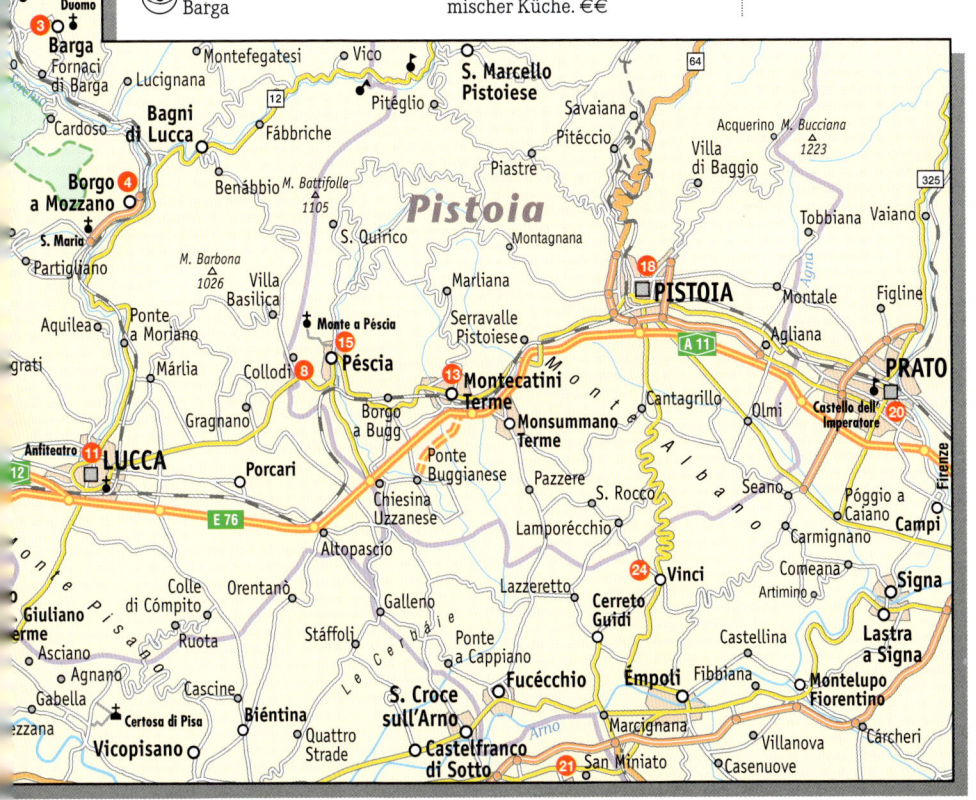

REGION 2
Der Nordwesten und Pisa

❹ Borgo a Mozzano

Der Ort liegt beidseits des Flusses Serchio. Es ist ratsam, über die Ostseite auf der SS 12 anzufahren, weil die im Westen verwirrend ausgebaute SS 445 kaum Parkplätze bietet. Die gigantische, bucklige **Ponte della Maddalena** oder **del Diavolo** soll der Teufel in einer finsteren Nacht gebaut haben. Fotofreunde haben ihr Vergnügen an dem Bauwerk aus dem Jahr 1101, vor allem wenn der Zug Lucca–Aulla drüben unter dem letzten Bogen durchfährt.

Die bucklige Ponte della Maddalena in Borgo a Mozzano – vom Teufel über Nacht gebaut

Service & Tipps:

🍴 **La Locanda del Borgo**
Via Umberto I 112
Borgo a Mozzano, ✆ 05 83-88 92 81
Di und 2 Wochen im Okt. geschl.
Traditionelle Osteria mit lokaler Küche, Fleischgerichte und Forellen aus dem Serchio. €€

🍴 **Osteria I Macelli**
Via di Cerreto s/n
Borgo a Mozzano
✆ 05 83-887 00
Mi und Sa mittags geschl.
Feinschmecker-Restaurant, kreative Küche, Fleischgerichte und *baccalà* (Stockfisch).
€€€

❺ Camaiore

Das kleine Städtchen liegt etwa acht Kilometer landeinwärts von Viareggio. Im 13. Jahrhundert wurde es von Lucca zur Festung ausgebaut. In der Abtei aus dem 8.–11. Jahrhundert ist das **Museo d'Arte Sacra** untergebracht.

Service & Tipps:

🏛 **Museo d'Arte Sacra**
Confraternità del SS. Sacramento
Camaiore
Juni–Sept. Di, Do, Sa 16–19.30, So 10–12, Okt.–Mai Do–Sa 15.30–18.30, So 10–12 Uhr, Eintritt € 2
Liturgische Geräte und sakrale Gewänder, 14.–17. Jh.

La Dogana
Via Sarzanese 442, Località Capezzano Pianore, Camaiore
✆ 05 84-91 51 59, Mo geschl.
Beste Pasta, *menu mare* (Fisch) oder *menu terra* (Fleisch) zu empfehlen.
€€

Locanda Le Monache
Piazza XXIX Maggio Camaiore
✆ 05 84-98 92 58
Mi geschl.
Hervorragende toskanische Küche.
€€€

REGION 2
Der Nordwesten und Pisa

⓺ Carrara und Colonnata

Ob man sich über die Autobahn A 12 oder über die Via Aurelia, der SS 1, dem Marmorgebiet nähert, schon von weitem liegen die weiß leuchtenden **Apuanischen Alpen** im Blickfeld, mittendrin Carrara, das seit Jahrtausenden vom edlen Marmor der Berge lebt. Hier siedelten schon die Vorligurer, kannten wohl den Wert des harten Gesteins und nannten den Ort *Kar*, was Stein bedeutet. Die Römer verdrängten sie (vgl. Pontremoli, S. 71 f.) und bauten den begehrten weißen Stein systematisch ab. Die Geschichte des Marmors und seiner Verarbeitung kann im **Museo Civico del Marmo** studiert werden.

Studien vor Ort sind bei der Fahrt in die abgenagten Marmorberge Richtung Collonata und Fantiscritti möglich. Außerhalb von Carrara sind schon die Hinweise »Valle Fantiscritti« zu sehen. Nach etwa sechs Kilometern, an einer Kreuzung, fährt man nach links durch einen Tunnel und bei einer weiteren Kreuzung nach rechts in die **Valle Fantiscritti**. Schon nach einem Kilometer breitet sich das **Cava Museo di Walter Danesi** aus. Hier hat der frühere Marmorarbeiter Danesi alles Wissenswerte zur Geschichte der Marmorgewinnung gesammelt. Mittelpunkt ist ein lebensgroßes marmornes Ochsengespann, das einen mit Marmorblöcken beladenen Karren zieht, dessen Räder ebenfalls aus Marmor sind. Gleich neben Danesis Museum fährt man in den **Stollen Ravaccione**, wo noch Marmor abgebaut wird.

Die harte Arbeit des Steinebrechens war zur Römerzeit Aufgabe der Sklaven. Sie sprengten die Quader mit Holzkeilen ab, indem das Holz mit Wasser zum Quellen gebracht wurde. Gefährlich war die Arbeit auch in neuer Zeit: Noch bis 1957 rutschten die monströsen Brocken auf eingeseiften Holzstämmen abwärts zur inzwischen eingestellten Bahn.

Holzwinden und Seile barsten immer wieder, Tote und Verletzte gehörten zum Alltag der Marmorbrecher. Ihnen zu Ehren wurde oberhalb von Fantiscritti, im Bergarbeiterdorf **Colonnata**, vor der Front der weißen Berge das »Monumento al Cavatore« aufgestellt. Marmorfarben ist auch der weiße Speck, der *lardo*, der im Ort seinen Ursprung hat (vgl. Infos, S. 58).

Schon Michelangelo schätzte den reinen, weißen Marmor von Carrara

REGION 2
Der Nordwesten
und Pisa

ⓘ **APT Massa-Carrara**
Viale Vespucci 24
54037 Marina di Massa
✆ 05 85-24 00 46
Fax 05 85-86 90 15
www.aptmassacarrara.it

Service & Tipps:

🏛 **Museo Civico del Marmo**
Viale XX Settembre s/n
Vorort Stadio, 54033 Carrara
✆ 05 85-84 57 46
Mo-Sa 9-12.30 und 14.30-17 Uhr
Eintritt € 4,50/2,50 (6-12 Jahre)
Alles über die Geschichte des Marmors und seiner Verarbeitung.

🏛 **Cava Museo di Walter Danesi**
Località Cave di Fantiscritti, außerhalb Carrara
Tägl. 8.30-20 Uhr, im Winter wird etwas früher geschl., Eintritt frei
Das Freilichtmuseum zeigt die Marmorverarbeitung und -gewinnung der letzten Jahrhunderte.

👁 **Ravaccione-Stollen**
neben Museo di Walter Danesi (Hinweis »Marmo Tour«), www.marmotour.com, tägl. April, Sept./Okt. 11-17, Mai-Aug. 11-18.30 Uhr (alle 30 Minuten)
Eintritt € 7/3 (6-12 Jahre)
Mit dem Bus 600 m in die marmorne Unterwelt, wo noch gearbeitet wird.

30 Minuten Führung, ein gigantisches Erlebnis.

🍴 **Alimentari Guadagni**
Via Fossacava 9, Colonnata di Carrara
Lardo di Colonnata, der berühmteste weiße Speck der Toskana. Im Marmor gereift, in hauchdünne Scheiben geschnitten, eignet er sich als Mitbringsel oder für ein Picknick in Panini.

🍽 **Da Venanzio**
Piazza Palestro 3
Colonnata di Carrara
✆ 05 85-75 80 93, Do und So abends sowie Mitte Dez. bis Jan. geschl.
Als Vorspeise *lardo* mit Anchovis auf Crostini, als Hauptgang Lamm, Kalbshaxe oder Kaninchen. €€€

🍽 **Locanda Apuana**
Via Comunale 1, Colonnata di Carrara, ✆ 05 85-76 80 17,
www.locandaapuana.com, So abends und Mo geschl.
Gemütliches, uriges Restaurant, Antipasti natürlich mit *lardo*, hausgemachte Pasta, Grillspezialitäten. €€€

❼ Castelnuovo di Garfagnana

Der Hauptort der Garfagnana liegt direkt an der SS 445. Wanderer bevorzugen den Ort, denn im von einer trutzigen Burg geschmückten Städtchen starten viele Garfagnana Touren. Im **Dom** erinnert die Terrakotta-Gruppe »Josef und seine Brüder« der Familie Della Robbia an eine der biblischen Legenden. Castelnuovo ist aber auch eine Einkaufsstadt. Entweder besorgt man sich Zutaten für ein Picknick oder man genießt an der Bar bzw. den kleinen Tischen des »Vecchio Mulino«, einer der stimmungsvollsten Osterien der Toskana, eine der Garfagnana-Spezialitäten, die der imposante Andrea Bertucci für seine Gäste zubereitet.

Riesen-Mortadella in der Osteria Vecchio Mulino in Castelnuovo di Garfagnana

Service & Tipps:

ⓘ **Pro Loco**
Via Cavalieri di Vittorio Veneto s/n
55032 Castelnuovo di Garfagnana
✆ 05 83-64 10 07
www.castelnuovogarfagnana.com

🍽 **Da Marchetti**
Via Fulvio Testi 10
Castelnuovo di Garfagnana

✆ 05 83-63 91 57
So geschl., Voranmeldung empfehlenswert
Traditionelle Osteria, lokale Gerichte wie Kutteln, *baccalà* (Stockfisch), frittierte Biroldo (Blutwurst), Polenta mit Schmorfleisch. €€

🍽 **Vecchio Mulino**
Via Vittorio Emanuele 12
🍴 Castelnuovo di Garfagnana
✆ 05 83-621 92

58

7.30–20 Uhr, im Sommer auch So, Mo geschl.
Osteria mit Atmosphäre, Garfagnana-Spezialitäten, Panini, kleine Speisen, gute Weine, auch Verkauf von Produkten der Gegend. €

Mulin del Rancone
55031 Camporgiano, ca. 10 km nordwestl. Castelnuovo
© 05 83-61 86 70
Fax 05 83-61 82 21
Wildromantische Anlage, frühere Getreidemühle am Wildbach, Restaurant mit eigener Bäckerei. €€

Al Ritrovo del Platano
Via Ponte di Campia 11 a
SS 445 zwischen Gallicano und Castelnuovo
Località Ponte di Campia
© 05 83-68 99 22
Mi geschl.
Exzellentes Restaurant, erlesene toskanisch-garfagnanische Spezialitäten, Bachforellen. €€

REGION 2
Der Nordwesten und Pisa

Romantische Dörfchen verstecken sich an den bewaldeten Hängen der Garfagnana

❽ Collodi

Der kleine Ort Collodi liegt fünf Kilometer von Pescia entfernt an der SS 435 zwischen Montecatini Terme und Lucca. Vor allem wenn Kinder dabei sind, ist ein Besuch des kleinen Städtchens unerlässlich. Hier, zu Füßen der in einem wundervollen Terrassengarten stehenden **Villa Garzoni**, wurde der hölzerne Lausebengel Pinocchio geboren. Im **Parco di Pinocchio** kann man den Abenteuern des Schelms nachgehen, all den komischen Figuren seines Lebens begegnen und erreicht schließlich als Höhepunkt den begehbaren Haifisch, der allerdings eher einem Wal gleicht.

Service & Tipps:

Parco di Pinocchio
Mitten im Ort, 51014 Collodi
www.pinocchio.it
Tägl. 8.30, im Winter 9 Uhr bis Sonnenuntergang, Eintritt € 11/8 (3–14 und über 65 Jahre)

REGION 2
Der Nordwesten und Pisa

Dargestellt sind die Abenteuer des Pinocchio; ein Parkspaziergang, Picknickplätze, Restaurant.

Park der Villa Garzoni
Mitten im Ort, 51014 Collodi
März–Okt. tägl. 8.30 Uhr bis Sonnenuntergang, Nov.–Feb. Sa/So/Fei 9 Uhr bis Sonnenuntergang, Eintritt € 13/10 (3–14 und über 65 Jahre

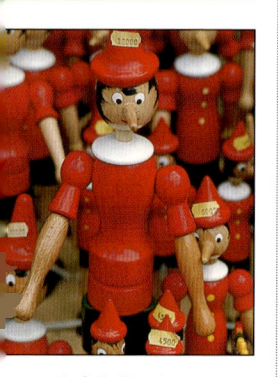

Sehenswerte Gartenanlage mit Wasserspielen, Treppen, Laubengängen und bunten Blumenrabatten.

Gambero Rosso
Am Pinocchio-Park, Collodi
✆ 05 72-42 93 64
Mo abends und Di geschl.
Gutes Ausflugsrestaurant, toskanische Küche, Rabatt für Kinder. €

In Collodi »geboren«: Pinocchio

❾ Eremo di Calómini und ❿ Grotta del Vento

Unterhalb von Barga, auf der westlichen Seite des Serchio, liegt das Dorf Gallicano. Von hier aus erreicht man auf kurvenreicher Straße nach drei Kilometern das Kloster, den **Eremo di Calómini**, nach weiteren sechs Kilometern die **Grotta del Vento**. In der Klosterkirche wird eine wundertätige Madonna verehrt, eine *antica trattoria* bietet preiswerte Mahlzeiten. Die »Windgrotte« oberhalb des Dörfchens Fornovolasco ist ein unterirdisches Abenteuer mit Stalagmiten, Stalaktiten, durch Eisenoxid gefärbten Kalk-Gardinen, Sinterterrassen und Seen. Zur Außenanlage gehört auch ein Restaurant und Unterkunft in Mönchszellen (Buchung ✆ 05 83-76 70 20).

Service & Tipps:

Kloster Calómini
Ganztägig geöffnet, die Kirche nur zur Messe am Sa 17, So 11–17 Uhr. Oder den Kustoden um Öffnung bitten; ✆ 05 83-34 14 26.

Grotta del Vento
9 km südwestl. Gallicano
✆ 05 83-72 20 24
Tägl. 1-, 2- und 3-stündige Führungen von 10–18 Uhr, 1 Std. 7,50/5 € (3–10 J.) Höhle mit Stalagmiten und Stalaktiten und geheimnisvollen Seen.

⓫ Lucca

Von Florenz aus ist man über die Autobahn A 11 schnell in Lucca, schöner ist die Anfahrt über die parallel verlaufende Landstraße SS 435. In der Metropole der Seidenindustrie und dem Geburtsort der Komponisten Luigi Boccherini (1743–1805) und Giacomo Puccini (1858–1924) ist als Erstes ein Spaziergang oder eine Radtour (es gibt mehrere Leihstationen) auf der vollständig erhaltenen, schattigen **Stadtmauer** zu empfehlen. Sie ist 4,2 Kilometer lang, zwölf Meter hoch, an der Basis bis zwölf Meter breit und hat noch elf der ursprünglich zwölf wuchtigen Bastionen.

Innerhalb der Mauern ist in erster Linie der **Dom San Martino** sehenswert. An der Fassade (Kopie) und im Inneren, rechts vom Haupteingang, findet sich der Namensgeber, der heilige Martin (316–397), auf seinem Pferd sitzend. Im linken Seitenschiff gilt alle Aufmerksamkeit der oktogonalen Kapelle mit dem *Volto Santo*, einem hölzernen Kruzifix. Der heilige Nikodemus soll es nach der Kreuzigung Jesu aus einer Libanonzeder geschnitzt haben, und sei es in einem unbemannten Boot im Jahr 782 vom Heiligen Land bis Luni (ligurische Grenze) und auf einer von zwei ungezähmten Stieren gezogenen Karre nach Lucca gebracht worden. Alljährlich am 13. September zieht eine Prozession mit dem *Volto Santo* (heiliges Gesicht) durch die Altstadt.

Die Via Archivescovado und die Via Guinigi führen zum **Palazzo der Fami-**

REGION 2
Der Nordwesten und Pisa

lie Guinigi. Auf dem Dach seines Backsteinturms aus dem 14. Jahrhundert wachsen sieben Steineichen, doch um die zu sehen, sind 230 Stufen zu ersteigen. Aus 41 Meter Höhe und vom benachbarten Torre dell'Orologio genießt man den schönsten Blick über das Dächergewirr von Lucca. Danach geht es weiter über die Via Guinigi nach links in die Via Mordini und nach rechts durch eine enge Gasse zur **Piazza del Mercato**. Auf dem großen Oval stand bis ins Mittelalter ein römisches Amphitheater, dann musste es Wohnhäusern weichen, die auf den Grundmauern der Zuschauertribünen errichtet wurden.

Vom ehemaligen Amphitheater aus wird die Kirche **San Michele in Foro**, die Lieblingskirche der Luccheser, südwestlich über die Via Fillungo erreicht. Auf dem potemkinsch wirkenden Aufsatz der fünfstöckigen Fassade (11.-14. Jh.) grüßt der von zwei Engeln flankierte Schutzpatron, der Erzengel Michael, der einem Lindwurm den Garaus macht. Wilde Tiere und jagende Reiter zeigen auch die Marmorintarsien, wo man eigentlich biblische Szenen erwartet. Die sind dafür im Inneren der Kirche zu entdecken: eine restaurierte Tafel mit Filippino Lippis vier Heiligen Helena, Hieronymus, Sebastian und Rochus.

Blick auf Lucca von der Torre Guinigi

Service & Tipps:

APT Lucca
Piazzale Santa Maria 35
55100 Lucca
© 05 83-91 99 31
Fax 05 83-49 07 66
www.luccaturismo.it

Verleih von *Cityphone*, auch Deutsch, bei der APT.

Dom San Martino
Piazza San Martino s/n, Lucca
März-Sept. tägl. 8.30-18, Okt.-Febr. 9-12 und 15-17 Uhr
Volto Santo, ein hölzernes Kruzifix.

**REGION 2
Der Nordwesten
und Pisa**

👁 **Torre Guinigi/Museo Villa Guinigi**
🏛 Via S. Andrea 14, Lucca
Tägl. 9-19 Uhr, Eintritt
€ 3,50/2,50 (6-12 und über 65 Jahre),

Sehenswerte Fassade. Heiligentafel im Inneren.

🍴 **Puccini**
Corte San Lorenzo 1, Lucca
✆ 05 83-31 61 16, Mi geschl.
Italienische Gerichte, auch preiswerte Touristenmenüs. €€€€

🍴 **Buca di Sant' Antonio**
Via della Cervia 1/5, Lucca
✆ 05 83-558 81, So abends und Mo sowie erste Hälfte im Aug. und zweite Hälfte im Jan. geschl.
Feine toskanische Küche. €€€

🍴 **Rusticanella 2**
Via San Paolino 32, Lucca
✆ 05 83-553 83
Beliebte, preiswerte Pizzeria. €€

🍴 **Canuleia**
Via Canuleia 4, Nähe Amphitheater, Lucca, ✆ 05 83-46 74 70
So geschl.
Einfache, aber gute toskanische Gerichte. €

🏃 **Fahrradverleih**
Piazzale Verdi, Casermetta S. Donato, Lucca
✆ 05 83-51 50 64

🛍 **Silk & Ties**
Via San Paolino 118 und Via Veneto 15, Lucca
Typische Produkte aus Luccheser Seide.

🎵 **Sagra Musicale Lucchese**
Musikfestival von April-Juni
Auskunft beim APT, vgl. S. 61.

Kirche San Michele in Foro, Lucca

Historische Sammlung, Blick von den Türmen über die Stadt.

👁 **San Michele in Foro**
Piazza San Michele s/n, Lucca
Tägl. 7.40/9-12 und 15-17/18 Uhr

Marina di Torre del Lago Puccini
Vgl. Viareggio und Torre del Lago Puccini.

⑫ Massa

Massa liegt südlich von Carrara an der SS 1. Die Stadt schmiegt sich an den 895 Meter hohen Monte Belvedere. Ein Spaziergang durch die Stadt lohnt sich allemal, vor allem zur mit Orangenbäumchen geschmückten **Piazza Aranci** und dem wuchtigen **Palazzo Cybo Malaspino** (1560), Sitz der Präfektur. Dann geht es über Stufen hoch zum **Castello** mit einem schönen Renaissance-Palast. Von oben schweift der Blick über die Stadt bis hinunter zur Küste, zum Seebad Marina di Massa, das vor allem bei italienischen Familien sehr beliebt ist. Deutsche Gäste stören sich etwas am stets gegenwärtigen Marmorstaub.

Service & Tipps:

ⓘ **APT Massa-Carrara**
Lungomare Vespucci 24
54100 Marina di Massa
✆ 05 85-24 00 63, Fax 05 85-86 90 16
www.aptmassacarrara.it

👁 **Castello Malaspina**
Via del Forte 15
Massa
Juli/Aug. Di–So 10–13 und 17–24,
Sept.–Juni Sa/So/Fei 15.30–18.30 Uhr
Eintritt € 5, EU-Bürger unter 18 und
ab 65 Jahren frei
Malaspina-Burg mit schönem Palast,
Blick zum Meer.

🍴 **Taverna de' Batti**
Via Cavour 71
Massa
✆ 05 85-431 60
Historisches Ambiente, lokale Spezialitäten, z.B. *lardo* (weißer Speck), auch Stockfisch aus dem Holzofen.
€€

🍴 **Il Passeggero**
Via Alberica 1, Massa
✆ 05 85-48 96 51
So geschl.
Beliebtes Restaurant in einem Palastkeller, lokale Spezialitäten wie Crostini, Lardo di Colonnata, Meeresgerichte. €€€

**REGION 2
Der Nordwesten
und Pisa**

⓭ Montecatini Terme

Der Kurort liegt an der SS 435 zwischen Pistoia und Lucca in unmittelbarer Nähe der A 11. Der Badeort bietet ein gediegenes Ambiente und ist der beliebteste Kurort der Toskana. Ausflügler streben lieber dem höher liegenden **Montecatini Alto** zu, dem Bergstädtchen, das immer nach *fettunta* riecht, dem gerösteten, mit Knoblauch und Öl »getrüffelten« Weißbrot. Am meisten Spaß macht es, mit der *funiculare*, der Standseilbahn, nach oben zu fahren; das dauert sieben Minuten.

Service und Tipps:

ⓘ **Azienda Autonoma di Cura e Soggiorno**
Viale Verdi 66/68
51016 Montecatini Terme
✆ und Fax 05 72-77 22 44

🍴 **La Torre**
Piazza Giusti 8/9
Montecatini Alto
✆ 05 72-706 50
Di geschl.
Beliebtes Restaurant direkt am Hauptplatz. €€

Giuseppe Verdi kam 1882 erstmals nach Montecatini Terme und ließ bis kurz vor seinem Tod (1901) keine Saison mehr aus. Im Sommer 1885 schrieb er hier Teile der Musik zu »Othello«. Verdi-Fans behaupten, in Montecatini Terme sei der große Künstler auch zu seinem »Falstaff« inspiriert worden.

Das Bad von Montecatini Terme

REGION 2
Der Nordwesten und Pisa

⓬ Parco Naturale delle Alpi Apuane

Hinter Castelnuovo, dem Hauptort der Garfagnana, beherrscht nur noch Landschaft das Bild: Kastanienwälder werfen ihre Schatten, Akazienwälder säumen die Berge – Stoff für süßen Honig –, dichtes Unterholz verbirgt Orchideen und Zyklamen, die kleinblütigen Alpenveilchen. Kleingetier kriecht unter Mastixbüschen, die Fährte der zahlreichen Wildschweine verliert sich im Wald, es riecht nach Steinpilzen und Moos. Der geschützte **Parco Naturale delle Alpi Apuane** liegt westlich von Castelnuovo, im Nordwesten grüßt der höchste Berg der Gegend, der Monte Pisanino (1945 m). Kurz vor Camporgiano überquert die Straße den Torrente Edron, der den künstlichen Lago di Vagli füllt, in dem das Dorf Fabbrica versunken ist. Auf den Hügeln stehen kleine Dörfer mit auffallend großen Kirchen, ein Szenarium für Maler und Fotografen – oder für stille Genießer.

Service & Tipps:

🏃 **Parco Regionale delle Alpi Apuane**
🌳 Schönes Wandergebiet in der Garfagnana: Laubwälder, sanfte Hügel und malerische Dörfchen. Die Besucherzentren geben Auskunft über den Naturpark, über Wanderstrecken und geführte Wanderungen.
Seravezza Visitor Center, Via Corrado del Greco 11, 55047 Seravezza

✆/Fax 05 84-75 61 44
info@prolocoseravezza.it
Nov.–April 9.30–12.30 (Di geschl.), Mai, Okt. 9.30–12.30 und 15–18 (Di geschl.), Juni–Sept. tägl. 9.30–12.30 und 15.30–19.30 Uhr
Castelnuovo Garfagnana Visitor Center, Piazza delle Erbe 1
55032 Castelnuovo Garfagnana
✆/Fax 05 83-64 42 42, garfagnana@tin.it
Okt.–März 9–13 und 15.30–17.30, April/Mai 15.30–17.30, Juni-Sept. 15–19 Uhr

⓯ Pescia

Der Ort liegt etwa acht Kilometer nordwestlich von Montecatini. Die Tallandschaft des Flüsschens Pescia führt in das gleichnamige Städtchen, das Zentrum der toskanischen Blumenzucht. Im Westteil der durch den Fluss zweigeteilten Stadt ist die von Palazzi gesäumte, lang gezogene **Piazza Grande** (Piazza Giuseppe Mazzini) das lebhafte Zentrum. Im Norden wird die Piazza vom **Palazzo dei Vicari** (13. Jh.), dem heutigen Rathaus, begrenzt. Dahinter geht es zur kleinen Piazza Santo Stéfano mit dem sehenswerten **Museo Civico Carlo Magnani**. Eindrucksvolle Tafelbilder des 14. und 15. Jahrhunderts aus den Kirchen des Ortes sind hier zu sehen, außerdem archäologische Funde aus der Gegend.

Service & Tipps:

ⓘ **Istituzione Comunale**
Piazza Obizzi 9, Pescia
✆ 05 72-49 23 25

🏛 **Museo Civico Carlo Magnani**
Piazza Santo Stéfano s/n, Pescia
Mo–Fr 10–12 Uhr, Eintritt € 2 (ab 12 J.)

Tafelbilder und archäologische Sammlung.

🍴 **Cecco**
Via Forti 96, Pescia
✆ 05 72-47 79 55, Mo geschl.
Historische, einfache Trattoria, einheimische Küche, hervorragende Fleischgerichte. €€€

⓰ Pietrasanta/Sant' Anna di Stazzema

Die Aurelia (SS 1) verbindet das südlich von Carrara liegende Massa mit Pietrasanta (»heiliger Stein«), doch schöner ist die parallel verlaufende Bergstraße über die Orte Capanne und Strettoia. Auch Pietrasanta lebt vom Marmor, allerdings mehr von dessen künstlerischer Verarbeitung. Nach dem Vorbild von Michelangelos »David« werden hier klassische Skulpturen in allen Größen hergestellt, aber auch Aufträge moderner Künstler ausgeführt. Der Platz vor dem Rathaus ist mit Bronzeplastiken des kolumbianischen Künstlers **Botero** geschmückt; in der **Chiesa Sant'Antonio Abate** in der Via Mazzini sind von ihm zwei gewagte Fresken mit drallen Figuren zu sehen: die »Pforte zum Paradies« und die »Pforte zur Hölle«. Im **Museo degli Bozzetti**, untergebracht im Kloster Sant'Agostino, sind Modelle und Entwürfe für Bronze- und Marmorskulpturen zahlreicher Künstler, ebenso wie Dokumentationen zu ihrem Leben zu besichtigen (auf Anfrage im Rathaus oder beim APT).

Oberhalb von Pietrasanta in den Bergen liegt das kleine Dorf **Sant'Anna di Stazzema**, das traurige Berühmtheit erlangte: Am 12. August 1944 fand hier ein fürchterliches Massaker der Waffen-SS statt, 500 Menschen, vorwiegend Frauen und Kinder, wurden erschossen. In der Kirche, im neuen Museum und auf dem Kreuzweg, der am Grabmonument für die Opfer endet, wird eindrucksvoll an das schlimme Ereignis erinnert.

REGION 2
Der Nordwesten und Pisa

Service & Tipps:

APT Pietrasanta
Piazza Statuto 11
55045 Pietrasanta
✆ 05 84-28 32 84, Fax 05 84-28 48 77

Museo Storico della Resistenza Toscana
Sant'Anna, oberhalb des Kirchplatzes
Di/Mi 9-14, Do-Sa 9.30-17.30, So/Fei 15-18 Uhr, Mo geschl.
Dokumentationstafel mit Fotos der Opfer, Informationen über die Überlebenden, eindrucksvolle Kunstwerke von Harry Marinsky, einem amerikanischen Juden italienischer Abstammung, Video über die aktuellen Recherchen zum Thema.
Museumsleiter Enio Mancini, der als 6-Jähriger das Massaker überlebte, führt auf Wunsch durch das Museum.

Barrio
Via Barsanti 4/Ecke Piazza Duomo, Pietrasanta
✆ 05 84-715 14
Mo, im Winter auch So geschl.
Beliebte Versilia-Küche, Gemüsesuppe, spezielle Pasta, Bruschette, Salate, abends Aperitif mit Cocktails. €€

Da Luciano
La Culla 7a, Ortsmitte, 4 km unterhalb Sant'Anna
✆ 0584 98 90 91
Mi geschl.
Gute lokale Küche, Spezialität Tordelli (Teigtaschen mit Füllung aus Brot, Salsicci und Milch), Kaninchen und Grillfleisch. €

⓱ Pisa

Touristisches Zentrum der Stadt ist die mächtige **Piazza dei Miracoli**, der Platz der Wunder, mit dem Schiefen Turm, dem Dom und der Taufkirche. Das prächtige Kuppelgewölbe des **Baptisteriums** hat sensationelle akustische Qualitäten, was die Führer durch Händeklatschen oder an- und abschwellenden Gesang demonstrieren. Danach gilt die Neugierde außer dem achteckigen, sehr großen **Taufbecken** vor allem der ersten frei stehenden **Kanzel**, einem Glanzstück der Romanik (Nicola Pisano, 1259/60). Drei der sechs Säulen werden von Löwen, Symbol der Macht, getragen, die zentrale Säule von drei kauernden Menschen (vgl. auch Dom zu Barga, S. 53 f.). Doch die Kunst von Pisano zeigen viel deutlicher die fünf Bildtafeln der Kanzelbrüstung, die an die Reliefs römischer Sarkophage erinnern: Geburt und Kindheit Christi, Verkündigung, Anbetung der Hirten, Anbetung der Könige, Kreuzigung und Jüngstes Gericht.

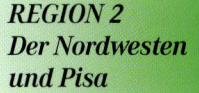

**REGION 2
Der Nordwesten
und Pisa**

Im **Duomo Santa Maria** wird der Betrachter fast verschlungen von der Mächtigkeit der fünfschiffigen Kirche, dem fast 100 Meter langen Mittelschiff mit goldenen Ornamenten, gestützt von 68 korinthischen Säulen. Links vor dem Hochaltar ist die nächste frei stehende **Kanzel** zu bewundern, die Giovanni Pisano, der Sohn von Nicola, 40 Jahre nach der Arbeit seines Vaters gefertigt

Pisa: Dom und Baptisterium vom Campanile aus

hatte (1302–11). Die Bildtafeln zeigen wieder Themen des Neuen Testaments. Beim heutigen Haupteingang übersieht man leicht die **Porta di San Ranieri** (Bonanus, 1180), wo auf 24 schlichten, ausdrucksstarken Bronzetafeln Szenen aus dem Leben Christi dargestellt sind.

Von der Porta Santa Maria, dem Durchgang durch die Stadtmauer aus betrachtet, sieht man die Südseite des Dom-Querschiffes als Senkrechte. Dies ist die richtige Perspektive, um den **Schiefen Turm** auch wirklich schief aufs Foto zu bekommen. Elf Jahre bangte die Welt um dieses Bauwerk, das sich von Anfang an (1350) der Stadt zuneigte. Elf Jahre war der auf unsicherem Grund gebaute Campanile für das Publikum gesperrt. Erst 1998 verblüffte ein Plan, mit dem ein Jahr später begonnen wurde: Im Norden der Torre Pendente wurden 41 Bohrlöcher mit je 15 Zentimetern Durchmesser in den Boden getrieben, die weiche Mischung aus Lehm und Sand entfernt. Zug um Zug drückte das um 870 Tonnen Blei erhöhte Gewicht des Turms (15000 Tonnen) in die Hohlräume und verfestigte den Boden. Um fast 40 Zentimeter wurde die Neigung, die bei Beginn der Arbeiten 4,47 Meter betrug, auf das Maß von vor 200 Jahren verringert. Seit 2001 kann man wieder den Blick von oben auf den Platz der Wunder genießen. Allerdings im Sommer nur mit Voranmeldung und gleichzeitig dürfen nur 30 Personen den Schiefen Turm besteigen.

Zwei wichtige Museen an der Piazza ergänzen das kulturelle Angebot: Das **Museo delle Sinopie** enthält Skizzen (Sinopien) eines Freskenzyklus', der im Camposanto gegenüber nach einem Bombenangriff (1944) schwer beschädigt wurde. So entdeckte man die unter den Fresken liegenden Vorzeichnungen mit Rötelstift. Das **Museo dell' Opera del Duomo** hinter dem Schiefen Turm birgt Kunstwerke von Dom und Baptisterium, die vor Umweltschäden und Kunsträubern gerettet werden mussten. Highlights sind die bei den

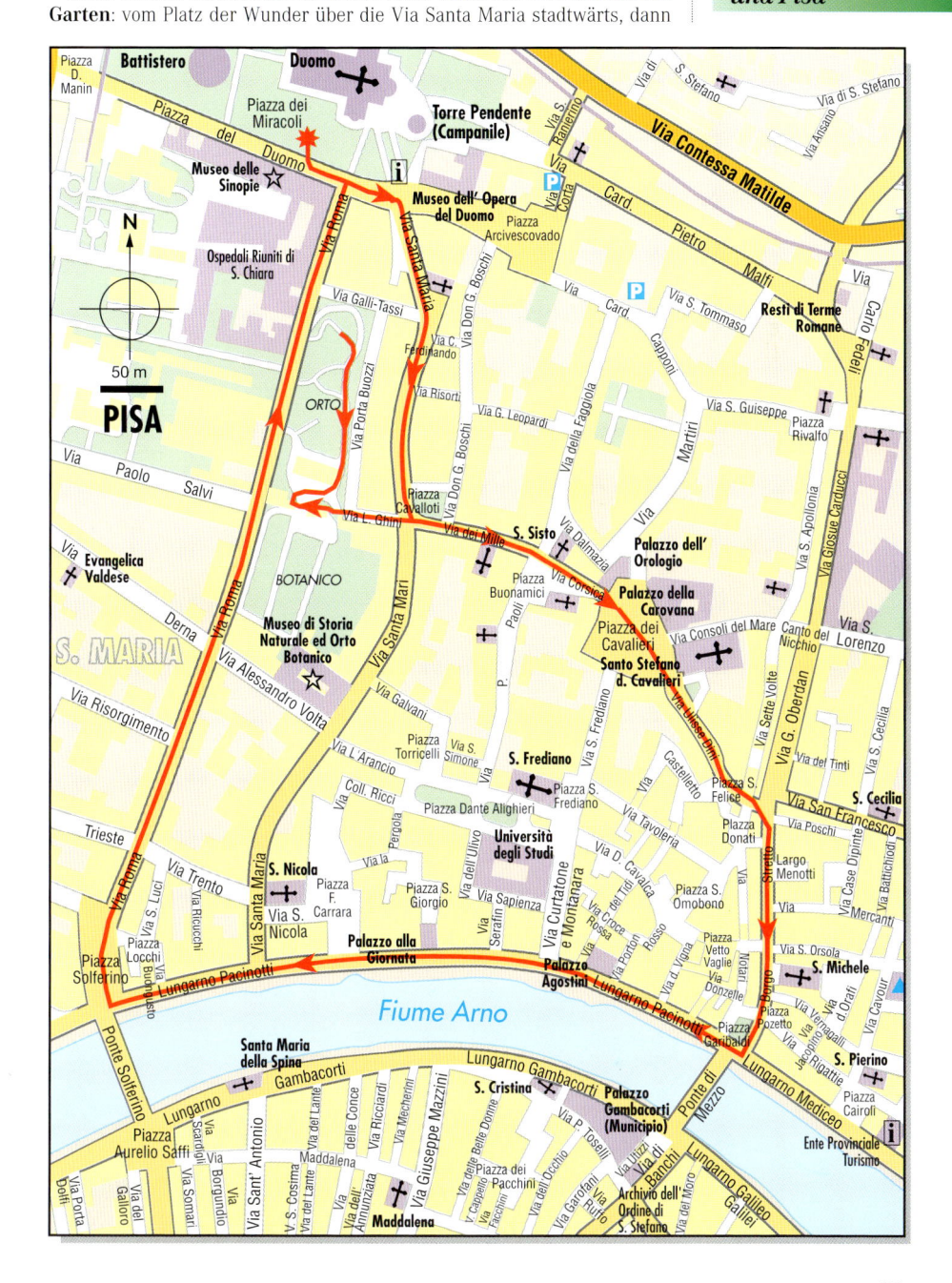

Sarazenenkriegen von pisanischen Kunstkennern erbeutete Bronzestatue, halb Pferd, halb Raubvogel, (10. Jh.) und Giovanni Pisanos »Madonna mit Kind« aus Elfenbein sowie das restaurierte Original der Porta di San Ranieri.

Ruhe von den vielen kulturellen Eindrücken findet man im **Botanischen Garten**: vom Platz der Wunder über die Via Santa Maria stadtwärts, dann

REGION 2
Der Nordwesten und Pisa

REGION 2
Der Nordwesten und Pisa

nach rechts in die Via Luca Ghini. Im Nordteil des Gartens bietet sich ein schöner, weniger bekannter Blick auf Turm und Domkuppel. Nach Verlassen des Gartens geradeaus über die Via dei Mille und die kleine Piazza Buonamici erreicht man die in der engen Stadt überraschend ausgreifende **Piazza dei Cavalieri**, die beherrscht wird vom gleichnamigen Palazzo mit seiner Sgraffiti-geschmückten Fassade und der eleganten, doppelläufigen Freitreppe.

Die Via Ulisse Dini in der Südostecke der Piazza führt über zwei kleine Plätzchen (San Felice und Donati) zum **Borgo Stretto**. Durch den späteren Anbau der Arkaden ist die Straße eng geworden (*stretto* = eng), doch die Bogengänge bieten reichlich Platz für Geschäfte, Eisdielen und Konditoreien, die verführerische Düfte verströmen. Weiter südwärts geht die Straße in die Piazza Garibaldi über, hinter der sich der **Ponte di Mezzo** über den Arno spannt. Hier findet am letzten Sonntag im Juni der *Gioco del Ponte* statt, ein spannendes Brückenspiel.

Sehr abwechslungsreich ist ein Bummel entlang des Flusses, beispielsweise über den **Lungarno Pacinotti**. Die Via Santa oder die Via Roma, die Fortsetzung der Ponte di Solferini, münden im Norden in den Ausgangspunkt, die Piazza dei Miracoli.

Der Schiefe Turm machte Pisa berühmt

Seemacht Pisa
Als Pisas architektonische Glanzlichter, der Dom (1063), der Campanile (1173) und das Baptisterium (1152), begonnen wurden, stand die Stadtrepublik auf dem Höhepunkt ihrer Macht und beherrschte das Mittelmeer: Sie eroberte Sardinien (11. Jh.), erhielt Korsika vom Papst als Dank für die Bezwingung der Sarazenen und Kolonien bis Nordafrika, beteiligte sich am ersten Kreuzzug (1096) und vernichtete die Seerepublik Amalfi (1137). Voraussetzung für die Siegeszüge war die am Mittelmeer im Schutz eines Hafens liegende starke Flotte. Fast symbolisch: Als der Friedhof Camposanto angelegt wurde (1278), begann der allmähliche Untergang der Seemacht, denn der Hafen verschlammte zusehends, alle Rettungsversuche scheiterten. Damit kam das Aus in Windeseile: 1284 wurde Pisa von der Seerepublik Genua verheerend geschlagen, und als das Meer sich immer weiter entfernte, übernahm das feindliche Florenz die Herrschaft. Was bis zur Einigung Italiens so blieb.

Sammelticket und Kinderpreise für Pisas Sehenswürdigkeiten: Besuch für Kinder unter 10 Jahren frei (außer Schiefer Turm). Sammelticket für zwei Sehenswürdigkeiten € 6, für fünf € 10. Im Besuchsplan vorab die Kombinationsmöglichkeiten von Museen genau studieren.

Service & Tipps:

APT Pisa
Piazza Arcivescovado 8
56124 Pisa, ✆ 050-91 03 50, Fax 050-91 09 33, www.pisaunicaterra.it

Duomo Santa Maria
Piazza dei Miracoli, Pisa
Tägl. 10–20, Winter 10–12.45 und 14–17, So/Fei 13–20 Uhr
Eintritt € 2, Nov.–Febr. frei; vgl. auch Randspalte
Porta di San Ranieri (Portal mit 24 Bronzetafeln), 100 m langes Mittelschiff, romanische Kanzel.

Torre Pendente/Schiefer Turm
Piazza dei Miracoli, Pisa
✆ 050-83 50 11, www.opapisa.it
In der Saison nur mit Voranmeldung, oben 20 Min. Aufenthalt (€ 17), sonst Warten auf Gruppenbildung (30–35 Pers., € 15, unter 8 Jahren kein Zutritt).

Baptisterium
Piazza dei Miracoli, Pisa
Sommer tägl. 8–20, Winter 10–17 Uhr
Eintritt € 5 oder Sammelticket, vgl. Randspalte
Kuppelgewölbe mit hervorragender Akustik, romanische Kanzel.

Orto Botanico/Botanischer Garten mit Museum
Via Luca Ghini 5, Pisa
Mo–Sa 8.30–13 Uhr
Eintritt frei
Zier- und Nutzpflanzen, Palmen.

Museo delle Sinopie
Piazza del Duomo s/n, Pisa

Tägl. im Sommer 8–20, im Winter 10–17 Uhr, Eintritt s. Sammelticket S. 68 Skizzen (Sinopien) eines Freskenzyklus' vom Camposanto.

Museo dell' Opera del Duomo
Piazza Arcivescovado 6
Pisa
Tägl. 8–20, im Winter 10–17 Uhr
Eintritt s. Sammelticket
Kunstwerke vom Dom und vom Baptisterium, Skulpturen der beiden Pisanos, Kirchenschätze, altrömische und etruskische Ausgrabungsstücke; in einem extra Raum das restaurierte Original der Porta di San Ranieri vom Dom.

Da Bruno
Via Luigi Bianchi 12, nahe Domplatz, hinter der Stadtmauer, Pisa
℅ 050-56 08 18
Di geschl.
Bekannt und beliebt, toskanisch-italienische Spezialitäten. €€€

Osteria dei Cavalieri
Via San Frediano 16, Pisa
℅ 050-58 08 58
Sa mittags sowie Aug. geschl.
Traditionelle pisanische Gerichte, z.B. Kutteln alla Pisana, Ossobuco mit Bohnen. €€–€€€

Pizzeria Trattoria Toscana
Via Santa Maria 163, Pisa
℅ 050-56 18 76, Mi geschl.
Restaurant in Domnähe, Pizza und preiswerte Pastagerichte. €€

La Tana
Via San Frediano 6, Pisa
℅ 050-58 05 40
So geschl.
Preiswertes Restaurant mit Pizzeria, günstige Menüs. €

Federico Salza
Borgo Stretto 46, Pisa
Naschzeug, verrostetes Werkzeug *(arnesi)* aus Schokolade etc.

Gioco del Ponte
Ponte di Mezzo, Pisa
Letzter So im Juni
700 Teilnehmer beider Stadtteile in Renaissancekostümen spornen ihre starken Kämpfer an, die versuchen, einen auf Schienen stehenden Wagen auf die gegnerische Seite zu drücken.

Regatta di San Ranieri
17. Juni
Traditionelle Ruderregatta, vorher großer Umzug mit Fahnenschwingern.

REGION 2
Der Nordwesten und Pisa

Beim Gioco del Ponte kämpfen die Bewohner der nördlichen gegen die der südlichen Stadtteile

69

**REGION 2
Der Nordwesten
und Pisa**

⓲ Pistoia

Der Ort liegt 20 Kilometer westlich von Prato an der SS 435, unmittelbar nahe der A 11. Links und rechts der Landstraße beginnen bereits die Gärtnereien, Felder und Gewächshäuser mit Millionen von Blumen. Neben der Landwirtschaft ist hier die Metallverarbeitung von alters her zu Hause.

Im 12. Jahrhundert verschanzte sich das unabhängige Pistoia hinter einer 60-türmigen Mauer, die 1306 von den feindlichen Truppen aus Florenz und Lucca geschleift wurde. Im 14. Jahrhundert baute Pistoia eine neue Mauer mit vier Bastionen und der später hinzugekommenen **Fortezza Santa Barbara**, die bis heute fast vollständig erhalten ist.

Die Besichtigung sollte am **Domplatz** beginnen, er ist umrahmt vom Palazzo Vescovile, dem Palazzo del Comune mit dem Museo Civico, dem Palazzo del Podestà und dem weiß und dunkelgrün marmorierten, oktogonalen **Baptisterium** (1359). Umlaufende Blendarkaden verzieren die Taufkirche, außerdem ein an Figuren reiches Portal, an dessen rechter Seite eine Kanzel in die Mauer eingelassen wurde (Di–So 10–18 Uhr).

Im dreischiffigen **Dom San Zeno** (ab 12. Jh.) ist der Silberaltar in der **Cappella di San Jacopo** im rechten Seitenschiff zu besichtigen. 628 kunstvoll geschmiedete Figuren schmücken den Schrein. Zu den Künstlern gehörte auch Filippo Brunelleschi, der Goldschmied war, ehe er sich der Architektur verschrieb (Florenz, Domkuppel).

Das **Museo Civico** befindet sich im Obergeschoss des wunderschönen **Palazzo Comunale**. Von dessen offenem Dachstuhl genießt man einen herrlichen Blick. Er sollte aber nicht ablenken von der reichen Sammlung Pistoieser Maler und Bildhauer.

Am Corso Silvano Fedi ist das säkularisierte **Oratorio Sant' Antonio Abata** (auch »Cappella del Tau«) einen Besuch wert. Zu sehen ist ein Freskenzyklus des Alten und Neuen Testaments.

Im selben Bau, anderer Eingang, wurden im **Museo Marino Marini** Werke des Malers und Bildhauers (1901–1980) untergebracht, vorwiegend weibliche Akte und Pferde (Führungen möglich).

◁ *Dom und Campanile in Pistoia*

Service & Tipps:

ⓘ APT Pistoia
Piazza del Duomo s/n
℡ 05 73-216 22
www.pistoia.turismo.toscana.it
Verleih von *Cityphone*, Stadtführer auf Band, auch Deutsch.

👁 Duomo di San Zeno
Piazza del Duomo
Pistoia
Cappella di San Jacopo
Mo-Sa 8-12.30 und 15.30-19, So/Fei 8.30-13 und 15.30-19 Uhr
Silberschrein des heiligen Jakobus mit 628 Figuren.

👁 Oratorio Sant' Antonio Abata (Cappella del Tau)
Corso Silvano Fedi 70
Pistoia
Mo-Sa 8.15-13.30 Uhr, Eintritt frei
Freskenzyklus des Alten und Neuen Testaments.

🏛 Museo Marino Marini
Corso Silvano Fedi 30
Pistoia
Tägl. außer So Okt.-März 10-17, April-Sept. 10-18 Uhr
Eintritt € 3,50 (unter 18 und ab 65 Jahren frei)
Werke des berühmten Bildhauers und Malers (s. S. 70).

🏛 Museo Civico
Piazza del Duomo, Palazzo Comunale, Pistoia
Do-So 10-18 Uhr
Eintritt € 3,50/2 (6-12 Jahre)
Pistoieser Maler, Tafelbild »San Francesco und die Geschichte seines Lebens«.

✗ Corradossi
Viale Frosini 112, Pistoia
℡ 05 73-256 83
So geschl.
Von Einheimischen vor allem mittags gut besucht, lokale Küche.
€€€

✗ La Limonaia
Via di Gello 9 a
Stadtrand Richtung Modena
℡ 05 73-40 04 53
Trattoria in einer früheren Orangerie, toskanische Küche. €€

Ausflugstipp:

🐾 Giardino Zoologico di Pistoia
4 km nordwestl. von Pistoia
an der Straße nach Montagnana
Via di Pieve a Celle 160 a
Mo-Fr 9.30-18, Sa/So/Fei 9-19 Uhr
Eintritt € 12,50/9,50 (3-10 Jahre)
Der zoologische Garten zeigt viele Exoten, zum großen Teil artgerecht gehalten: Löwen, Affen, Kamele, Elefanten, Krokodile, Giraffen, aber auch Streichelzoo mit Ziegen, Schafen und Eseln. Spielplätze und Picknickplätze sind vorhanden, auch Restaurant und Schnellimbiss.

REGION 2
Der Nordwesten und Pisa

🔴 Pontremoli

Nach der wilden Garfagnana, etwa hinter Aulla, beginnt der landschaftliche Szenenwechsel der *Lunigiana* (Land des Mondes, nach dem Hafen Luni, wo in der Antike mondweißer Marmor verladen wurde). Auch diese Gegend erinnert in keiner Weise mehr an die Toskana, dichter Mischwald zeigt die Grenze zu Ligurien an. **Pontremoli** im Magra-Tal liegt an der SS 62, ganz in der Nähe der A15. Hier herrschte einst der Stamm der Altligurer, dessen geheimnisvolle Kult-Stelen, teils mit kleinen Menschenköpfen und Brustansätzen, in der Burgruine des Städtchens im **Museo delle Statue Stele Lunigiana** untergebracht sind. Der Stamm der Altligurer wurde seit dem 5. Jahrhundert v. Chr. vom Norden her durch die Kelten, vom Süden her durch die Etrusker in diesen Winkel zurückgedrängt, später von den Römern unterworfen. Rund um Pontremoli wurden ihre letzten Spuren gefunden.

REGION 2
Der Nordwesten und Pisa

Service & Tipps:

🏛 **Museo delle Statue Stele della Lunigiana**
Castello del Piagnaro, Pontremoli
www.statutestele.org
Mai-Sept. Di-So 9-12.30 und 15-18, Winter Di-So 9-12.30 und 14.30-17.30 Uhr, Eintritt € 4 (unter 16 und über 65 Jahren frei)
Vorligurische Ausgrabungen, Menhire, eigenartige Kult-Stelen.

🍴 **Da Bussè**
Piazza Duomo 31, Pontremoli
✆ 01 87-83 13 71
Mittags, Sa/So auch abends geöffnet, Fr sowie 1.-20. Juli geschl.
Freskierte Osteria, lokale Spezialitäten: *testaroli* (Lasagne) mit Pesto und Lasagne *mescie* aus Kastanienmehl, Fleischrouladen und Kaninchen.
€€

🍴 **Da Renato**
Ortsteil Guinadi, Pontremoli
✆ 01 87-83 47 15, Di geschl.
Kleines, rustikales Restaurant, Spezialitäten: Pilzgerichte, Wildschwein und Lamm. €€

⑳ Prato

20 Kilometer nordwestlich von Florenz liegt Prato, über die SS 435 oder andere Landstraßen zu erreichen, auch über die A 11, Ausfahrt Prato Est. Achtung bei der Planung: Dienstags sind einige Sehenswürdigkeiten geschlossen. Seit 1992 hat sich die Stadt vom Geld schluckenden Florenz getrennt und eine eigene Provinz gegründet. Bereits im 12. Jahrhundert hatte Prato durch die Tuchproduktion erheblichen Wohlstand erworben. Nach dem Zweiten Weltkrieg galt die Stadt als Europas »Lumpen-Zentrum«, weil hier aus gebrauchten Stoffen neue Textilien hergestellt wurden. Wegen der Flut billiger asiatischer Trikotagen haben sich die Textilproduzenten Pratos auf Kunsthandwerk und die Verarbeitung von Wolle umgestellt.

Prato, Dom Santo Stefano mit der berühmten Außenkanzel von Donatello

REGION 2
Der Nordwesten und Pisa

Filippo Lippi (um 1406–1469): »Das Gastmahl des Herodes« (1464), Mittelteil des Freskos im Chor des Doms von Prato

Die Tour durch das verkehrsfreie Zentrum beginnt man am besten am **Domplatz**. An der Südwestecke der Fassade des Gotteshauses hängt die runde Außenkanzel von Donatello (1438, Kopie, Original im Dombaumuseum). Zentrum der Anbetung ist der Mariengürtel in der **Cappella della Sacra Cintola**, dort sind auch die Fresken zur Legende des Gürtels zu bewundern (Agnolo Gaddi, 1392-95): Der Prateser Kaufmann Michele Dagomari heiratete in Jerusalem ein Mädchen namens Maria und erhielt den Gürtel als Geschenk. Vor seinem Tode übergab er die Reliquie der Kirche und der Stadt. Seitdem kann der Schrein mit dem Schatz nur mit zwei Schlüsseln geöffnet werden – vom Bischof und vom Bürgermeister.

Der bedeutendste Schatz des Doms ist jedoch **Fra Filippo Lippis Freskenzyklus** im Chor, den er 1452-66 ausgeführt hat. Er beinhaltet die Legenden des heiligen Stephan und Johannes des Täufers. Links vom Dom, im Palazzo Vescovile, wurde das **Dombaumuseum** mit sakralen Kunstschätzen und dem Original der Außenkanzel untergebracht.

Über die Via Mazzoni, die Piazza del Comune und die Via Cairoli ist schnell die Piazza delle Carceri erreicht. Dort birgt die harmonische Renaissancekirche **Santa Maria delle Carceri** (1484-95) ein wundertätiges Marienbild. Die blau und weiß glasierten Terrakotta-Medaillons der Evangelisten stammen vom berühmten Andrea della Robbia (1490). Verlässt man die hübsche Kirche, wird der Blick unweigerlich vom **Castello dell' Imperatore** eingefangen. Diese wehrhafte Burg, die Friedrich II. an der Kaiserstraße Deutschland-Apulien bauen ließ (1237-48), ist einmalig in ganz Nord- und Mittelitalien.

In Prato lohnt sich ein Einkaufsbummel durch einige Textilfabriken mit einem Sortiment von Damen- und Herrenkleidung, auch Wollstrickwaren und Haushaltswäsche. Eine Faltbroschüre mit Adressen gibt es beim Verkehrsamt.

In einer der ehemaligen Textilfabriken wurde 2003 das Museo del Tessuto, ein modernes Textilmuseum, eröffnet, das unbedingt einen Besuch lohnt.

Service & Tipps:

APT Prato
Piazza Duomo 8
59100 Prato
℡ und Fax 05 74-241 12
www.prato.turismo.toscana.it

Duomo Santo Stefano
Piazza del Duomo, Prato
Juli-Sept. tägl. 7.30–12.30 und 16–19.30, sonst 7–12.30 und 15–18, So/Fei 7–12.30 und 15–20 Uhr, Eintritt für Cappella della Sacra Cintola € 8/4 (Voranmeldung über APT Prato s.o.)

Der Freskenzyklus von Fra Filippo Lippi in der Hauptchorkapelle wurde restauriert. Dargestellt werden Ereignisse aus dem Leben des hl. Stephan und Johannes des Täufers. Gerne wird erzählt, dass für Salome (Gastmahl des Herodes) die Nonne Lucrezia, Lippis Geliebte, Modell gestanden hat. Der Maler hatte sie aus dem Kloster entführt, als ganze Stadt auf dem Domplatz dem Sacra Cintola, den wunderbaren Gürtel, huldigte.

Museo dell' Opera del Duomo
Piazza del Duomo 49, Prato

> **REGION 2**
> **Der Nordwesten und Pisa**

🕾 05 74-293 39
Mo und Mi-Sa 9.30–12.30 und 15–18.30, So/Fei 9.30–12.30 Uhr, Di geschl., Eintritt € 5/3 (6–12 Jahre)
Original der Außenkanzel, Gemälde »Die heilige Lucía« von Filippino Lippi.

🏛 **Museo del Tessuto**
(Textilmuseum)
👁 Via Santa Chiara 24, Prato
🕾 05 74-61 15 03
www.museodeltessuto.it
Mo und Mi-Fr 10–18, Sa 10–14, So 16–19 Uhr, Eintritt € 6/3 (6–12 Jahre), So Eintritt frei
Das moderne, interaktive Museum wurde in der ehemaligen Textilfabrik Campolmi aus dem 19. Jh. untergebracht. Es präsentiert die 800-jährige Geschichte der Prateser Tuchfabrikation und beleuchtet anschaulich die verschiedensten Aspekte dieses Industriezweiges.

👁 **Santa Maria delle Carceri**
Piazza delle Carceri s/n, Prato
Tägl. 7–12 und 16–19 Uhr
Wundertätiges Marienbild und Della-Robbia-Terrakotten.

👁 **Castello dell' Imperatore**
Piazza delle Carceri, Prato
April-Sept. tägl. 9–13 und 16–19, Okt.-März 9–13 Uhr, Di geschl., Eintritt € 2,50/1,50 (4–18 Jahre)

Festung Friedrichs II., einmalig in Oberitalien.

🍴 **Il Piraña**
Via Valentini 110, Prato
🕾 05 74-257 46
Sa mittags und So sowie Aug. geschl.
Beliebtes Feinschmecker-Restaurant, speziell Meeresfische.
€€€€

🍴 **La Vecchia**
Via Pomeria 23, Prato
🕾 05 74-346 65
So/Fei sowie Aug. geschl.
Gemütliche Trattoria, lokale Küche.
€€

🍴 **Logli Mario**
Località Filettole, 3 km außerhalb von Prato
🕾 05 74-230 10, Mo abends und Di geschl.
Ausflugslokal im Olivenhain, alte toskanische Gerichte, auch *bistecca fiorentina*. €€

🛍 **Textilfabriken**
Sechs Textilfabriken bieten Damen- und Herrenbekleidung, Wäsche, Strickwaren etc. Broschüre mit Adressen beim APT (vgl. S. 73).

Sant' Anna di Stazzema
Vgl. Pietrasanta.

㉑ San Miniato al Tedesco

Den strategisch günstig gelegenen Ort mit dem Beinamen al Tedesco (des Deutschen) hatte schon Otto I. zum Sitz der kaiserlichen Vikare gewählt, und auch unter Barbarossa konzentrierte sich die staufische Verwaltung der Toskana in San Miniato. 1218 ließ der Staufer Friedrich II. in prächtiger Panoramalage eine Kaiserburg errichten. Es gelang ihm nicht, die Macht der Städte zu brechen, er starb 1250 und die Burg verfiel. Der übrig gebliebene Turm wurde im Zweiten Weltkrieg von einem deutschen Offizier gesprengt, weshalb der Beiname *al Tedesco* gerne vergessen wird. Die **Rocca** wurde restauriert und bildet den imposanten Mittelpunkt der Altstadt. Es lohnt sich, die 192 Stufen zu erklimmen – den Blick über den Ort und die hügelige Arno-Landschaft haben viele Maler in Öl und Aquarell festgehalten.
Nicht versäumen sollte man einen Besuch des **Doms** mit dem **Museo Diocesano**, zu dessen Kirchenschatz wertvolle Goldschmiede-Arbeiten gehören.
Im November findet in San Miniato an drei Wochenenden eine bedeutende **Messe für weiße Trüffel** statt – 2009 bereits zum 40. Mal –, bei der auch andere Produkte der Umgebung verkauft werden.

Service & Tipps:

ⓘ Ufficio del Turismo
Piazza del Popolo 1
56028 San Miniato
℡ 05 71-427 45
Fax 05 71-41 87 39
www.cittadisanminiato.it

🏛 Museo Diocesano d'Arte Sacra
Piazza del Duomo 1
San Miniato
℡ 05 71-41 80 71
Di und Do-Sa 11-18, Nov.-März bis 17 Uhr, Eintritt (Sammelticket für Museum und Rocca) € 3,50 (bis 14 und über 65 Jahre frei)
Bilder aus dem 13. bis 19. Jh., wertvoller Kirchenschatz mit Goldschmiede-Arbeiten.

👁 Rocca Federiciana
Im Zentrum der Altstadt
San Miniato
Zeiten und Eintritt s. Museo Diocesano

Prächtiger Rundblick über den Ort und das Arno-Tal.

✗ Omero
Piazza della Pace 4
San Miniato Basso
℡ 05 71-40 05 20
200 Jahre alte Osteria, gute toskanische Küche. €€

> **REGION 2**
> *Der Nordwesten und Pisa*

Blick über das hübsche San Miniato von der Rocca, den Resten der ehemaligen Kaiserburg

㉒ Torre del Lago Puccini

Sechs Kilometer südlich von Viareggio, etwas landeinwärts, liegt der Lago di Massaciuccoli mit dem Ort Torre del Lago Puccini. Dieser Flecken gefiel Giacomo Puccini so sehr, dass er hier eine Villa kaufte, wo er die meisten seiner Opern komponierte und auch starb. Ihm zu Ehren gibt es im Sommer ein großes Musikfestival. Die Landvilla in der Nähe der Bootsanlegestelle birgt das **Puccini-Museum** mit der Grabkapelle der Puccini-Familie. Zum Ausruhen lädt ein kleiner Sandstrand ein.

Wer das Meer bevorzugt, findet neben der Macchia Lucchese zwischen Viareggio und dem kleinen Badeort **Marina di Torre del Lago Puccini** einen mehrere Kilometer langen Naturstrand hinter Pinienwald und Dünen.

Giacomo Puccini (1858-1924) ist nach Giuseppe Verdi der Hauptvertreter der italienischen Oper. Seine bekanntesten Werke sind u.a. La Bohème (1896), Tosca (1900), Madame Butterfly (1904) und La Rondine (Die Schwalbe, 1917).

Service & Tipps:

🏛 Puccini-Museum
Bootsanlegestelle
Außer Mo April-Okt. 10-12.40 und 15-18.20. Nov.-Jan. 10-12.40 und 14-17.10, Febr./März 10-12.40 und 14.30-17.50 Uhr, Eintritt € 7/3 (6-23 Jahre)
Dokumente und Erinnerungsstücke, Grabkapelle der Familie Puccini.

🎵 Puccini-Musik-Festival
Jährlich Ende Juli-Ende Aug.
Kartenvorbestellungen: Fondazione Festival Pucciniano
Viale G. Puccini 273
55048 Torre del Lago Puccini
℡ 05 84-35 05 67
Fax 05 84-34 16 57
info@puccinifestival.it
www.puccinifestival.it

**REGION 2
Der Nordwesten
und Pisa**

㉓ Viareggio

Am berühmten Badeort nördlich von Pisa führen die Autobahn A 12 und die SS 1, die Aurelia, vorbei. Das bedeutendste Seebad der Toskana wurde im Laufe des 19. Jahrhunderts von einem Fischerort in ein mondänes Juwel verwandelt. Vier Kilometer lang ist die Strandpromenade, geschmückt von Gebäuden des Klassizismus und des Jugendstils. Noble Hotels beherbergten prominente Gäste wie Thomas Mann, Arnold Böcklin, Eleonora Duse und Lord Byron. Hinter den edlen Gebäuden reihen sich die *bagni* hintereinander auf am goldgelben, flach abfallenden Sandstrand. In der Karnevalszeit blicken die Politiker nach Viareggio, werden doch in mehrstündigen, etwa zwei Kilometer langen Umzügen ihre umstrittenen Entscheidungen mit krassen Karikaturen dargestellt.

Südlich von Viareggio beginnt die Macchia Lucchese, ein naturgeschützter Pinienwald mit viel Unterholz *(macchia)*, hinter dem sich ein kilometerlanger freier Naturstrand erstreckt. Er endet in dem kleinen Badeort **Marina di Torre del Lago Puccini**.

Service & Tipps:

APT Versilia
Piazza Mazzini (Palazzo delle Muse), 55049 Viareggio
℡ 05 84-488 81, Fax: 05 84-474 06
www.aptversilia.it

Romano
Via Mazzini 120
Viareggio
℡ 05 84-313 82
Mo und Di mittags geschl.
Vorwiegend Fischgerichte, sehr phantasievolle Küche. €€€€

Il Puntodivino
Via Mazzini 229
Viareggio
℡ 05 84-310 46
Mo geschl.
Beliebtes Restaurant mit Enoteca, preiswerte Tagesgerichte. €€€

Osteria N° 1
Via Pisano 140
Viareggio
℡ 05 84-38 89 67
Mo und 2. Nov.-Hälfte geschl.
Am Ortsrand, gute Fischküche, preiswertes Mittagsmenü. €€

Die mondäne Strandpromenade von Viareggio

㉔ Vinci

Das mittelalterliche Städtchen wurde als angeblicher Geburtsort des Universalgenies Leonardo da Vinci (1452-1519) berühmt. Im gut besuchten Ort hat man in der Palazzina Uzielli und im Castello dei Conti Guidi das **Museo Leonardiano di Vinci** eingerichtet. In der renovierten Palazzina Uzielli sind Modelle von Bau- und Webemaschinen zu sehen, im Castello viele Zeichnungen und Pläne, die in Modelle umgesetzt wurden. So sind Bewunderung erregende Konstruktionen zu finden, beispielsweise ein Schiff mit Schaufelrad, ein Fahrrad aus Holz mit Kettenantrieb, ein selbst fahrender Wagen, sogar ein Vorläufer des Hubschraubers und eine Art Holzskier mit ruderähnlichen Stöcken, um auf dem Wasser gehen zu können. Weitere Erfindungen des Meisters: Werkzeuge mit Kraftübertragung, Bohrmaschinen, Ölpumpen, Wasserpumpen, Bagger etc.

In den Weinkellern des Castello erweckt ein so genanntes Anti-Leonardo-Museum das Interesse der Besucher. Im **Museo Ideale Leonardo da Vinci** wird beispielsweise die Vermarktung von Vincis kritisiert.

Die **Casa Natale di Leonardo**, das angebliche Geburtshaus des Künstlers, ist im benachbarten Ortsteil Anchiano inmitten von Olivenhainen zu besichtigen. Im bescheidenen Steinhaus werden zahlreiche Andenken an den großen Künstler ausgestellt.

> **REGION 2**
> **Der Nordwesten und Pisa**
>
> *Von Florenz aus nach Westen auf der SS 67, hinter Empoli dann nach Norden; oder von Pistoia auf der Verlängerung der SS 64 südwärts Richtung Empoli über die kurvenreiche Strecke des Monte Albano.*

Da Vincis Entwurf für ein Fahrrad im Museum Leonardiano in Vinci

Service & Tipps:

ⓘ **Information**
Via della Torre 11
50059 Vinci
✆ 05 71-56 80 12, Fax 05 71-56 79 30
www.comune.vinci.fi.it

🏛 **Museo Leonardiano di Vinci**
Palazzo Uzielli (Ticketverkauf)
🎫 und Castello Guidi
✆ 05 72-93 32 51
www.museoleonardiano.it
März-Okt. tägl. 9.30-19, Nov.-Feb. bis 18 Uhr, Eintritt € 7/5 (14-18 und über 65), € 3,50 (6-14 Jahre) Konstruktionen nach Plänen und Zeichnungen Leonardo da Vincis.

🏛 **Museo Ideale Leonardo da Vinci**
Via Montealbano 2
Vinci
www.museoleonardo.it
Wegen Wasserschaden noch geschl.

🏛 **Casa Natale di Leonardo**
Località Anchiano, Vinci

✆ 05 71-565 19 und 05 71-560 55
www.museoleonardiano.it/anchiano.htm
März-Okt. tägl. 9.30-19, sonst bis 18 Uhr
Eintritt frei

✘ **Il Ristoro del Museo**
Via Montalbano 9, gegenüber dem Leonardo-Museum
Vinci
✆ 05 71-565 16, Fr abends und Sa mittags geschl.
Freundlich eingerichtetes Restaurant, toskanische Küche. €€

✘ **Antica Cantina di Bacco**
Piazza Leonardo da Vinci 3
Vinci
✆ 05 71-56 80 41, Mo geschl.
Kleine Enoteca, zum Wein gibt es kleine Speisen, auch Salate.
€€ ✺

Leonardo da Vinci (1452-1519): Frauenkopf (1470-76), Uffizien, Florenz

**REGION 3
Die Küste**

Die Küste
Entlang der Riviera degli Etruschi bis ins Herz der wilden Maremma

Südlich von Pisa kann man sich bei Livorno auf die toskanische Küste, die Riviera degli Etruschi, einstimmen. Überall laden schöne und berühmte Badeorte wie Castiglioncello, Marina di Cecina und Marina di Castagneto-Donorático zum Verweilen ein. Zwischendurch lohnen sich Abstecher in die Berge, z.B. hoch in die südwestlichen Ausläufer der Colline Metallifere mit zwei neuen Bergwerksmuseen. Wer will, kann sich in Populonia eingehend mit der etruskischen Geschichte vertraut machen.

Östlich von Piombino, ab dem Küstenort Follónica, gelangt man in die überraschend schöne Stadt Massa Marittima. Nach einem Stopp in der Etruskerstadt Vetulonia ist Grosseto das nächste Ziel, von dort geht es dann nach Alberese, dem Tor zum Naturpark der Maremma, der auf schönen Wanderungen erforscht werden kann. Weiter südlich liegt das durch Dämme mit dem Festland verbundene Orbetello, Ausgangspunkt für eine Rundtour um die frühere Insel Monte Argentario. Zurück auf dem Festland sollte Ansedonia angesteuert werden, wo Etrusker und Römer die Ausgrabungsstätte Cosa hinterlassen haben.

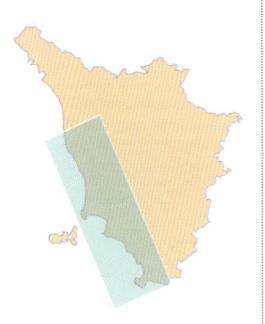

Fischernetze über dem Arno bei Marina di Pisa

❶ Alberese

Etwa 15 Kilometer südlich der Provinzhauptstadt Grosseto liegt Alberese, der Zugang zum **Parco Naturale della Maremma**. Der Regionalpark der Maremma gehört zu den vielseitigsten Wandergebieten der Toskana. Am Ortseingang von Alberese befindet sich das Zentrum für die Parkbesichtigung, von dort aus wird man mit dem Bus in die verkehrsfreie Grünfläche (100 km²) gebracht und wählt vom Haltepunkt aus seine Wandertour. Auch Reittouren sind möglich.

Sieben gut gekennzeichnete Wege stehen Wanderern zur Wahl, sie sind zwischen vier und zwölf Kilometer lang, dauern zwischen drei und sechs Stunden. Einige führen auf die Monti dell' Uccellina mit der höchsten Erhebung, dem Poggio Lecci (417 m), andere durch dichte, duftende Macchia zu alten Wehrtürmen und hinunter an den tiefen, breiten Naturstrand. Unterwegs gibt es in alten Entwässerungskanälen Schildkröten mit Goldköpfchen zu entdecken, Felswände mit Neandertaler-Grotten, weiß leuchtende Dünen-Trichternarzissen und den gedrungenen Käfer mit dem bezeichnenden Namen *Pentodon idiota:* Er ist nicht fähig, vom Boden aus zu starten, deshalb erklettert er mühsam lange Halme, die oft unter seinem Gewicht abknicken.

Service & Tipps:

Parco Naturale della Maremma
Centro Visite (Besucherzentrum)
Via del Bersagliere 7-9, Alberese
✆ 05 64-40 70 98, Fax 05 64-40 72 78
www.parco-maremma.it
Tägl. Ende März-Ende Sept. 8-17, Okt.-Ende März 8.30-13.30 Uhr
Eintritt je nach Tour € 3-8/3-5,50 (6-14 Jahre)

Osteria dell' Orco
Via Stazione Alberese s/n
Alberese Scalo, ✆ 05 64-59 60 21
Mo geschl. außer Juli/Aug.
Gegrilltes, Wildschweingerichte. €€

Mancini Caoduro
Via del Fante 24, Alberese
✆ 05 64-40 71 37, Di geschl. außer Juli/Aug.
Beste Pastagerichte, Spezialität: Wildschweinragout. €€

Azienda Agraria Motte
Piazza del Combattente 17 c, Alberese
Wein, Öl, Grappa, Honig, phantasievolle Geschenke.

**REGION 3
Die Küste**

🛏 **Rosi Luciano e figli**
Piazza del Combattente 31
Alberese
Brot, Fleisch, Öl, Wein, Käse.

🛏 **L'Azienda Alberese**
Via del Bersagliere 4, Alberese
Biologische Produkte: Wein, Olivenöl, Honig, Teigwaren, Käse, Wurstwaren, Fleisch vom Maremma-Rind.

🛏 **Il Duchesco**
Via Aurelia Vecchia 31 a
außerhalb Alberese
✆/Fax 05 64-40 73 23
Di geschl.
Biologische Produkte: Kosmetik, Wein, Olivenöl, Marmeladen, Grappa; auch Kleinigkeiten zu essen.
Übernachtung in Reihenhäusern.
€€

---

❷ Ansedonia

Vom Monte Argentario aus erreicht man Ansedonia über Orbetello auf der durch die Laguna di Orbetello führenden SS 440.
    Das Städtchen Ansedonia liegt südlich von Grosseto an der SS 1, der Aurelia. Es steht zum Teil auf der ehemals etruskisch-römischen Stadt Cosa, die 2 500 Familien Platz geboten hatte. Im **Museo Archeologico Rovine di Cosa**, inmitten von uralten Ölbäumen gelegen, spaziert man durch die Reste von Forum, Tempeln und Akropolis. Im Museumsgebäude warten Mosaiken, Elfenbein- und Bronzefiguren, Amphoren und sogar eine 60 Zentimeter hohe Faunfigur auf ihre Bewunderer.
    Unten am alten Hafen haben die Etrusker der Nachwelt noch ein Rätsel hinterlassen: die geheimnisvollen **Tagliata Etrusca**. Die Funktion des in den Felsen geschnittenen Kanals kann bis heute nicht erklärt werden. Jedenfalls verhindert er seit den Etruskern und Römern bis heute durch hin- und herfließendes Wasser die Versandung des Hafens. Spannend ist es, auf und neben der alten Anlage herumzuklettern. Vielleicht hätte der etruskische Trick seinerzeit Pisas Hafen vor der Verlandung retten können (vgl. S. 52, 68).

Service & Tipps:

🏛 **Museo Archeologico Rovine di Cosa**
Am Ortsrand, ausgeschildert
Tägl. 9-19Uhr
Eintritt € 2/1 (6-12 Jahre)
Zahlreiche Funde aus der etruskisch-römischen Stadt, Ausgrabungsfeld mit Steinstraßen und Resten der Mauern.

👁 **Tagliata Etrusca**
An der Kreuzung Ansedonia-Capalbio und Scalo-Orbetello Scalo meerwärts, dann Wegweiser »Parcheggio La Tagliata« folgen, frei zugänglich
Geheimnisvoller Etrusker-Kanal, der das Versanden des Hafens verhinderte. Nebenan ein kleiner Strand und Fischrestaurants.

---

❸ Bolgheri

Der Schriftsteller Giosuè Carducci (1835-1907) prägte die italienische Literatur des ausgehenden 19. Jahrhunderts. In seinen großen Oden verherrlichte er die antiken Helden. 1906 erhielt Carducci den Nobelpreis für Litera-

Südlich von Cecina biegt von der SS 329 (nicht auf die Aurelia leiten lassen) gute zwei Kilometer südwärts von **Marina di Bibbona** eine kerzengerade, etwa fünf Kilometer lange Allee nach Bolgheri ab, für Hobby-Fotografen eine Herausforderung, Straße und Zypressenschatten richtig ins Bild zu bekommen. Im kleinen, gemütlichen Bolgheri kann man bei einem *caffè* oder einem *vino* pausieren. Vom Ortszentrum gibt es ein direktes Sträßchen – sicherheitshalber vorher fragen, weil nicht ausgeschildert – sowie kurz vor dem Ort eine Asphaltstraße nach **Castagneto-Carducci**. Der Ort hat seinem Namen den des in seinen mittelalterlichen Gassen 1848/49 dichtenden Giosuè Carducci hinzugefügt. Die Aussicht auf Pinienwälder, Olivenhaine und Küste begeistert jeden.

Service & Tipps:

La Taverna del Pittore
Largo Nonna Lucia 4
Bolgheri
✆ 05 65-76 21 84
Mo geschl., Mitte Juni–Mitte Sept. nur abends
Rustikales Restaurant mit Tischen im Freien, reichhaltiger Vorspeiseneller, hausgemachte Pasta, große Portionen. €€

Da Ugo
Via Pari 3
Castagneto-Carducci
✆ 05 65-76 37 46, Mo geschl.
Gute toskanische Küche, Pastagerichte wie Tagliatelle mit Ringeltaube; Spezialität: Wildschwein à la Maremma. €€€

Bagnoli
Località Bagnoli 13
Castagneto Carducci
✆ 05 65-76 36 30, Mi geschl.
Mitten im Wald, urig, Spezialität: Wildschweingerichte. €€€

Oliveto Fonte di Foiano
Località Fonte di Foiano 148
Castagneto Carducci
www.fontedifoiano.it
Moderner Frantoio mit Verkauf von Olivenöl, Herkunftsnachweis IGP *(Indicazione Geografica Protetta).*

REGION 3
Die Küste

tur. Seine von ihm verehrte Nonna (Großmutter) Lucia wohnte in Bolgheri, ihr wurde jetzt an der Piazza des Städtchens ein Denkmal gesetzt.

Erzbergwerk: die Rocca di San Silvestro

❹ Campiglia Marittima

Im südlichen Teil der Riviera degli Etruschi, in Höhe von San Vincenzo, zweigt von der SS 329 eine Straße ostwärts nach Campiglia Marittima ab.

In dieser Gegend gruben bereits vor 3000 Jahren die Etrusker im Berg nach Mineralien. Bei der Begehung eines Stollens im neuen **Parco Archeominerario di San Silvestro** braucht man einen Grubenhelm, weil die Stollen der kleinwüchsigen Vorfahren so niedrig sind. Im Mittelalter wurde sogar die **Rocca di San Silvestro** gebaut, um unter militärischer Bewachung Kupfer, Blei, Silber und Zink zu schürfen und zu schmelzen. Dorthin fährt ein Bummelzug mit Stopp im Stollen Temperino.

Service & Tipps:

Parco Archeominerario di San Silvestro
Località Temperino (Eingang zum Park), von San Vincenzo über die SP 20 etwa 4 km Richtung Campiglia Marittima, gut ausgeschildert, auch aus anderen Richtungen. Auskünfte und Voranmeldungen (für Besuche außerhalb der Öffnungszeiten):
✆ 05 65-22 64 45

81

REGION 3
Die Küste

www.parchivaldicornia.it
März–Mai Sa/So/Fei 10–18, Juni, Sept.
Di–So/Fei 10–19, Juli/Aug. tägl.
9.30–19.30, Okt., Feb. Sa/So/Fei 10–17 Uhr

Eintritt bei Besuch der Galleria Lanzi, der Rocca San Silvestro und der Miniera Temperino per Bummelzug bis zu Füßen der Rocca € 15/11 (6–14 und über 65 Jahre), Familienticket

❺ Capalbio und der Giardino dei Tarocchi

Auf der SS 1 bis zur Ausfahrt Pescia Fiorentina, in Garavicchio, südlich von Capalbio, Richtung Carige abbiegen, dann gibt es allmählich Hinweise auf den Tarock-Garten.

Etwa 25 Kilometer sind es von Orbetello nach Capalbio. Der Ort wird meistens als Adresse für Niki de Saint-Phalles **Giardino dei Tarocchi** angegeben. Doch da wäre man schon zu weit gefahren, die Sehenswürdigkeit ist miserabel ausgeschildert. Wer den Park gefunden hat, sieht schon von weitem die Königin des Tarock-Gartens mit schwarzen Glupschaugen, roter Krone und prallen, übergroßen, mit Mosaiken verzierten Brüsten über die Mauer spähen.

Die französische Künstlerin Niki de Saint-Phalle, die am 21. Mai 2002 gestorben ist, hat zehn Jahre lang an ihrem Garten der wunderlichen Skulpturen gearbeitet. Die Riesenweiber werden Nanas genannt, manche der Figuren sind begehbar, anderen steigt man auf den Kopf. Zentrum des Parks ist »Der Turm«, ein mit glitzernden Spiegelscherben ausgestattetes, dreistöckiges Haus. Die Künstlerin (1930 geboren) ließ sich dafür von italienischen Tarock-Spielkarten inspirieren.

Service & Tipps:

ⓘ **Pro Loco Capalbio**
Via Collacchioni s/n
58011 Capalbio
✆ 05 64-89 66 11, Fax 05 64-89 66 44

👁 **Giardino dei Tarocchi**
Pescia Fiorentina, Capalbio

✆ 05 64-89 51 22
www.nikidesaintphalle.com
Anfahrt: via Aurelia SS 1, Ausfahrt Pescia Fiorentina, links, 2. Straße rechts, östlich von Ansedonia in Garavicchio, südlich von Capalbio. Geöffnet April–Mitte Okt. tägl. 14.30–19.30 Uhr, Eintritt € 10,50/6 (7–16 und über 65 Jahre sowie Studenten)

Niki de Saint-Phalle: Königin der »Nanas« im Giardino dei Tarocchi in Garavicchio

Da Maria
Östlich Ansedonia von der Aurelia SS 1 nach Norden abbiegen
Via Nuova 3, Capalbio
℃ 05 64-89 60 14

Außer Juli/Aug. Di geschl. Rustikales Ambiente, das beste Restaurant der Gegend, frische Pasta, Spezialität: Schweinshaxen, Fleisch zum Nachgaren am Tisch. €€€

REGION 3
Die Küste

Das frühere Räuberdorf Capalbio ist stolz auf seine Vergangenheit, an die in den hübschen Gassen immer wieder erinnert wird. Unter den vielen guten Restaurants ist »Da Maria« das bekannteste. Die meisten Gäste kommen wegen der Rinds-Tagliata, einer Art in Scheiben geschnittener Fiorentina, ordentlich mit Rosmarinöl beträufelt.

❻ Castiglioncello

Von Livorno aus fährt man auf der Aurelia, der SS 1, südwärts. Bei Castelnuovo di Misericórdia besteht die Möglichkeit, die vom Hauptverkehr abzweigende Küstenstraße zu wählen, die zwei wichtige Badeorte berührt: **Castiglioncello** und **Marina di Cecina**. Südlich davon, bis hinunter nach **Marina di Bibbona** und weiter bis vor **Marina di Castagneto-Donorático**, gibt es die versprochenen **Naturstrände**. Immer wieder führt eine Piste oder ein Wanderweg im Pinienwald Richtung Meer, hinter den Dünen wartet dann kilometerweit feinster Sandstrand, natürlich selten gereinigt wie die *bagni* in den Badestädten, aber dafür ein Naturvergnügen pur.

Service & Tipps:

APT Castiglioncello
Via Aurelia 632
57012 Castiglioncello
℃ 05 86-75 48 90

Nonna Isola
Via Aurelia 556/558
Castiglioncello
℃ 05 86-75 38 00
www.nonnaisola.it
Mo sowie Nov.-15. Dez und 15. Jan.-Ende Feb. geschl.
Beliebtes, hervorragendes Fischrestaurant direkt an der Straße, Tisch vorbestellen. €€€€

APT Marina di Cecina
Piazza San Andrea 6
57023 Marina di Cecina
℃ 05 86-62 06 78

El Faro
Viale della Vittoria 70
Marina di Cecina
℃ 05 86-62 01 64, April-Okt.
Gutes Fischrestaurant. €€€€

Agrihotel Elisabetta
Via Tronto 10-14, Località Collemezzano, Marina di Cecina
℃ 05 86-66 10 96, Fax 05 86-66 13 92
Gutes Restaurant mit gigantischem abendlichen Vorspeisenbuffet. €€

❼ Gavorrano

Kleines Bergdorf mit neu eröffnetem Bergwerksmuseum, das erweitert wird. Von Ende 18. Jh. bis 1981 Pyrit-Abbau für Schwefel und Schwefelsäure, der später durch Gewinnung aus Erdöl unrentabel wurde.

Service & Tipps:

Parco Minerario Naturalistico di Gavorrano
Loc. Ex Bagnetti, www.parcominerario.it, ℃ 05 66-84 62 31, Mitte Juni-Sept. Di-So Führungen stündlich 10-13 und 16-19 Uhr, sonst nur So/Fei, € 6, unter 14 Jahren frei

Führungen zu den Stationen der Minenarbeiter

Passo Carraio
Piazza Campori 4/6
Im Nachbarort Ravi
℃ 05 66-84 50 64, Di geschl.
Gute Maremma-Küche nach Omas Rezepten. €-€€

83

REGION 3
Die Küste

❽ Grosseto

Die Provinzhauptstadt erreicht man von der Küste im Norden über die SS 1, vom Zentrum der Toskana über die SS 223.

Die Stadt Grosseto, ursprünglich nur ein Kastell im Sumpfgebiet, erlangte unter den Großherzögen der Toskana wirtschaftliche Bedeutung, war aber stets durch Malaria gefährdet. Erst nach Trockenlegung der ausgedehnten Sümpfe ab 1930 gedieh sie zu einer florierenden Stadt mit Landwirtschaft und Industrie, sie war deshalb allerdings im Zweiten Weltkrieg auch Ziel alliierter Bomber. Doch widerstand die sechseckige Zitadelle mit später angefügten Medici-Mauern (1574-93) mit sechs Bastionen und zwei Haupttoren. Dahinter liegt das historische Zentrum mit der sehenswerten **Piazza Dante** als Mittelpunkt, beherrscht vom Dom San Lorenzo (1294-1302). An der Piazza Baccarini zeigt das **Museo Archeologico e d'Arte della Maremma** präetruskische, etruskische und römische Kunstwerke. Nördlich der Stadt wurden die **Ruderi de Roselle**, Mitglied des etruskischen Zwölferbundes, ausgegraben. Ein lohnender Besuch.

Service & Tipps:

APT Grosseto
Viale Monterosa 206
58100 Grosseto
✆ 05 64-46 26 11
www.grosseto.turismo.toscana.it

Museo Archeologico e d'Arte della Maremma
Piazza Baccarini 3, Grosseto
Tägl. außer Mo Okt.-Apr. 9.30-13 und 16-19, Mai-Sept. 10-13 und 17-20 Uhr, Eintritt € 5/2,50 (6-12 Jahre) Funde der etruskischen Siedlungen im Maremma-Bereich: Roselle, Vulci, Vetulonia, auch aus Pitigliano und Populonia.

Ruderi de Roselle
Etwa 10 km nördlich Grosseto
Nov.-Febr. 8.30-17.30, März/April und Sept./Okt. 8.30-18.30, Mai-Aug. 8.30-19 Uhr, Eintritt € 4 (EU-Bürger unter 18 und über 65 J. frei). Grundmauern, Thermen, gepflasterte Straßen, Mosaiken, Amphitheater.

Ximenes
Viale Ximenes 43, Grosseto
✆ 05 64-293 10, Mo mittags geschl. Beliebt. Toskanische Küche. €€€

Fassade und Glockenturm des mittelalterlichen Doms von Grosseto sind Zutaten des vorigen Jahrhunderts

REGION 3
Die Küste

Die Hafenstadt Livorno wurde von den Medici als Konkurrenz zu Pisa gebaut

❾ Livorno

Die zweitgrößte Stadt der Toskana, **Livorno**, erhielt ihren historischen Schliff durch die Medici, die hier in Konkurrenz zu Pisa einen schlagkräftigen Hafen bauten, dessen Anlegestelle allerdings immer mehr versandete (vgl. Nordwesten, S. 52, 68). Der große Umbau der Stadt begann 1571, seitdem umfließt ein Kanal, der Fosso Reale, die Altstadt und stellt die mächtige **Fortezza Nuova** auf eine Insel. An die Kanäle von Venedig erinnert das noch wenig besuchte Viertel **Venezia Nuova**. Der größte Teil des Ortes wurde in faschistischer Zeit mit protzigen Marmorbauten verändert, doch heute prägt eine lebhafte Atmosphäre die Universitätsstadt mit zahlreichen Studenten, Schülern (Sprachschulen) und vielen weiß gekleideten Matrosen der Accademia Navale. Die große Fußgängerzone animiert zum zum preiswerten Einkaufsbummel. Erholung, Meeresblick und Badeplätze bietet am Ende der Viale Italia die große **Terrazza Mascagni**.

Service & Tipps:

ⓘ **APT (für die ganze Provinz)**
Piazza Cavour 6
57100 Livorno
✆ 05 86-89 81 11, Fax 05 86-89 61 73
www.costadeglietruschi.it

✘ **Attias** (genannt Da Giovanni)
Via Ricasoli 27, Livorno
✆ 05 86-89 53 78
Die besten Panini der Stadt, auch zum Mitnehmen. €€

✘ **L' Antica Venezia**
Via dei Bagnetti 1, Livorno
✆ 05 86-88 73 53
So/Mo sowie Aug. geschl.
Einfaches, qualitativ hervorragendes Restaurant, vorwiegend Fischgerichte. €

🛈 **Mercato Centrale**
Scali Sassi, Livorno
Der richtige Ort für den Einkaufsbummel: Wurst, Fleisch, Fisch, Gemüse, Obst etc.

»Livorno bietet einen ungewöhnlichen Anblick, und zwar in dem Sinne, dass es weder den ästhetischen Regeln, die sonst für unsere alten Städte gelten, noch denen einer modernen Stadt entspricht. Livorno ist durchaus anders. Man darf nicht die einzelnen Gebäude für sich betrachten, sondern das starke Lebensgefühl, aus dem sie entstanden sind, keiner anderen Regel als der eines vitalen Impulses gehorchend.«
Guido Piovene, 1957

REGION 3
Die Küste

Enoteca DOC
Via Goldoni 40–44, Livorno
Weinverkauf, Weinprobe und kleine Speisen.

Marina di Castagneto-Donoratico
vgl. Castiglioncello.

Marina di Cecina vgl. Castiglioncello.

⑩ Massa Marittima

Das ehemalige Bergbauzentrum Massa Marittima, schon zur Zeit der Etrusker wegen der Vorkommen an Kupfer und Silber begehrt, hat in der zweiten Hälfte des letzten Jahrhunderts schwere Schicksalsschläge hinnehmen müssen. Als florierende Industriestadt war sie Ziel alliierter Bomben im Zweiten Weltkrieg, in den 1980er Jahren kam dann die Schließung der innerhalb der EU unwirtschaftlichen Minen hinzu. Die Stadt konnte ihr Heil nur noch im Tourismus suchen. Nicht ohne Grund, denn das Mittelalter hat wertvolle Bauwerke hinterlassen.

Von der Küste erreicht man die Stadt ab Follónica über die SS 349, vom Landesinneren zum Beispiel von Siena aus über die SS 73 und dann SS 441, vom Norden her (Volterra) über die SS 439.

Um alles ohne Stress genießen zu können, sollte man bei schönem Wetter auf der **Piazza Garibaldi** eine Bar mit Tisch im Freien wählen und die architektonische Parade abnehmen: Auf einer breiten Treppe versammeln sich Dom, Turm und Bischofspalast (Palazzo Vescovile). Unterhalb des geistlichen Panoramas präsentieren sich die weltlichen Bauwerke: Palazzo Pretorio oder del Podestà (Gouverneurssitz), Palazzo Comunale (Stadtrat), Zecca Citadina (Münzprägeanstalt), Fonte Pubblica (öffentlicher Brunnen) und der Palazzo dell' Abbondanza (»des Überflusses«), der frühere Kornspeicher. Bei einem Blick in den pisanisch-romanischen **Duomo San Cerbone** (13. Jh.) sollte das linke Seitenschiff beachtet werden: Sehenswert ist das Fresko »Madonna mit Kind und Heiligen« (14. Jh.), darunter steht ein römischer Sarkophag (3. Jh. n. Chr.). Das Taufbecken im rechten Seitenschiff wurde aus einem einzigen Travertinblock gefertigt (Giroldo da Como, 1267). Mineralienfreunde werden in einem Museum und einem alten Stollen über das ehemalige Bergwerkszentrum informiert.

Service & Tipps:

ⓘ **APT Massa Marittima**
Via Todini 3/5
85024 Massa Marittima
℡ 05 66-90 47 56
Fax 05 66-94 00 95
www.tourismoinmaremma.it

Duomo San Cerbone
Piazza Garibaldi, genannt Piazza del Duomo s/n
Massa Marittima
Meistens 8.30–12 und 15.30–17 Uhr
Fresken, röm. Sarkophag (3. Jh.), Taufbecken aus einem Block.

◁ *Zeitreise ins Mittelalter: Massa Marittima*

Museo della Miniera
Via Corridoni s/n
Massa Marittima
April–Sept. tägl. Führungen um 10.15, 11.15, 12, 15.30, 16.15, 17 und 17.45 Uhr, von Okt.–März um 10.15, 11.15, 12, 15.30 und 16.15 Uhr
Eintritt € 5/3
Begehung eines Stollens, Geschichte des Bergbaus.

REGION 3
Die Küste

Museo della Miniera
Via Corridoni s/n
Massa Marittima
Stollenbegehung nur mit Führung, April–Sept. stdl. 10–17.45, Okt.–März 10–16.30 Uhr
Eintritt € 5/3 (6–15 und über 65 Jahre)

Taverna del Vecchio Borgo
Via Parenti 12, Massa Marittima
℗ 05 66-90 39 50
Nur abends geöffnet, Mo geschl.
Toskanische Küche, Wildgerichte, z.B. Wildschwein mit Oliven.
€€€

Da Bracali
Località Ghirlanda
Via di Perolla 2
Massa Marittima
℗ 05 66-90 23 18, Di und Mo sowie Mitte Jan.–Mitte Feb. geschl.
Michelin-Restaurant, gediegene Atmosphäre mit Kerzen und leiser Musik, leichte toskanische Küche, Degustationsmenü. €€€€

Balestro del Girifalco
So nach dem 20. Mai und 2. So im Aug.
Armbrustschießen, Wettbewerb der Stadtteile *(terzieri)*.

Punta Ala
Beliebter Naturstrand, ein Tipp als Abstecher bei der Fahrt von Massa Marittima nach Grosseto. Oder von Follónica auf der SS 322 etwa elf Kilometer nach Süden, bei Pian d'Alma nach Westen. Nicht bis zum feudalen Yachthafen durchfahren. Auf den ersten vier Kilometern der Halbinsel parken bereits die Autos. Hinter dem Pinienwald kilometerlanger Sandstrand, nicht gepflegt, deshalb manchmal Seegras am Ufer.

Massa Marittima: das Podest des Doms erinnert an den Aufbau etruskischer Tempel

Durch Massa Marittima schlängelt sich die Strada del Vino Monteregio, die Weinstraße beginnt in den Colline Metallifere und endet in der Alta Maremma Grossetana. In Curanuova bei Massa Marittima sind die »Morris Farms« berühmt für ihre DOC-Weine, als Spitze gilt der Sangiovese-Cabernet »Avvoltore«.

**REGION 3
Die Küste**

⑪ Monte Argentario

Von den drei Dämmen, die das frühere Eiland **Monte Argentario** mit dem Festland verbinden, sind zwei mit dem Auto befahrbar. Die Strecke zur Umrundung der einstigen Insel auf einer kurvenreichen Küstenstraße ist 26 Kilometer lang. Die Umrundung des Monte Argentario endet in **Porto Ercole**, einem von einem Kastell bewachten Fischerdorf mit relativ viel Tourismus. Der Stopp in der lebhaften Hafen- und Fischerstadt **Porto Santo Stefano** bietet schöne Fotomotive und gute Fischrestaurants. Von hier aus gibt es übrigens eine Fährverbindung zur **Insel Giglio**, im Sommer nur ohne Auto. Drüben erkundet man das Eiland mit dem Bus. Einen Tag sollte man für den romantischen Ausflug einplanen.

Service & Tipps:

ⓘ **Pro Loco Porto Santo Stefano (auch für Porto Ercole)**
Piazzale Sant' Andrea
58018 Porto Ercole
✆ 05 64-81 42 08, Fax 05 64-81 40 52

✗ **Il Pellicano**
Località Lo Sbarcatello
Porto Ercole
✆ 05 64-85 81 11
Spitzenrestaurant in wundervoller Lage mit Blick auf das Meer. €€€€

✗ **Taitù (Villa Portuso)**
Località Poggio Portuso
1 km nördlich des Ortes
Porto Ercole
✆ 05 64-83 40 32
Beliebtes Restaurant, ruhige Lage mit Garten und Pool. €€€

⑫ Orbetello

Vom an der Aurelia liegenden Ort Albinia zweigt eine Straße nach Orbetello und zum Monte Argentario ab. Auf der SS 1 etwa acht Kilometer weiter führt in Orbetello Scalo die SS 440 ebenfalls nach Orbetello und zum Monte Argentario. Beide Straßen ziehen sich als schmale Dämme durch die Laguna di Orbetello: Sandbrücken zur früheren Insel **Monte Argentario**. Der dritte, südliche Damm, der die Insel und das Festland verbindet, ist der Tombolo di Feniglia. Dieser von der Natur geschaffene Wall – sechs Kilometer Pinienschatten auf einem Dünenstreifen – ist Wanderern und Radfahrern vorbehalten.

Die Lagune von Orbetello mit dem Monte Argentario im Hintergrund

Service & Tipps:

ⓘ **APT Orbetello**
Piazza della Repubblica 1
58015 Orbetello
✆ 05 64-86 04 47
www.tuttoorbetello.com

✗ **Osteria del Lupacante**
Corso Italia 103, Orbetello
✆ 05 64-86 76 18
Außer Juli-Sept. Di geschl.
Gute toskanische Küche. €€

✗ **Locanda di Ansedonia**
Orbetello Scalo, Via Aurelia Sud km 140,5, ✆ 05 64-88 13 17
Außer Juli/Aug. Di sowie Feb. geschl.
Gute toskanische Küche, mit Gartenrestaurant. €€€

REGION 3
Die Küste

In Piombino beginnt die abwechslungsreiche Tour in die Maremma

⓭ Piombino

Bis Ende des letzten Jahrhunderts wurde in Piombino Eisenerz aus Elba verhüttet. Der Fährhafen ist nur noch für die Überfahrt nach Elba und Korsika von Bedeutung. Hochöfen und Walzwerke sind bis jetzt die wichtigste Industrie der an Sehenswürdigkeiten armen Stadt. Neu eingerichtet (2004) wurde das **Museo Archeologico del Territorio di Populonia**.

Service & Tipps:

ⓘ APT Piombino
Via Ferruccio s/n
57025 Piombino, ✆ 05 65-22 56 39
Nur im Sommer geöffnet.

🏛 Museo Archeologico del Territorio di Populonia
Piazza Citadella 8, Piombino
✆ 05 65-494 30, www.costadeglietruschi.it und www.parchivaldicornia.it
Tägl. von 10–19 Uhr geöffnet, saisonal bedingt veränderte Öffnungszeiten möglich, genauere Angaben im Internet. Eintritt € 6/4 (6–14 und über 65 Jahre), Familienticket € 14 Umfassende Informationen über die Entwicklung der Region seit der Jungsteinzeit mit besonderer Berücksichtigung der etruskischen Epoche. Höhepunkt ist die 1968 bei Baratti gefundene silberne Amphore.

✶ Il Garibaldi Innamorato
Via Garibaldi 5, Piombino
✆ 05 65-494 10
Mo geschl.
Osteria in der Stadtmitte, beste Fischspezialitäten, klassisches Piombino-Gericht: Stockfisch. €€€

✶ Osteria Carugi
Via Francesco Ferrer 10
Piombino
✆ 05 65-22 44 22
Einfaches Restaurant mit guter toskanischer Küche. €€

Die Val di Córnia zwischen Suvereto und Piombino schätzen Weinkenner wegen ihrer süffigen Weine aus der Sangiovese-Traube, ihnen werden kleine Mengen von Merlot, Canaiolo, Ciliegiolo und Cabernet Sauvignon beigegeben. Probieren kann man den guten Tropfen beispielsweise im Weingut »Gualdo del Re« in Notri bei Suvereto.

REGION 3
Die Küste

⑭ Populonia

Von der SS 329 südlich San Vincenzo geht eine kleine Straße westwärts zum **Parco Archeologico di Baratti e Populonia**. Die Respektlosigkeit der alten Römer gegenüber der etruskischen Totenstadt ist der Grund dafür, dass heute die einzigartigen Gräber des italienischen Urvolks besucht werden können. Das etruskische *Pupluna* wurde etwa um 700 v. Chr. gegründet, um Eisenerze von der Insel Elba und Kupfererze von den Colline Metallifere zu verarbeiten. Nach dem Niedergang der Etrusker (3. Jh. v. Chr.) übernahmen die Römer Verhüttung und Handel mit den wertvollen Erzen. Die Schlacke warfen sie einfach auf die Nekropole ihrer Vorgänger und schufen auf 200 000 Quadratmetern eine Abraumhalde von sieben Metern Höhe.

Die wohlbehaltenen Gräber wurden im 20. Jahrhundert entdeckt, weil Italien im Ersten Weltkrieg viel Eisen für Kanonenkugeln benötigte. Man erinnerte sich an den Schlackenberg von Populonia, der noch 54 Prozent Eisen enthielt, weil die Römer damals noch keine ausgefeilte Schmelztechnik beherrschten. Mit den Schlackenschürfern kamen auch die Archäologen, und die Sensation war perfekt.

Beim kleinen Rundgang fallen vor allem zwei Gräber ins Auge. Die kreisrunde **Tomba dei Carri** mit einem Durchmesser von 28 Metern bot Platz für zwei Prozessionswagen (*carri* = Wagen). Und im unteren Teil des Gräberfeldes leitet eine Reihe von Steinsarkophagen zum schönsten Totenhaus der Etrusker, der **Tomba del Bronzetto di Offerente** (nach dem Fund einer Opfer darbietenden Bronzefigur), die einer kleinen Kapelle ähnelt – mehr als 2 000 Jahre war sie unter einem sieben Meter hohen Schlackenberg begra-

Die Rocca von Populonia

ben. Besonders sehenswert oberhalb des Gräberfeldes: die neu zugänglichen **Necropoli delle Grotte,** haushohe Felsengräber.

Die Geschichtstour endet oben vor dem mit Bastionen ummauerten Örtchen **Populonia** in der etruskisch/römischen **Akropolis** mit Blick auf den **Golfo di Baratti.** Dessen Strand am Rande eines großen Parks lädt nach der anstrengenden Etrusker-Tour zu einem erfrischenden Bad ein.

REGION 3
Die Küste

Service & Tipps:

Parco Archeologico di Baratti e Populonia
Von Piombino 9 km nördl., von San Vincenzo 13 km südl., dann 5 km nach Westen, Località Baratti, Piombino
✆ 05 65-22 64 45
www.parchivaldicornia.it
März-Mai Sa/So/Fei 10-18, Juni, Sept. Di-So/Fei 10-19, Juli/Aug. tägl. 9.30-19.30, Okt., Feb. Sa/So/Fei 10-17 Uhr
Eintritt: Besuch der Akropolis sowie der Nekropolen San Cerbone und Grotte € 15/11 (6-14 und über 65 Jahre), Familienticket bis 5 Pers. € 39
Kleiner Rundgang durch die Necropoli delle Grotte, ca. 1 Stunde, großer Rundgang, 4-5 Std., führt über den Eisenweg (Via del Ferro) zu anderen Gräbern, den Verhüttungsplätzen und hoch zur Akropolis.

Il Lucumone
Beim Kastell
Populonia
✆ 05 65-294 71
Okt.-Mai So abends und Mo geschl.
Bekannt für gute, sehr teure Fischgerichte. €€€€

Porto Ercole
Vgl. Monte Argentario.

Porto Santo Stefano
Vgl. Monte Argentario.

Populonia und Vetulonia gehörten in der Hochblüte Etruriens zum Zwölferbund (Dodekapolis), die andern Städte waren im heutigen Umbrien Perugia und Orvieto, im heutigen Latium Veji, Cerveteri, Vulci und Tarquinia, in der Toskana außer den beiden genannten Orten Arezzo, Chiusi, Volterra und Roselle.

⓯ Vetulonia

Etwa 40 Kilometer südöstlich von Massa Marittima, nordöstlich des Küstenortes Castglione della Pescaia, liegt die etruskische Nekropole Vetulonia zu Füßen des Poggio Bruno (369 m). Vetulonia hatte seine Blütezeit im 7. und 6. Jahrhundert v. Chr., es wurde reich durch Gold, Silber und Erz aus den Bergen.

Der Niedergang der etruskischen Siedlung erfolgte wahrscheinlich durch Versandung des Lacus Prilius, eines Sees, der die Stadt mit dem Meer verband. Die vor dem heutigen mittelalterlichen Dorf liegenden Nekropolen der Etrusker wurden inzwischen wieder begehbar gemacht, gutes Schuhwerk ist anzuraten. Zu entdecken sind Gräber, Reste etruskisch-römischer Häuser. Das **Museo Civico Archeologico »Isidoro Falchi«** ergänzt den frühgeschichtlichen Ausflug.

Service & Tipps:

Zona Archeologica di Vetulonia
Außerhalb des Ortes Vetulonia, ausgeschildert. April, Sept./Okt. 9-19.30, Mai-Aug. 9-20.30, Nov.-März 10-17 Uhr, Eintritt frei
Ausgedehnte Tour durch die Nekropole, Höhepunkte: das Kuppelgrab Tumulus delle Pietrera, zu dem ein langer Gang (Dromos) führt (7. Jh. v. Chr.), und die Tomba del Diavolino, eine quadratische Grabkammer mit einem Durchmesser von 80 m (7. Jh. v. Chr.).

Museo Civico Archeologico »Isidoro Falchi«
Piazza Vetluna 1, Vetulonia
Tägl. Juni-Sept. 10-13 und 16-21, Okt.-Feb. Di-So 10-13 und 14-17, März-Mai 10-13 und 15-18 Uhr
Eintritt € 4,50/2,50 (6-14 Jahre)
Etruskisch-römische Funde aus der Umgebung, vorwiegend vom Archäologen Isidoro Falchi ausgegraben.

REGION 4
Elba

Elba

Insel der Verbannung

Napoleon hat die Insel Elba durch seinen unfreiwilligen Aufenthalt bekannt gemacht. Obwohl er nur vom Mai 1814 bis zum Februar 1815 hier in Verbannung lebte und dann floh, hat er in der kurzen Zeit die Wirtschaft der Insel angekurbelt, den Erzabbau gefördert und Straßen und Paläste bauen lassen. Die Aufenthaltsorte des kleinwüchsigen Kaisers sind heute Anziehungspunkte für viele Urlauber. Deutsche Touristen schätzen das Frühjahr, wenn die Macchia blüht, den Herbst, wenn der Wein reift und die Kastanien fallen, oder auch den Winter, wenn Ruhe eingekehrt ist.

❶ Capoliveri

Südlich von Porto Azzurro lohnt sich ein Abstecher ins hoch oben liegende Capoliveri. Das Bergarbeiterdorf ist teilweise in den schwarzen Eisenberg **Monte Calamita** hineingebaut, doch das Bergwerk musste laut EU-Bestimmungen stillgelegt werden. Die Bausubstanz wurde durch Urlauber erhalten, die den Ort als Zweitwohnsitz wählten. Der Aufenthalt auf der Piazza und der Via Roma, Schauplatz der allabendlichen *passegiata*, zeigt, dass nach Schließung der Minen ein zweites Leben begonnen hat. Ein Mineralienmuseum sorgt für Abwechslung.

Service & Tipps:

Museo Minerali Alfeo Ricci
Via Palestro s/n
Capoliveri
April-Juni, Sept./Okt 9.30–12.30 und 16.30–19.30, Juli/Aug 9.30–12.30 und 19–24 Uhr
Eintritt € 2,50/1,50
Mineraliensammlung des Hobbyforschers Ricci in mittelalterlichen Räumen.

Il Chiasso
Vicolo Nazario Sauro 13
Capoliveri
✆ 05 65-96 87 09
Ostern–Okt. tägl. ab 18 Uhr
Angenehme Atmosphäre, Fleisch- und Fischgerichte. €€€€

Summertime
Via Roma 56
Capoliveri
✆ 05 65-93 51 80, April-Okt.
Gutes Fischrestaurant. €€€

REGION 4
Elba

❷ Madonna di Monserrato

Etwa einen Kilometer nördlich von Porto Azzurro geht es links ab durch ein wildromantisches Tal zum Wallfahrtsort Madonna di Monserrato (1606). Das Kirchlein birgt eine Kopie der Schwarzen Madonna vom in der Nähe von Barcelona liegenden Montserrat. Der spanische Gouverneur José Pons y León ließ die Stätte nach katalanischem Vorbild errichten. Allerdings ist die schwarze Madonna nur in der Woche um den 8. September während der Wallfahrtszeit zu sehen. Doch Landschaft und Blick auf das Meer sind den 15-minütigen Aufstieg immer wert.

Wallfahrtsort Madonna di Monserrato

❸ Marciana Alta

Von Marciana Marina über Poggio und weiter auf der kurvenreichen Strecke ist Marciana Alta am Abhang des Monte Giove (374 m) nicht zu übersehen. Es lockt ein mittelalterliches Zentrum mit blumengeschmückten Sträßchen, Treppen und Balkonen. An der Via del Protorio befindet sich das **Museo Civico Archeologico**, das die Spuren der Besiedlung vor 40 000 Jahren nachzeichnet und einen 4 000 Jahre alten Schädel und 2 000 Jahre alte Oliven zeigt. Dann geht es hoch zur Burg (12. Jh.) mit Blick nach Marciana Marina, Poggio und zum Monte Capanne.

**REGION 4
Elba**

Wallfahrer und Romantiker steigen von der Burg aus eine gute halbe Stunde hoch zur **Madonna del Monte** - die Pilger, um das wundertätige, auf einen Granitblock gemalte Marienbild (15. Jh.) anzubeten, die Schwärmer, weil sich Napoleon an der Quelle für zwei Tage heimlich mit seiner Geliebten, der Gräfin Maria Walewska, und dem gemeinsamen Sohn Alexander traf. »Schatten und Wasser, was braucht man mehr zum Glück«, soll der Verliebte am 1. September 1814 hier oben ausgerufen haben. Schwindelfreie können den Aufenthalt in Marciana Alta auch nutzen, um in einer kleinen Gondel auf den **Monte Capanne** (1 018 m) zu schaukeln. Von dort oben überblickt man fast die ganze Insel.

Per Gondel gelangt man auf den 1 018 Meter hohen Monte Capanne

Elba, die größte Insel des toskanischen Archipels, war schon in früher Zeit wegen ihrer Eisenerzvorkommen Streitobjekt zwischen Etruskern und Römern. Im Mittelalter machten die Sarazenen bei ihren Überfällen häufig reiche Beute. Erst unter dem Schutz Pisas ab dem 11. Jahrhundert fand Elba Ruhe. Im 14. Jahrhundert kam es unter die Fittiche des Fürstentums Piombino, 1546 übernahmen die Medici die Macht, ...

Service & Tipps:

🏛 **Museo Civico Archeologico**
Via del Pretorio 66
Marciana Alta
Mai-Sept. 9.30-12.30 und 15-19,
Juni-Aug. 9.30-12.30 und 16-20 Uhr,
Mi geschl.
Eintritt € 3/2

Fundstücke der Besiedlung vor 40 000 Jahren und vor allem der römischen Zeit.

🍴 **Osteria del Noce**
Via della Madonna 14
Marciana Alta, ✆ 05 65-90 12 84
Hausgemachte Pasta, toskanische Gerichte, mit Terrasse. €€

❹ Marciana Marina

Im Nordwesten der Insel liegt das geradezu städtisch wirkende **Marciana Marina**, Elbas beliebtestes Seebad, malerisch am Meer. Ein Spaziergang über die schöne Hafenpromenade im Schatten der Tamarisken, vorbei am wehrhaften Sarazenenturm, gehört unbedingt zum Programm. Dann reizt noch das Gassengewirr, das zur Piazza Vittorio Emanuele leitet, an der man eine Pause in einer der Bars einlegen kann. Im Osten des Hafens ist ein Gang hoch zur Altstadt Cotone zu empfehlen. Von dort oben erfreut der interessante Blick über das südländische Geschehen.

REGION 4
Elba

Service & Tipps:

Rendez-Vous da Marcello
Piazza della Vittoria 1
Marciana Marina
✆ 05 65-992 51 , Nov.–März und in der Nebensaison Mi geschl.
Direkt am Meer, mit Terrasse, bestes Fischrestaurant. €€€

La Vecchia Marina
Piazza Vittorio Emanuele 18
Marciana Marina
✆ 05 65-994 05
Mitte Jan.–Mitte März sowie Mitte Nov.–Mitte Dez.
Im Zentrum, Tische am Platz, phantasievolle Fischküche.
€€–€€€

... 1559 schließlich wurde die Insel von Frankreich erobert. 1814/15 teilte sie der Wiener Kongress dem Großherzog Toskana zu, 1860 trat der gesamte Archipel dem Königreich Italien bei.

❺ Marina di Campo

Im südlichen Teil der Insel erstreckt sich am Golfo di Campo **Marina di Campo**. Der Ort hat noch viel Ursprüngliches, darunter auch seine Fischfangflotte, bewahrt. Sein Stolz ist Elbas längste Strandpromenade mit dem Hotelbereich, hier herrscht in der Saison viel Trubel. Vorwiegend im alten Viertel haben sich gute Fischrestaurants einen Namen gemacht. Danach führt die Straße ins Landesinnere, wo die Macchia ihre Düfte ausströmt, und gleich wieder runter an die Küste nach Lacona, einem schattigen, aber recht laut gewordenen Urlaubsort.

Service & Tipps:

La Lucciola
Viale degli Eroi 2
Marina di Campo
✆ 05 65-97 63 95, Ostern–Sept. geöffnet, Nebensaison Di geschl.
Am Strand, vorwiegend Fischgerichte, abends fein. €€€€

Ghirlo Grigio
Piazza Giovanni XXIII s/n
Località La Pila, Marina di Campo
✆ 05 65-97 75 14
Typische Landesküche, mit Enoteca.
€€€

In den zahllosen Buchten der Insel Elba findet man schöne Badeplätze

95

**REGION 4
Elba**

❻ Poggio

Drei Kilometer nördlich von Marciana Marina, zwischen grünen Hügeln und im Schatten eines dichten Waldes aus Kastanien, Kiefern und Steineichen zielt die Straße bergwärts auf das Bergdörfchen Poggio. Schon Churchill schätzte die Sommerfrische und spazierte gerne durch die Gässchen nach oben zur Festungskirche San Niccolò, deren Bastionen noch zu erkennen sind.

Service & Tipps:

Publius
Piazza del Castagneto 11
Poggio

✆ 05 65-992 08
Mitte März–Anfang Nov. geöffnet, Nebensaison Mo geschl.
Typische Gerichte der Toskana und der Insel, Fisch und Fleisch. €€€

1996 wurde der »Parco Nazionale Arcipelago Toscano«, der alle sieben größeren Inseln des toskanischen Archipels umfasst, gegründet. Dazu gehören auch etwa 50 Prozent des Territoriums von Elba. Die Bewohner, vor allem Fischer und Landwirte, waren zunächst skeptisch, denn sie befürchteten wirtschaftliche Beeinträchtigungen. Schließlich unterstützte die EU das Projekt durch ein umfangreiches Finanzierungsprogramm, außerdem wurde Elba solchen Zonen zugeordnet, die landwirtschaftliche und bauliche Tätigkeiten zulassen. Infos unter www.islepark.it.

❼ Portoferraio

Die Hafenstadt Portoferraio, vor allem die geschäftige Piazza Cavour mit Läden, Bars und Markt, eignet sich hervorragend, die Einkäufe für den Ausflug zu besorgen. Höhepunkt könnte ein Picknick im traumhaften Westen auf hohen Klippen mit Blick zum Meer sein. Doch zunächst sollten die Napoleon-Stätten auf dem Programm stehen.

An erster Stelle sind das die Wohnräume des verbannten Gastes in der **Palazzina Napoleonica »Villa dei Mulini«** innerhalb der hoch aufragenden Festung. Die dortige Bibliothek gehört zu den am meisten bewunderten Räumen. Unten am Hafen ist das **Archäologische Museum**, das im medicëischen Salzmagazin mit der Torre della Linguella untergebracht wurde, einen Stopp wert. Halb im Meer liegt eine römische Villa und unterhalb der Mauer sind rechts Mosaikreste zu entdecken.

Sechs Kilometer außerhalb der Stadt, Richtung Südwesten, liegt die **Residenza Napoleonica** in San Martino. In der Villa Demidoff ist das **Museo Napoleonico** mit der Totenmaske des Kaisers zu sehen, ebenso das »Ägyptische Zimmer«, eine Erinnerung an Napoleons ägyptisches Kriegsabenteuer.

Im Westen liegt **Biodola**, der schönste, feinsandige Strand der Insel, und noch ein paar Kilometer weiter südwestlich verfügt der Badeort **Próchio** über den schönsten öffentlichen Strand.

REGION 4
Elba

Service & Tipps:

APT dell' Arcipelago Toscano
Viale Elba 4
57037 Portoferraio
✆ 05 65-91 46 71, Fax 05 65-91 46 72
www.aptelba.it

Palazzina Napoleonica »Villa dei Mulini«
Piazzale Napoleone s/n
Portoferraio
Außer Di tägl. 9–19, So/Fei 9–13 Uhr, Eintritt auch für Villa San Martino € 5,20, solo € 3,10/1,55 (6–14 Jahre) Gedenkstätte und Napoleons Bibliothek.

Residenza Napoleonica Villa San Martino
San Martino, Portoferraio
Di-Sa 9–19, So/Fei 9–13 Uhr Eintritt auch für Villa dei Mulini
€ 5,20, solo € 3,10/1,55 (6–14 Jahre) Reich ausgestattete Wohnräume, u.a. das »Ägyptische Zimmer«.

Museo Archeologico della Linguella
Via Calata Buccari s/n, Portoferraio
Mitte Juni-Mitte Sept. tägl. 9.30–14.30 und 17–20, sonst Do 10.30–13.30 und 16–20 Uhr, Eintritt € 3/1,50 (6–14 J.)
Elbas Geschichte vom 8. Jh. v. Chr. bis zum 2. Jh. n. Chr.

Der alte Hafen der lebhaften Küstenstadt Portoferraio auf Elba

**REGION 4
Elba**

✗ **La Barca**
Via Guerrazzi 60/62
Portoferraio
✆ 05 65-91 80 36, Mi sowie Feb. und im Juli/Aug. auch mittags geschl.
Einfaches Restaurant, sehr beliebt, Tisch vorbestellen, typische Elba-Gerichte, viel Fisch. €€€

✗ **Da Lido**
Salita del Falcone 2
Portoferraio
✆ 05 65-91 46 50, Mo geschl.
Beliebtes Fisch-Restaurant, Tisch vorbestellen. €€€

✗ **La Terrazza**
Procchio, direkt am Strand
Portoferraio
✆ 05 65-90 73 18
Bekannt für gute Pizza und Panini. €

❽ Porto Azzurro/Rio Marina

Ein lebhaftes Hafenstädtchen, doch die Atmosphäre in diesem, an einer wundervollen Bucht liegenden Fischerort hat seinen eigenen Charakter. In Pfahlbauten am Meer brutzeln fangfrische Fische, bunte Boote schaukeln im Wasser, an der Meerespromenade reihen sich kleine Geschäfte und Boutiquen aneinander, mit Geranien geschmückt führen Sträßchen und Treppen in die Altstadt. Über allem thront die Fortezza di Portolongone (1603), wo allerdings für manche Menschen die Welt zu Ende ist, denn die Festung dient als Gefängnis. Erzvorkommen waren seit den Etruskern Elbas Wirtschaftszweig Nummer eins. Heute kann man die Wunderwelt der Mineralien in Museen bestaunen, im südlichen Capoliveri die Sammlung des Alfeo Ricci (s. S. 93). Auch im nörd-

Napoleon in Stein: San Martino

»Je näher man an Elba herankommt, desto rauer erscheinen seine Felsen; von Ortschaften ist kaum eine Spur zu sehen, außer einem kleinen Hafenort, den man linker Hand liegen lässt. Die Ufer sind sehr schroff und von einer finsteren Majestät.«
F. Gregorovius, 1856

lich liegenden Rio nell' Elba, einem wie eine Festung am Hang klebenden Bergstädtchen, verdienten die Menschen einst ihren Lebensunterhalt im Eisenerzabbau. Im benachbarten, am Meer liegenden **Rio Marina**, einem Hafenstädtchen, das heute vom Tourismus lebt, interessieren sich die Besucher im Museum für die auf Elba gefundenen 650 Erze. Und in der zu einem Freiluftmuseum umgebauten **Miniera** dürfen Mineraliensammler sogar selbst hämmern.

REGION 4
Elba

Am 4. Mai 1814 musste Napoleon I. abdanken und sich als Souverän der Insel Elba dorthin zurückziehen. Der Kaiser entwickelte sofort großen Tatendrang: Als er am 18. Februar 1815 Elba wieder verließ – um für kurze Zeit sein früheres Weltreich wieder zurückzuerobern –, hatte er eine funktionierende Verwaltung aufgebaut, Ansätze für den bis heute florierenden Obst- und Weinanbau geschaffen, für industrielle Einrichtungen zur Förderung der Eisenerze und den Abbau von Mineralien und Edelsteinen gesorgt, speziell waren das Pyrit, Quarz, Turmalin, Azurit, Serpentin und Hämatit.

Service & Tipps:

Delfino Verde
Via Italiani 1, im Hafen Porto Azzurro, ✆ 05 65-951 97
Pfahlbau-Restaurant, vorwiegend Fischgerichte. €€€

Parco Minerario Isola d'Elba
Palazzo della Concessionaria »Il Burò«, Via Magenta 26, Rio Marina, Panetto, ✆ 05 65-96 20 88
www.parcominelba.it
Museumsbesuch tägl. 9.30–12.30 und 16.30–18.30 Uhr, € 2,50/1,25 (4–12 Jahre), Führung durch die Erzgruben Di, Do, Sa 18 Uhr (2 Std.), € 5/2,50 (4–12 Jahre), Bähnchenfahrt ins Bergwerk, täglich aber nur auf Vorbestellung, Dauer 1,5 Std., € 11,50/7 (4–12 Jahre), Kinder bis 3 Jahre frei
Privates, künstlich angelegtes Bergwerk mit Besuch der kleinen Mine Bacino per Kleinbahn, Museum mit 650 auf Elba gefundenen Mineralien. Mineraliensammler sollten fragen, ob sie schürfen dürfen.

Da Cipolla
Piazza del Popolo 1, Rio nell'Elba
✆ 05 65-94 30 68
7-24 Uhr, Mo geschl.
Familiär, Fischgerichte, auch Rindersteak. €€€

La Canocchia
Via Palestro 3, Rio Marina
✆ 05 65-96 24 32, Feb.–Okt. geöffnet, in der Nebensaison Mo geschl.
Beliebtes Restaurant, Tisch vorbestellen, speziell Fischgerichte. €€€

Il Mare
Via del Pozzo 16, Rio Marina
✆ 05 65-96 21 17
Spaghetteria und Holzofen-Pizzeria. €

❾ Westliche Panoramastraße

Die Panoramastraße im Westen der Insel begeistert jeden. Steil stürzen die Felsen in die Gischt des Meeres, in dem andere Inseln des toskanischen Archipels zu entdecken sind. In der Nähe der Siedlungen stehen Weinstöcke und Zitronenbäumchen auf den Terrassen, geschützt von stacheligen Feigenkakteen. Romantisch liegen die wenigen Fischerhäuser von **Chiessi** am Ufer, auf dessen Granitplatten sich Sonnenanbeter aalen. Das gleiche Bild im idyllischen **Pomonte**.

Im Südwesten der Strecke wird die Landschaft karg, Agaven grünen auf braunem Fels, unten beim blumengeschmückten **Fetovaia** leuchtet weißer Sandstrand nach oben. Auch **Secchetto** verbreitet Badelust, ebenso **Cavoli**, von dessen Bucht aus die Inselchen Pianosa und Montechristo zu sehen sind.

Service & Tipps:

L' Ogliera
Dorfmitte, Pomonte
✆ 05 65-90 60 12
Speziell Fischgerichte, alles aus dem Meer direkt vom Fischer. €€

Autofähre
Piombino-Elba/Portoferraio
Stündliche Abfahrt, ca. 1 Std., mit Expressfähre 25 Min.
Im Sommer rechtzeitig buchen!
Info und Vorbestellung:
– **Moby Lines**
✆ 199 30 30 40, Fax 02 76-02 80 69
helpdesk@moby.it
– **Toremar**
✆ 05 07-544 92
www.faehreonline.com

REGION 5
Der Südosten

Der Südosten

Etruskerstädte im Tuff und reizvolle Bergwelten

Von der Küste weg in die bewaldeten Maremmenhöhen erschließt sich der Südosten der Toskana langsam dem Besucher. Auf kurvigen Sträßchen, über kleine Dörfer führt die Reise nordwärts rund um den Monte Amiata mit dem Parco Faunistico und ehrwürdigen Klöstern. Berühmte Weinorte, wie z.B. Montepulciano, bieten Abwechslung und garantierten Genuss. In malerischer Landschaft liegt Pienza; die historische Umgebung des Weinortes Montalcino hält für Kunst- und Naturliebhaber gleichermaßen viel zu sehen bereit. Durch die karge, geheimnisvolle Landschaft der Crete gelangt man in den Norden und nach Siena.

❶ Abbadia San Salvatore

Zwischen der SS 323 und der SS 2, südlich von San Quirico d'Orcia, östlich vom hübschen Arcidosso, liegt die sehenswerte **Abbadia San Salvatore**. Ort und Kloster San Salvatore (822 m) sind für Wanderer ein idealer Ausgangspunkt. Doch das erste Ziel gilt der Krypta der Klosterkirche (11. Jh.): 13 Schiffe und 36 Säulen mit figuren- und ornamentgeschmückten Kapitellen – und mit einer kunstvollen Beleuchtung – versetzen den Besucher in einen Märchenwald.

Service & Tipps:

Abbadia San Salvatore
Knapp 20 km östl. Arcidosso bei Piancastagnaio

Tägl. 9–19 Uhr
Klosterkirche mit einer 13-schiffigen Krypta, 36 Säulen mit figuralen Kapitellen. Ausgangspunkt für schöne Wanderungen.

Der heilige Benedikt gilt als Schutzpatron von Europa (480 bis wahrscheinlich 547) und als Begründer des abendländischen Mönchstums durch die von ihm verfassten Benediktinerregeln. Das Leben des Heiligen wird in der Abbazia di Monte Oliveto Maggiore in 35 Fresken eindrucksvoll dargestellt.

❷ Abbazia di Monte Oliveto Maggiore

Von der SS 2 bei **Buonconvento** führt die SS 451 in Richtung Crete über den Ort **San Giovanni d'Asso**, in dessen Kastell das erste Museo del Tartuffo (Trüffel-Museum) Italiens eröffnet wurde. Ein paar Kilometer weiter steht eine bauliche Sehenswürdigkeit, die **Abbazia di Monte Oliveto Maggiore** (1313 gegründet), am Weg. Vom Tor der Anlage spaziert man zuerst durch eine herrliche Parklandschaft.

Die Attraktion des Benediktinerklosters ist der Kreuzgang mit 35 Fresken (Signorelli 1497–98 und Sodoma 1505–08) aus dem Leben des heiligen Benedikt, des Schutzpatrons von Europa. Alle seine Wunder werden gezeigt: wie er den Teufel austreibt, eine Weinflasche in eine Schlange verwandelt, Begrabene aus dem Sarg, Gefesselte durch einen Blick aus ihren Banden befreit. Das rührendste Motiv befindet sich gegenüber dem Eingang zum Kloster-

Le Crete
10
S. Martino in Grània
Asciano
5
326
Rigomagno
Lucignano
Foiano d. Chiana
Cortona
Monsigliolo
Monteroni d'Arbia
Necrópoli etrusca
Sinalunga
Borgonuovo
Appalto
Lucignano d'Arbia
Montecontieri
Trequanda
Bettolle
Chianacce
Pietráia
Barullo
2
Abbazia d. Monte Oliveto Maggiore
Torrita di Siena
Piano
Vescorado
Serravalle
Montelifrè
Montisi
Valiano
Petrignano
S. Giovanni d'Asso
Tempio etrusco
Murlo
7
Buonconvento
Bibbiano
Lucignano d'Asso
S. Francesco
Gracciano
Montefollónico
Pozzuolo
Acquaviva
A1
Binami
Palazzo Massaini
12
Montepulciano
L. di Montepulciano
Vadossi
2
Tuoma
Torrenieri
Celamonti
15
Pienza
13
Monticchiello
S. Savino
Porto
L. di Chiusi
Montalcino
11
18
Mad. di Riguardo
S. Quírico d'Órcia
S. Guiseppe
S. Agostino
8
Chianciano Terme
Tomba d. Granduca
Tomba d. Scimmia
Bagno Vignoni
6
Ragnáie
Rocca d' Órcia
Orcia
la Foce
9
Chiusi
3
Abbazia di S. Antimo
Castiglione d' Órcia
Gallina
la Vittória
Astrone
Sarteano
Castelnuovo dell' Abate
Argiano
S. Ángelo in Colle
S. Piero in Campo
Monte Amiata
Mad d. Querce
Formone
Santa Maria di Belvedere
Cetona
Vivo
Città etrusco, romana
Montenero
C. Póggio Bandinelli
Orcia
M. Cetona 1148
Falsettáio
Seggiano
Pescina
Campiglia d' Órcia
M. Calcináio 732
Vivo d' Órcia
Piazze
Montegiovi
Monticello Amiata
Castel del Piano
M. Amiata 1738
Radicófani
Palazzone
Cinigiano
1
la Palazzina
Abbadia S. Salvatore
Prato d. Contessa
S. Casciano dei Bagni
Arcidosso
Bagnoli
Celle s. Rigo
4
Parco Faunistico del Monte Amiata
Fággia
S. Fiora
Piancastagnáio
Rigo
Ponte d. Rigo
Lago di S. Casciano
Saragiolo
M. Labbro 1193
Grosseto
Trevinano
Allerona
Senna
Cana
Selva
M. Rufeno 734
S. Caterina
Triana
Castell' Azzara
2
Roccalbegna
Belvedere
M. Civitella 1107
Albegna
Petricci
S. Giovanni d. Contee
Proceno
Murci
Semproniano
Acquapendente
Castell' Ottieri
Usi
Montebuono
Elmo
Castel Giòrgio
Onano
Pian de Palma (Necrópoli)
Póggio Murella
S. Martino sul Fiora
Sorano
20
17
Grotte di Castro
19
Saturnia
21
S. Quirico Sorano/ Vitozza
Terme di Satúrnia
Necrópoli etrusca
Sovana
Parco archeologico
14
Palazzo Farnese
Grádoli
Palazzo Orsini
Mad. di Piano
Látera
Lago di Bolsena
Fattoria Pomonte
16
Pitigliano
Fiora
Montemerano
L. di Mezzano
S. Giorgio
la Nova
Necrópoli
Rocca
Poggio Buco
Pian di Morrano
N
la Sgrilla
Manciano
0
3
6 km

REGION 5
Der Südosten

garten an der linken Ecke, wo man wegen der chronologischen Folge mit der Besichtigung der Freskentour beginnen sollte. Dort verabschiedet sich Benedikt von seiner Schwester Scholastika, an deren Rock sich ein kleines Mädchen schmiegt, das wiederum von einem Hündchen am Kleid gezerrt wird.

Service & Tipps:

Museo del Tartufo
Im Castello, San Giovanni d'Asso
www.museodeltartufo.it, April–Nov.
Fr 15–18, Sa/So/Fei 10.30–13 und 14.30–18, Dez.–März Sa/So/Fei 10.30–13 und 14.30–17 Uhr, Eintritt frei
Alles zur Geschichte der beliebten und kostbaren Knolle, der Trüffel, ihre sinnliche Wahrnehmung über Duft und Geschmack.

Abbazia di Monte Oliveto Maggiore
Zwischen Asciano und Buonconvento
Im Sommer tägl. 9.15–12 und 15.15–18, im Winter bis 17 Uhr, Eintritt frei
Bedeutendes Benediktinerkloster mit 35 wunderschönen Fresken von Sodoma und Signorelli im Kreuzgang.

Enoteca del Monastero
Am unteren Ende des Klosters Gewölbekellerei der Mönche, Verkauf ihrer Weine mit Verkostung.

Trattoria La Torre
Im Turm am Parkeingang
✆ 05 77-70 70 22, Di geschl.
Gute toskanische Küche, mit Gartenrestaurant. €€

Abbazia di Monte Oliveto Maggiore

❸ Abbazia di Sant' Antimo

Südlich von **Buenconvento** zweigt von der SS 2 eine Landstraße nach Süden ab und führt über **Montalcino** zur Abbazia di Sant' Antimo. Mit sorgfältiger Hand renoviert, liegt die aus hellem Travertin erbaute Benediktinerabtei (12. Jh.) oberhalb des fruchtbaren Orcia-Tals, eingerahmt von Olivenhainen, Feldern und Wäldern. Die Löwen des romanischen Hauptportals wurden, um sie zu schützen, nach innen verlegt. Im dreischiffigen Innenraum wird man durch die gregorianischen Gesänge vom Band und die durch Alabasterscheiben geheimnisvoll gelblich beleuchteten Säulen mit Alabasterkapitellen in eine eigenartige Stimmung versetzt. Gregorianische Choräle sind bei der Sonntagsmesse auch live zu hören.

Service & Tipps:

Abbazia di Sant' Antimo
10 km südl. Montalcino
Mo-Sa 10.30–12.30 und 15-18.30,
So/Fei 9.30–10.45 und 15–18 Uhr

Renovierte Benediktinerabtei, romanisches Hausportal, stimmungsvoller, dreischiffiger Innenraum mit Alabasterfenstern und schönen Säulen mit Alabasterkapitellen. Messe mit gregorianischen Chorälen.

❹ Arcidosso und der Parco Faunistico

REGION 5
Der Südosten

Südlich von Montalcino, in Sichtweite des Monte Amiata, liegt Arcidosso an der SS 323. In diesem reizvollen Ort, überragt von der Burg der Aldobrandesca (14. Jh.), lohnt sich ein Spaziergang durch verwinkelte Gassen zur Festung, deren Tor das Medici-Wappen mit seinen mächtigen Kugeln schmückt. Am Rande des Ortes wird zum westlich der SS 323 liegenden **Parco Faunistico del Monte Amiata** gewiesen. Der nach dem Modell deutscher Wildparks angelegte Hort für vom Aussterben bedrohte Tiere und Pflanzen des Apennin ist Teil des Naturschutzgebietes zwischen dem Massiv des Monte Amiata (1738 m) und dem Monte Labbro (1193 m).

Die Besucher können wählen zwischen botanischen Wanderpfaden links und rechts des Baches Onanzio und der Pirsch zu Mufflonschafen, Rot- und Damwild. Die Touren gibt es mit Führung (besser vorbestellen), sind aber auch auf eigene Faust möglich. Keinesfalls darf der Weg zum »Lupo«, zum Apenninischen Wolf, übersehen werden, der sonst in Italien längst verschwunden ist und hier gerettet und beobachtet werden soll. Zum Schutz von Mensch und Tier führt ein langer, von hohen Palisaden umzäunter Weg zum Beobachtungsturm mitten im Wolfsgehege.

Im urigen Restaurant mitten im Park werden typische toskanische Gerichte gereicht.

Zu den Wölfen im Parco Faunistico

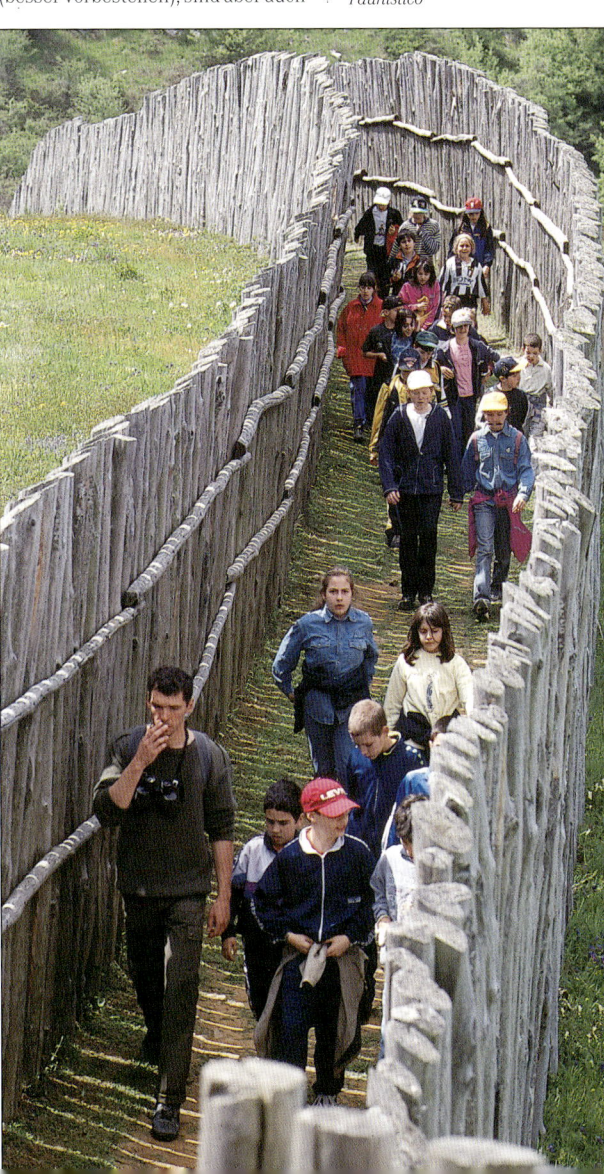

Service & Tipps:

ⓘ **Pro Loco Arcidosso**
Via Ricasoli 1
58031 Arcidosso
✆ und Fax 05 64-96 60 83, nur HS
www.paginesi.it/grosseto/arcidosso

🞩 **Aiuole**
Località Bivio Aiole (unterschiedliche Schreibweise, Dialekt, Aiuole und Aiole), Richtung Monte Amiata
✆ 05 64-96 73 00
So abends und Mo sowie Nov. geschl.
Stimmungsvolles, beliebtes Restaurant; lokale Spezialitäten: Lammragout, Stockfisch, Wildschwein. €€

🐾 **Parco Faunistico del Monte Amiata**
7 km südl. Arcidosso Richtung Triana
Di-So 7.15 Uhr bis Sonnenuntergang
Eintritt € 3,50/2,20 (5-11 Jahre)
Führungen (wer selbständig wandert, erhält einen Wegeplan) und Restaurant (Essensvorbestellung empfohlen)

REGION 5
Der Südosten

✆ 05 64-96 68 67
Wildpark mit Mufflonschafen, Rot- und Damwild, Wolfsgehege sowie botanischen Wanderpfaden.

🍴 Podere dei Nobili
Mitten im Park
✆ 05 64-96 68 67
Einfaches Restaurant, Trekking-Menü mit Grillmix und Pasta. €

Bei der Tour im Südosten der Toskana hat man den Monte Amiata immer im Blick

❺ Asciano

Im Südosten der Crete an der SS 438 liegt Asciano, das oft angesichts des nahen Siena zu Unrecht vergessen wird. Die Mauern des mittelalterlichen Städtchens sind teilweise intakt, der Corso Matteotti bietet zahlreiche Geschäfte für einen Einkaufsbummel, und wer immer noch nicht genug Kultur eingesogen hat, findet hier die romanische **Basilica di Sant' Agata** (11. Jh.) und im mit geschickter Hand restaurierten mittelalterlichen Palazzo Corboli in zwei zusammengelegten Museen Meisterwerke der Sieneser Schule sowie etruskische Funde aus den nahen Necropoli di Poggio Pinci. Gute Möglichkeiten für den Pecorino-Einkauf.

Service & Tipps:

ℹ Ufficio Turistico Comunale
Corso Matteotti 18
53041 Asciano, ✆ 05 77-71 95 10

🏛 Museo Archeologico e d'Arte Sacra
Palazzo Corboli
Corso Matteotti 122, Asciano
März-Okt. Di-So 10.30-13 und 15-18.30, Nov.-Febr. Fr-So 10.30-13 und 15-17.30 Uhr
Eintritt € 4,50/3 (6-12 und über 65 Jahre), mit Palazzo Corboli € 7/4,50
Sakrale Kunst (17. und 18.Jh.) aus

Ascianos Kirchen im 1. und 2. Stock, im 2. und 3. Stock etruskische Kunst aus der 8 km östlich liegenden etruskischen Nekropole Poggio Pinci.

🏛 Museo Cassioli
Via Mameli 34 s/n, Asciano
Di 10–13, Do 16–24, Fr 17–24, Sa 10–20, So 10–19 Uhr
Eintritt s. Museo Archeologico
Porträts des einheimischen Künstlers Cassioli sowie Werke junger einheimischer Künstler.

🍴 La Mencia
Corso Matteotti 85, Asciano
✆ 05 77-71 82 27, Mo geschl.
Beliebtes Restaurant mit guter toskanischer Küche. €€

🍴 Il Bersagliere
Via Roma 14, Asciano
✆ 05 77-71 86 29, Sa geschl.
Gute toskanische Küche. €€

🍴 Da Ottorino
Località Sante Marie
Via Sante Marie 114, Asciano
✆ 05 77-71 87 70, Mo geschl.
Stimmungsvolles Restaurant in den früheren Stallungen eines Landguts, gute toskanische Küche. €€

> **REGION 5**
> **Der Südosten**

❻ Bagno Vignoni

Die Via Dante Alighieri durchquert San Quirico d'Orcia und führt im Südosten in den 3 000 Jahre alten Badeort Bagno Vignoni. Schon die Etrusker und Römer sollen das Heilwasser genutzt haben, und zur Zeit der Republik Siena kurierten sich verwundete Soldaten in dem übergroßen Becken, das im Kreis der wenigen Häuser etwas deplatziert wirkt und heute nicht mehr genutzt werden kann. Der gichtige Lorenzo de' Medici und Santa Caterina di Siena sollen hier Linderung gesucht haben. Heute badet man als Kurgast im Hotel »La Terme« oder im Hotel »Posta Marcucci«, das auch für Nicht-Gäste an den Sommerwochenenden bis Mitternacht geöffnet hat.

🍴 Osteria del Leone
Piazza del Moretto 40
Bagno Vignoni
✆ 05 77-88 73 00, Mo sowie 10.–30.
Jan. und Mitte Nov. –Anf. Dez. geschl.
Im Stil einer traditionellen Osteria eingerichtet, auch Tische im Garten, toskanische Küche. €€

In Bagno Vignoni ließ sich der Begründer des Städtchens Pienza, der Piccolomini-Papst Pius II. (1458-64), mitten im Ort über eine heiße Quelle das große Thermalbecken bauen. Sein Wappen ist neben dem Pool über dem Eingangsportal des niedrigen, lang gestreckten Palastes zu entdecken.

❼ Buonconvento

Südöstlich von Siena liegt an der Via Cassia (SS 2) Buonconvento, das Festungsstädtchen, in dem kurz nach seiner Krönung Kaiser Heinrich VII. am 24. August 1313 an Fieber starb. Ein Gassenbummel sowie die Museen **Mezzadria Senese** und **d'Arte Sacra** gehören zum Besuch des Städtchens.

Service & Tipps:

ℹ Ufficio Turistico Comunale
im Museo della Mezzadria Senese, Piazzale Garibaldi 2
53026 Buonconvento, ✆ 05 77-80 71 81

🏛 Museo della Mezzadria Senese
Piazzale Garibaldi 2, Buonconvento
April-Okt. Di-So 10-13, 14-18, Nov.-März Di-Fr 10-13.30, Sa/So auch 14-18 Uhr, Eintritt € 4/2 (6-12 Jahre)
Das Leben der Mezzadrie, der Halbpächter, und der Herren, denen sie dienten.

🏛 Museo di Arte Sacra
Via Soccini 18, Buonconvento
April-Okt. Di-So 10-13, 15-18, Nov.-März Sa/So 10-13, 15-17 Uhr
Eintritt € 3,50/2 (6-12 Jahre)
Malereien der Sieneser Schule (14.-17. Jh.).

REGION 5
Der Südosten

Kuren in der Toskana hat eine lange Tradition, das beweisen zum Beispiel in Chianciano Terme die Überreste eines Badehauses aus dem 1. Jh. v. Chr., zu sehen im Archäologischen Museum. Von dem römischen Schriftsteller Plinius dem Älteren (23-79 n. Chr.) ist diese Behauptung überliefert: »600 Jahre lang hatten die Römer keine anderen Ärzte als ihre Bäder.«

❽ Chianciano Terme

Der Badeort liegt südöstlich von Siena, südlich von Montepulciano an der SS 146. Moderne Flaniermeilen und Parks, schicke Bars und Cafés prägen das Bild. Sehenswerter für Urlauber ist **Chianciano Alto** mit seinem Centro storico. Im Kurort selbst zeigt das **Museo Etrusco Archeologico** etruskische Funde aus der Umgebung.

Service & Tipps:

ⓘ **APT**
Piazza Italia 67
Chianciano Terme
✆ 05 78-67 11 22/3, Fax 05 78-632 77
www.chiancianotermeinfo.it

👁 **Chianciano Alto**
Spass macht ein Bummel durch das mittelalterliche Städtchen (auch Centro Storico) im Norden mit vielen Treppengassen, schönen Souvenirgeschäften und Boutiquen. Das Auto sollte man außerhalb parken.

Museo Etrusco Archeologico
Via Dante 8
Chianciano Terme
www.chianciano.com/museo/etrusco
April-Okt. Di-So, Nov.-März nur Sa/So 10–13 und 16–19 Uhr
Eintritt € 5/4 (10–18 Jahre)
In Privatinitiative gegründetes Museum mit etruskischen Fundstücken, darunter ein vollständig erhaltenes Fürstengrab.

La Tavernetta
Piazza Gramsci 15
Chianciano Terme
✆ 05 78-312 49, Mo geschl.
Gutes Restaurant und Pizzeria in der Altstadt. €€

Patry
Via G. di Vittorio 80
Chianciano Terme
✆ 05 78-630 14, Mo geschl.
Beliebtes Fischrestaurant. €€

Hostaria il Buco
Via della Pace 39, Chianciano Terme, ✆ 05 78-302 30, Mi geschl.
Typische Toskana-Küche, auch Pizza. €€

REGION 5
Der Südosten

Sonnenblumenfeld bei Chianciano Terme

REGION 5
Der Südosten

Im Südosten von Chianciano Terme, an der SS 146, liegt Chiusi, auch über die A 1, Abfahrt Chiusi-Chianciano zu erreichen.

❾ Chiusi

Als *Chamars* war Chiusi eine der mächtigsten Städte des etruskischen Zwölferbundes. Von seinem Reichtum erzählen die Gräber in der Umgebung, die aus der Blütezeit der Stadt im 7. und 6. Jahrhundert v. Chr. stammen. Ganz Chiusi ist von Tufftunnels unterhöhlt. Zeugnisse dieser reichen Kultur aus den Gräbern der Umgebung sind im **Museo Archeologico Nazionale** ausgestellt. Es ist ziemlich klein, nur etwa ein Zehntel der in den Magazinen lagernden Funde können gezeigt werden. Viele Aschenurnen mit Menschendarstellungen sind zu sehen, Masken aus Bronze und Ton sowie phantasievolle Grabfiguren.

Abenteuerlich ist der Besuch (nur mit Führung) der etruskischen Stollen unterhalb der Stadt. Das **Museo Civico Città Sotteranea** besteht aus zwei Abteilungen: Im Palazzo delle Logge (Via Il Ciminia 2, hier Ticket-Ausgabe) steht das Modell der Stadt und seiner Unterwelt, hier gibt es auch geologische Informationen. In der Via Baldetti 8 geht es in einen 140 m langen Stollen mit 500 etruskischen Urnen und Grabziegeln, viele mit Inschriften.

Auch im **Museo della Cattedrale** (Piazza Duomo 1) geht es nach unten in **Porsennas Labyrinth,** der etruskisch-römischen Wasserversorgung, im Zentrum das legendäre Grab des Etruskerkönigs Porsena. Auch der Besuch der Katakomben mit römischen Ausgrabungen (11 und 16.30 Uhr) lohnt sich.

Service & Tipps:

ⓘ Ufficio Turismo Chiusi
Piazza Duomo 1, 53043 Chiusi
✆ und Fax 05 78-22 76 67

🏛 Museo Archeologico Nazionale
Via Porsenna 93, Chiusi
Tägl. 9-20, im Winter bis 18 Uhr
Eintritt € 4, 18-25 Jahre € 2, über 65 Jahre frei
Einmalige Sammlung etruskischer Grabbeigaben.
Im Museum gibt es auch Informationen zum Besuch der außerhalb liegenden Gräber **Tomba della Scimma, del Leone** und **della Pellegrina,** letztere lohnt den Besuch besonders.

🏛 Museo Civico Città Sotteranea
Palazzo delle Logge, Via Il Ciminia 2 und Via Baldetti 8, Chiusi
Mai-Mitte Okt. Di-So Führungen um 10.15, 11.30, 12.45, 15.15, 16.30 und 17.45, Mitte Okt.-April Do/Fr 10.10, 11.10, 12.10, Sa/So auch 15.10, 16.10 und 17.10 Uhr, Eintritt inkl. Führung € 3/2 (6-14 und über 65 Jahre)

👁 Duomo/Museo della Cattedrale
Piazza del Duomo 1
Chiusi
Juni-Mitte Okt. tägl. 10-12.45 und 16-18.30, Mitte Okt.-Mai Di, Do, Sa, So 10-12.30, So auch 16-18.30 Uhr
Eintritt inkl. Labirinto € 4, unter 12 Jahren frei
Im Dom römisches Mosaik unter dem Altar. Im Museum Skulpturen aus der römischen und langobardischen Zeit sowie aus dem Mittelalter.

✖ Zaira
Via Arunta 12
Chiusi
✆ 05 78-202 60
im Winter Mo geschl.
Stimmungsvolles Restaurant, toskanische Gerichte. €€€

✖ La Solita Zuppa
Via Porsenna 21
Chiusi
✆ 05 78-210 06, Di geschl.
Suppen aller Art, traditionelle Fleischgerichte, Spezialität: Ente mit Pflaumen. €€

❿ Die Crete

Von Siena aus erreicht man die eigentümliche Landschaft der Crete zunächst über die SS 73 Richtung Arezzo, bei Taverna d'Arbia auf die SS 438 Richtung Asciano abbiegen. *Crete* heißt Tonerde oder Lehm; aber auch Tuffstein bildet manchmal den kargen Boden, auf dem vorwiegend Dinkel und Gerste gedeihen. Diese Landschaft hat durch landwirtschaftliche Kniffe ihr braungraues Gesicht im Frühjahr und Sommer verloren, kleine Haine und Buschzeilen verzieren das Land. Auf abgerundeten Hügeln stehen wenige Höfe, zu denen Zypressen wie eine Parade von Zinnsoldaten hochführen – das klassische Urlauberfoto. Solange die Wiesen grünen, Schafherden bimmelnd zu den Senken ziehen, wo sie Wasserstellen finden, stimmen die Crete noch heiter. Doch wenn der Saft aus den Halmen weicht, die Hügel abgegrast sind, der Herbstwind über die karge, umgepflügte Erde streicht, dann kommt Melancholie auf. Und doch gibt es viele Menschen, die sich in dieses kärgliche, abgemagerte Szenarium verliebt haben – zu jeder Jahreszeit. Am wohlsten fühlen sich hier die Schäfer, die Käsebauern, die ursprünglich aus Sardinien stammen. Kenner schwören auf Crete-Pecorino, der gewürzt wird von Kräutern: Wasserminze, Majoran, wildes Bohnenkraut und wilder Radicchio, Wacholder und Wermut, auch Bitterer Beifuß genannt. Von der bewohnten Abbadia Monastero bei Castelnuovo Berardenga und dem benachbarten, zu einer edlen Hotelanlage umgebauten Castello Monastero genießt man einen schönen Blick auf dieses seltene Landschaftsbild.

> **REGION 5**
> *Der Südosten*

⓫ Montalcino

Montalcino liegt südlich von Siena, westlich von San Quirico d'Orcia, zwischen der SS 2 und der SS 223. Die trutzigen Türme der **Fortezza** (14. Jh.) ziehen magisch an, denn von den Wehrgängen (1571) aus kann man sich einen Überblick über Montalcino und seine Weinberge verschaffen. Als Alternative zum Klettern bietet sich die Möglichkeit, in der Enoteca im Rocca-Gewölbe den köstlichen »Brunello« zu verkosten. Dazu hat man allerdings auch beim Bummel durch die Gässchen reichlich Gelegenheit.

Während Fans der Kirchenkunst das **Museo Civico e Diocesano** mit einer wundervollen Madonnensammlung in ihr Programm einbauen, verschwinden die Genießer weltlicher Verführungen in der »Fiaschetteria Italiana«, einer historischen Wein- und Kaffeestube von 1888. Man hat die Wahl zwischen dem teuren, rubinroten »Brunello di Montalcino« und dem etwas helleren, erheblich billigeren »Rosso di Montalcino«. Beide Sorten lockern im Juli und August beim *Festival Internazionale dell' Attore* die Zungen von Profis und Laien, wenn sich das ganze Städtchen in eine Bühne verwandelt.

Wehrgang der trutzigen Burg von Montalcino

Service & Tipps:

ⓘ **Ufficio Turistico Comunale**
Via Costa del Municipio 1
53024 Montalcino
✆ und Fax 05 77-84 93 31
www.prolocomontalcino.it

👁 **Fortezza**
Piazzale della Fortezza
Montalcino, Di–So 9–20 Uhr
Eintritt € 4,50/2,50 (6–12 Jahre)
Rundgang auf der Burgmauer, Ausblick auf die Stadt und die sie umgebende Landschaft.

🏛 **Museo Civico e Diocesano d'Arte Sacra**

REGION 5
Der Südosten

Via Ricasoli 31
Montalcino
Di-So April-Okt. 10-13 und 14-17.50, Nov.-März 10-13 und 14-17.40 Uhr
Eintritt € 4,50/3 (6-12 Jahre)
Sakrale Kunst und Sieneser Malerei des 14. und 15. Jh.

Porta al Cassero
Via Ricasoli 32
Montalcino
℃ 05 77-84 71 96
Mi geschl.
Kleines, einfaches Lokal mit einheimischer Hausmannskost. €

La Cucina di Edgardo
Via Soccorso Saloni 21
Montalcino
℃ 05 77-84 82 32
Kleines Restaurant, gute traditionelle Toskana-Gerichte.
€€€

Osteria al Giardino
Piazza Cavour 1
Montalcino
℃ 05 77-84 90 76
Mi geschl.
Trattoria mit guter Küche. €€

Poggio Antico
Località Poggio Antico
5 km südwestl. von Montalcino
Richtung Grosseto
℃ 05 77-84 80 44
Nov.-März So abends und Mo geschl, April-Okt. Mo Ruhetag
Feines Restaurant mit höchster Qualität, empfehlenswert sind die Degustationsmenüs »Terra« oder »Mare« (Erde oder Meer).
€€€€

Osteria del Vecchio Castello
Località Poggio alle Mura, 11 km südwestl. von Montalcino, vorbei an Sant' Angelo in Colle, Hinweis zum Restaurant danach kurz vor der Bahnstation
℃ 05 77-81 60 26

Di und Mitte Feb.-Mitte März geschl.
Michelin-Stern-Restaurant, Empfangs-Salon, kleiner, gepflegter Speiseraum, phantasievolle, vorwiegend toskanische Küche, Weinkeller mit 12 000 Flaschen. €€€

Antica Osteria del Bassomondo
Località Castelnuovo dell' Abate, 10 km südl. von Montalcino
℃ 05 77-83 56 19
Mo geschl.
Einfaches, familiäres Restaurant mit hervorragender toskanischer Küche, Spezialität: *coniglio al brunello* (Kaninchen in Rotwein). Im angeschlossenen Laden gibt es selbst produzierten Käse und Wurstwaren, Schinken, Olivenöl und Montalcino-Wein.
€€

Trattoria Il Pozzo
Località Sant' Angelo in Colle
9 km südl. von Montalcino
℃ 05 77-84 40 15
Di geschl.
Kleines, uriges Restaurant mit schmackhaft zubereiteter, klassisch-toskanischer Küche, Spezialität: *scottiglia*, verschiedenes geschmortes Fleisch, gebratene Täubchen vom Spieß. €€

Fiaschetteria Cantina del Brunello
Piazza del Popolo 6
Montalcino
Stimmungsvolles Kaffee- und Weinlokal, Weinproben möglich.
€€

Enoteca della Fortezza
Fortezza di Montalcino
Weinproben und kleine Gerichte, Verkauf von Wein, Pecorino, Schinken und Wurst. €€

Ciacci Piccolomini d'Aragona
Borgo di Mezzo 62, Località Castelnuovo dell' Abate, Montalcino
Beste Brunello-Weine, Verkauf in einem Renaissancepalast.

Wichtiges Fest in Montalcino
Juli/August: *Festival Internazionale dell' Attore*, traditionelles Theater unter Mitwirkung aller, auch von Laien.

Der »Brunello di Montalcino«, ein tiefroter, rassiger Tropfen, muss mindestens vier Jahre, zwei davon in Eichenfässern reifen. Neben dem preiswerteren, jüngeren »Rosso di Montalcino« gibt es noch den fruchtigen »Nobile di Montepulciano«, einen feinen Tropfen von der aus der Sangiovese geklonten Prugnelo-Traube. Noch ein Tipp: Probieren Sie in einer Cantina den herben, tiefroten »Morellino di Scansano«, einen fünf Jahre gelagerten Maremma-Tropfen.

⑫ Montepulciano

Die Gründung der von mächtigen Mauern geschützten Stadt reicht ins 6. Jahrhundert v. Chr. zurück, als die Bewohner von Chiusi sich vor den grausamen Barbaren auf die 605 Meter hohe Tuffsteinkuppe flüchteten. Heute prägen vor allem repräsentative Renaissancepaläste das Bild einer der schönsten Städte der Toskana. Freunde eines guten Tropfens bekommen schon bei dem Namen glänzende Augen, denn hier wächst der berühmte »Vino Nobile di Montepulciano«.

Der Bummel entlang der Palazzi beginnt an der **Porta al Prato**, einem Teil der Befestigungsanlage mit herrlichem Blick über die Altstadt. Den Corso abwärts, dort wo die Via dell' Opio beginnt, geht es nach rechts, also nach Westen, vorbei am Palazzo Contucci (1519 begonnen), in dessen Cantina der edle Nobile lagert, zur prachtvollen **Piazza Grande**. Gleich gegenüber zieht der Palazzo Comunale (1440-65) die Blicke auf sich.

Den Aufbau der Stadt muss man vom Rathausturm aus betrachten, dessen enge Treppe täglich von 10 bis 18 Uhr bestiegen werden kann. Links vom Rathaus blickt man auf den Palazzo del Capitano del Popolo, gleich darunter, in der Via Ricci steht der Palazzo Neri-Orselli (14. Jh.), ein Backsteinbau, in dem das **Museo Civico** mit Della-Robbia-Majoliken und einer Gemäldesammlung des 13. bis 18. Jahrhunderts untergebracht ist. Direkt am Platz zeigt sich die Front des Palazzo Nobili Tarugi, vor dem ein Brunnen (1520) mit zwei etruskischen Säulen steht. Auf dem Brunnenbalken sind zwei Löwen zu sehen, die das Medici-Wappen halten. Nach ihnen und den dargestellten Greifvögeln wird die Zisterne »Pozzo dei Griffi e dei Leoni« genannt, ein geeigneter Treffpunkt.

Die rechte Seite der Piazza Grande wird vom **Dom** (1594 begonnen) begrenzt, der durch seine unvollendete Fassade recht schlicht wirkt, aber trotzdem besucht werden sollte, um mindestens zwei Meisterwerke zu sehen: im Chor das farbenfreudige, mit Blattgoldeinlagen verzierte Triptychon »Mariä Himmelfahrt« (Taddeo di Bartolo, Anfang 15. Jh.) und am Eingang links den Sarkophag des Erzbischofs Aragazzi von Michelozzo.

Wer noch gut zu Fuß ist, findet nordwestlich der Piazza Grande die Porta Grassi, an der die Via di Biagio abwärts zu einem architektonischen Schmuckstück führt: zur **Kirche San Biagio** mitten auf der grünen Wiese. 1518 wur-

REGION 5
Der Südosten

Zwischen der von Siena südwärts führenden SS 2 und der A 1 liegt der Weinort Montepulciano an der West-Ost-Strecke der SS 146.

Madonna di San Biagio in Montepulciano

REGION 5
Der Südosten

de sie von Antonio da Sangallo, der überhaupt den Stil der Stadt prägte, in reinster Renaissance begonnen. Im Sonnenschein schimmert das Travertingestein goldgelb.

Service & Tipps:

ⓘ **Pro Loco Montepulciano**
Piazza Don Minzoni 1
53045 Montepulciano
✆ 05 78-75 73 41
www.prolocomontepulciano.it

◉ **Duomo**
Piazza Grande s/n
Montepulciano
Tägl. 8–12.30 und 15–18.30 Uhr
Triptychon von Taddeo di Bartolo, Sarkophag von Michelozzo.

◉ **Terrasse des Palazzo Comunale**
Piazza Grande, Montepulciano
Tägl. 10–18 Uhr
Eintritt € 1,60 ab 12 Jahren
Aufschlussreicher Blick auf die Piazza Grande.

🏛 **Museo Civico e Pinacotoca Crociani**
Via Ricci 10, Montepulciano
April–Okt. Di–So 10–13 und 15–18, Aug. 10–19, Winter nur Sa/So/Fei 10–13 und 15–18 Uhr, Eintritt € 4,20/2,50

(unter 18 und ab 65 Jahren)
Della-Robbia-Majoliken und Gemälde des 13.–18. Jh.

◉ **Madonna di San Biagio**
Zu Füßen der Stadt
Tägl. 8.30–18.30 Uhr
Schöne Renaissance-Kirche.

✗ **Il Marzocco**
Piazza Savonarola 18
Montepulciano
✆ 05 78-75 72 62
Gutes Restaurant im historischen Zentrum. €€

✗ **Osteria Borgo Buio**
Via di Borgo Buio 10
Montepulciano
✆ 05 78-71 74 97, Do geschl.
Gemütliches Restaurant in alten Kellergewölben, typisch toskanische Küche; Spezialität: gefülltes Kaninchen *(coniglio ripieno).* €€

✗ **La Grotta**
Località San Biagio 15
Montepulciano

Montepulciano, Palazzo Comunale

✆ 05 78-75 74 79, Mi geschl.
Alte Osteria mit viel Atmosphäre, Gartenrestaurant, südtoskanische Gerichte. €€€

Caffè Poliziano
Via di Voltaia nel Corso 25
Montepulciano
Antikes Café mit schönem Blick, Erfrischungen, *tramezzini* (Sandwiches), kleine warme Gerichte. €

Fattoria Pulcino
An der Statale 146 von Montepulciano nach Chianciano, kurz vor der Abzweigung nach Monticchiello
✆ 33 91 40 31 62

Rustikales, großes Restaurant, typische toskanische Gerichte, auch belegte Brötchen. Verkauf landwirtschaftlicher Produkte: Wein, Olivenöl, Käse, Schinken, Salami, Hülsenfrüchte, Honig und vieles mehr. €€

Wichtige Feste in Montepulciano
Im Juli: Jazzfestival und *Cantiere Internazionale d'Arte* mit Opern, Theateraufführungen und Konzerten.
14.–16. August: historisches *Bruscello*-Fest mit Bänkelsängern.
Am letzten So im August: *Bravio delle Botti*, Weinfässer-Rollen durch die Gassen.

REGION 5
Der Südosten

Spitzweg-Ambiente in den Gassen von Monticchiello

⓭ Monticchiello

Die SS 146 zwischen Pienza und Chianciano Terme ist die Leitstraße, um das hübsche Monticchiello zu finden: Wer aus Pienza kommt, findet gleich am nordöstlichen Ortsende eine kleine Straße dorthin, Reisende aus Montepulciano oder Chianciano Terme finden zwischen beiden Orten eine Abzweigung nach Westen.

Der hübsche Festungsort über dem Tresa-Tal hat eine wilde Geschichte hinter sich: etruskischen Ursprungs, Erweiterung zur Zeit der Langobarden, später im Besitz der römischen Kirche, Lehen des Deutschen Ritterordens, freie Kommune auf Seiten Sienas, 1553 Widerstand gegen Karl V. – am Stadttor sind noch die Spuren der Kanonenkugeln zu sehen – und am 6. April 1944 Kampf der Einwohner gegen die deutsche Besatzung.

Ende Juli bis Mitte August gehören Gassen und Plätze dem *Teatro Povero* (armes Theater, www.teatropovero.it). Mehr als die Hälfte der Einwohner des 300-Seelen-Fleckens macht mit und lässt die Mauern von alten und aktuellen Geschichten widerhallen.

Service & Tipps:

Taverna di Moranda
Via di Mezzo 17–13, Monticchiello
✆ 05 78-75 50 50, Mitte Jan.–Mitte Feb. geschl.
Gemütliches Restaurant in einem alten Gewölbe, ausgezeichnete toskanische Küche, Schweinefleischgerichte von der traditionellen *cinta senese*, Spezialität: gefülltes Täubchen. €€€

La Porta
Via del Piano 1, Monticchiello
✆ 05 78-75 51 63, Do geschl.

REGION 5
Der Südosten

Rustikales Restaurant, gute toskanische Küche; Spezialitäten: gefülltes Perlhuhn, Schweineleber, Lamm. €€

🛈 Modalisa
Via di Mezzo 8, Monticchiello
Kleine Boutique mit erlesenen, phantasievollen Damenkleidern. Daniele Mangiavacchi vermittelt auch kostbare Puppen und Stofftiere von Esther Chines.

🎭 Wichtiges Fest
Ende Juli–Mitte August: *Teatro Povero* unter Mitwirkung der Einheimischen.

⑭ Murlo

Der kleine, schön restaurierte Festungsort liegt von Buonconvento nordwestlich und ist über Bibbiano erreichbar. Schon die Etrusker haben in dieser Gegend nach Eisenerz gegraben und hinterließen ihre Spuren. Die Einwohner des Ortes behaupten sogar, direkte Nachfahren der Etrusker zu sein, was wohl durch DNA-Analysen festgestellt wurde.

Unterhalb des Stadttores ist der erste Hinweis auf Murlos Geschichte zu entdecken, das Modell eines griechischen Brennofens (5. Jh. v. Chr.). Doch sensationell sind die im **Museo Archeologico** ausgestellten Zeugnisse, Gegenstände aus Keramik, Elfenbein, Bronze, Silber und Gold, Rekonstruktionen von Gebäuden mit Originalteilen. Höhepunkt und Wahrzeichen des Museums ist ein männlicher Akroter (Giebelkrönung) mit Bart und breitkrempigem Hut.

Service & Tipps:

ⓘ Ufficio Turistico
Piazza della Cattedrale s/n
53016 Murlo
✆ und Fax 05 77-81 40 50
www.comune.murlo.siena.it

🏛 Museo Archeologico/ Antiquarium di Poggio Civitate
Palazzo del Vescovo, Piazza della Cattedrale 4, Murlo
✆ und Fax 05 77-81 40 99
www.museisenesi.org
museo@comune.murlo.siena.it

April-Juni und Sept. Di-So 10-13 und 15-19, Juli/Aug. Di-So 10-19, März und Okt. Di-So 10-13 und 15-17, Nov.-Feb. Di-Fr 10-13, Sa/So 10-13 und 15-17 Uhr, Eintritt € 3,20/2,60 (unter 18 und über 65 Jahre) unter 6 Jahren frei

✗ Pizzeria dell'Arco
Via delle Carceri 13, Murlo
✆ 05 77-81 10 92, Mo und Jan./Feb. geschl., Okt./Nov. nur Fr-So
Traditionelle toskanische Küche, Spezialitäten: Kaninchen und Wildschwein, abends auch Pizza. €

REGION 5
Der Südosten

⑮ Parco Archeologico »Città del Tufo«

Zu diesem archäologischen Park gehören die Etruskergräber von Sovana (s. S. 122 f.), Sorano mit der Fortezza Orsini (s. S. 121 f.) , die Necropoli di San Rocco sowie San Quirico di Sorano mit dem historischen Waldweg von Vitozza (s. S. 119). Pitigliano mit dem Museo Archeologico (s. S. 118) ist ebenfalls eine Tuff-Stadt, aber dem Konsortium Città del Tufo nicht angeschlossen.

Sitzender Etrusker aus Ton im Museo Archeologico in Murlo

Zwei Kleinode im Süden der Toskana: rechts Monticchiello und im Hintergrund Pienza

**REGION 5
Der Südosten**

Service & Tipps:

Informationsamt
Piazza Pretorio 12, Sovana
✆ 05 64-61 40 74

Nov.–März Fr–So 10–13 und 14–17, März–Nov. Di–So 10–13 und 15–19 Uhr, Eintritt frei
Auskunft auch über andere Tuff-Städte.

⑯ Pienza

Von Siena aus über die SS 2 nach Süden, vor San Quirico d'Orcia auf die SS 146 nordostwärts abbiegen. Als der Ort noch **Corsignano** hieß und am Fuß des Hügels lag, wurde hier 1405 Enea Silvio Piccolomini geboren. Als Kind soll er vor dem Bauerndorf Schafe gehütet haben. Der spätere Humanist und Philosoph wurde 1458 unter dem Namen Pius II. zum Papst gewählt und

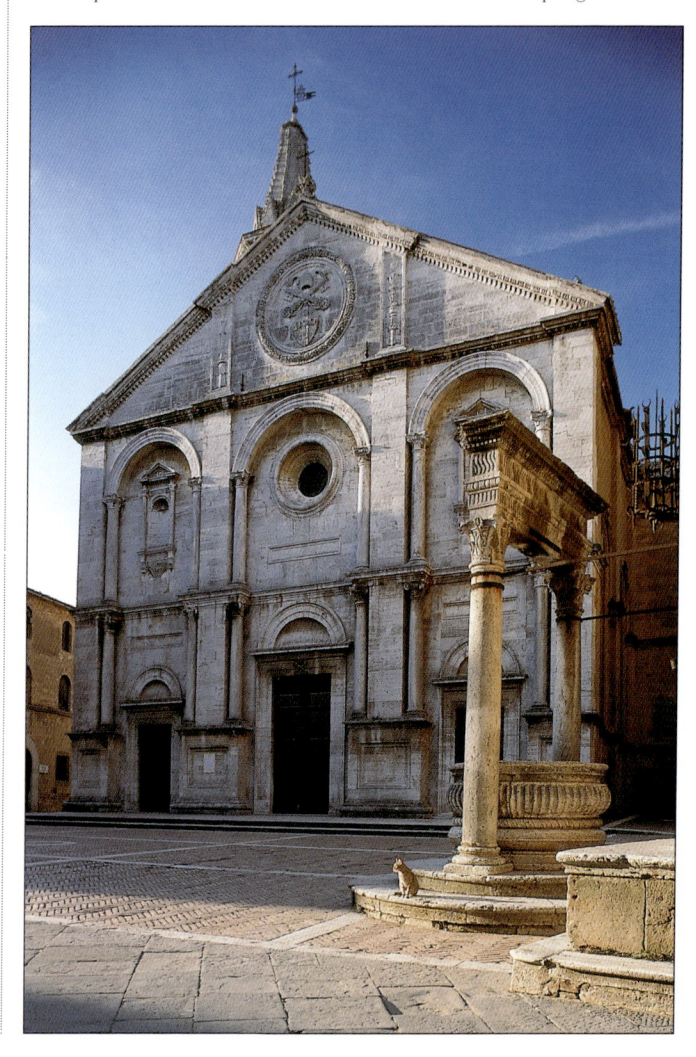

Pienza: der Dom an der Piazza Pio II

zwang den Adel sowie die reichen Händler, Geld für eine neue Stadt zu spenden. Corsignano sollte ein neues Gesicht bekommen, eine Bischofsresidenz und eine Musterstadt der Renaissance werden. Zu Ehren des Papstes wurde die Stadt mit ihrer Fertigstellung nach seinem Namen in Pienza umgetauft.

Das Problem für den beauftragten Architekten Bernardo Rossellino war, auf kleinstem Raum einen würdigen Platz mit Dom, Papstpalast und Bischofspalast zu bauen. Er schaffte es mit einem genialen Trick, der mit Blick vom Rathaus zur **Piazza Pio II** nachzuvollziehen ist: Der Platz wird an seinem Ende vom **Dom** abgeschlossen, rechts steht der **Palazzo Piccolomini**, links der **Bischofspalast**. Die Fronten der seitlichen Paläste gehen nach hinten auseinander, der Platz bildet also ein rückseitig breiteres Trapez. Verstärkt wird diese »umgekehrte Perspektive« dadurch, dass der findige Architekt den Dom ein Stück in den Platz gestellt hat. Dadurch wird das Auge getäuscht, es entsteht der Eindruck, als verbreiterten sich die Paläste ins Unendliche.

Ein anderer Kunstgriff: Die Hauptgasse, nach dem Baukünstler **Corso Il Rossellino** genannt, hat an beiden Seiten als Abschluss ein Stadttor. Jedoch kann der Betrachter durch die Krümmung der Gasse von keinem Punkt aus beide Tore gleichzeitig sehen und bekommt so den Eindruck einer stattlichen Papststadt vermittelt.

REGION 5
Der Südosten

Service & Tipps:

Ufficio Turistico di Pienza
Corso Il Rossellino 30
53026 Pienza
✆ und Fax 05 78-74 99 05
www.comune.pienza.siena.it

Palazzo Piccolomini
Piazza Pio II, Pienza
Tägl. außer Mo Mitte März–Mitte Okt. Führungen 10-18.30, Mitte Okt.–Mitte März 10-13 und 14-16.30 Uhr, Eintritt mit Führung € 7/5 (6-14 Jahre)
Reizvolle Architektur: drei offene Loggien, deren Arkaden für den Blick auf die Landschaft des Orcia-Tals den Rahmen bilden; schöner Innenhof.

Duomo
Piazza Pio II, Pienza
Tägl. 8-13 und 14-18.30 Uhr
Schlichte Renaissancefassade, zahlreiche Gemälde, mehrere Madonnenbilder in der dreischiffigen Hallenkirche, geschnitztes Chorgestühl mit Einlegearbeiten (1462), Kapelle links vom Chor mit kostbarem Triptychon »Himmelfahrt Mariä« von Lorenzo di Pietro, genannt Il Vecchietta (um 1412-80).

Museo Diocesano
Corso II Rossellino 30, Pienza
Sommer tägl. außer Di. 10-13 und 15-18 Uhr, im Winter nur Sa/So
Eintritt € 4/2,50 (6-12 Jahre)
Wertvolle Sammlung aus Kirchen der Umgebung, wundervolle Madonnengemälde, Kruzifixe und Triptychen.

Il Prato
Via Santa Caterina 1-3, Pienza
✆ 05 78-74 99 24, Mi geschl.
Gepflegtes Restaurant in alten Scheunen eines Herrenhauses, Terrasse mit schönem Blick, beste Pasta, z.B. Kartoffelgnocchi mit Trüffeln aus der Crete, Spezialität: Wildschwein. €€

La Buca delle Fate
Corso Il Rossellino 38 a Pienza
✆ 05 78-74 82 72, Mo geschl.
Gepflegtes Restaurant im Gewölbe eines ehemaligen Pferdestalls, gute toskanische Küche. €€

Bar la Posta
Gegenüber dem Domplatz
Corso Il Rossellino 57, Pienza
Erfrischungen und Panini. €

Produkte der Provinz
Typische landwirtschaftliche Produkte wie *Pecorino di Pienza* (Schafskäse), Olivenöl, Wurstwaren und Hülsenfrüchte gibt es entlang dem Corso Il Rossellino und in den Nebengassen recht zahlreich. Die Preise liegen an der oberen Grenze. Eine gute Auswahl bietet z.B.

Marusco e Maria
Corso Il Rossellino 15-21
Pienza

REGION 5
Der Südosten

Die vielen Höhlungen im gelbroten Tuffstein-Bergrücken von Pitigliano wurden schon von den Etruskern als Kammern für ihre Gräber in den weichen Stein gegraben. Heute werden die natürlich klimatisierten Höhlen als Keller für den »Bianco di Pitigliano«, ein köstliches Tröpfchen, und für Olivenöl genutzt. Der trockene Bianco ist eine echte Alternative zu den meist teureren Roten der Toskana – leicht und süffig, gut passend zu Fisch und weißem Fleisch sowie zu Gemüsegerichten.

⑰ Pitigliano

Von der SS 1, der Aurelia, zweigt bei Albinia die SS 74 ostwärts ab. Wenige Kilometer vor der Grenze nach Latium mit dem Lago di Bolsena ist Pitigliano erreicht, abenteuerlich auf einen Tuff-Grat gebaut und auf drei Seiten von Schluchten umgeben. Schon bei der Anfahrt sind die etruskischen »Keller« in der gewaltigen Klippe zu entdecken, wo heute der süffige »Bianco di Pitigliano« reift. Ebenfalls schon von weitem fallen die Bögen des **Aquädukts** (16. Jh.) auf, der beide Teile der burgähnlichen Stadt verbindet.

Wer auf den Spuren der Etrusker wandelt, findet am zentralen Platz, der Piazza Fortezza, im Orsini-Palast das **Museo Civico Archeologico** mit einer bemerkenswert guten Übersicht über die Geschichte der Ur-Italiener. Interessant ist auch ein Spaziergang durch die Gassen des alten jüdischen **Ghettos**, wohin im 15. Jahrhundert hebräische Familien aus Rom geflohen waren. Eine Synagoge und Öfen zum Backen der matze, des ungesäuerten jüdischen Osterbrots, sind Zeugen einer multikulturellen Vergangenheit (s. La Piccola Gerusalemme).

Ehe dann die Sonne untergeht, sollte man schnell auf der SS 74 südwärts bis zur **Kapelle Madonna delle Grazie** fahren. Das von Schluchten eingerahmte Pitigliano liegt zu Füßen, gelb und orange leuchtet der zum Felsen gebackene Tuff, die Stadt wirkt im letzten Licht wie eine verwunschene Festung.

Service & Tipps:

ⓘ **APT Pitigliano**
Piazza Garibaldi 51, Pitigliano
✆ und Fax 05 64-61 71 11
infopitigliano@lamaremma.info

🏛 **Museo Civico Archeologico della Civiltà Etrusca**
(Fortezza Orsini)
Piazza della Fortezza, Pitigliano
Tägl. außer Mo Sommer 10–13 und 16–19, Winter 10–13 und 15–18 Uhr
Eintritt € 2,60/1,60
Informationen über die Etrusker.

☺ **La Piccola Gerusalemme**
Via Firenze 116/Vicolo Manin
Pitigliano, Sommer So–Fr 10–12.30 und 16–19, Winter bis 17.30 Uhr, Fr/Sa nur für Gottesdienste, Eintritt € 3/2 (6–12 und über 65 Jahre)
Synagoge, Kultbad, koschere Metzgerei und Bäckerei.

✗ **Il Tufo Allegro**
Vicolo della Costituzione 5
Pitigliano, ✆ 05 64-61 61 92, Di und Mi mittags geschl. (außer Aug./Sept.)
Kleine Trattoria im früheren Ghetto, in den Tuff geschlagen. Gute lokale Küche, hervorragende Pitigliano-Weine. €€€

✗ **Guastini**
Piazza Petrucciola 16
✆ 05 64-61 60 65
Traditionelles Hotel-Restaurant mit Tischen auf der Piazza. Lokale Küche, teilweise mit für Pitigliano typischen jüdischen Rezepten. €€

Geschützte Lage auf einem Tuff-Felsen: Pitigliano

> **REGION 5**
> **Der Südosten**

Hostaria del Ceccottino
Piazza San Gregorio VII 64, Pitigliano
✆ 05 64-61 42 73
Do und Jan./Feb. geschl.
Traditionsreiche Osteria mit Tischen auf der Piazza. Gute toskanische Küche, Spezialität: zuppa di ricotta e spinacci, die für Pitigliano typische Ricotta- und Spinatsuppe. €€

La Torciata di San Giuseppe
Am 19. März Umzug in Kostümen des 15. Jh., Abschied vom Winter durch Verbrennen von Strohpuppen, danach wird zünftig gefeiert.

La Legatoria
Via Zuccarelli 60, Pitigliano
Phantasievolle Geschenke wie Poesie-Alben, Kästchen etc. aus Papier mit historischen Motiven.

Reitzentrum Belvedere
Località Filetta, km 4,5, Pitigliano
✆ und Fax 05 64-61 54 65
www.maneggiobelvedere.it
Stundenweise und mehrtägige Ausritte.

⓭ San Quirico di Sorano/Vitozza

Von Pitigliano geht es auf der SS 74 ostwärts, nach acht Kilometern an einer Kreuzung nach Norden in den Ort San Quirico. Dort wird an vielen Stellen der Weg zum Vorort **Vitozza** gewiesen, Teil des **Parco Archeologico »Città del Tufo«** (s. S. 115). Die seit der Jungsteinzeit bewohnte Welt der Grotten und Höhlen, der Insediamento Rupestre di Vitozza, liegt mitten im Wald, im Hochsommer also eine willkommene Erholung. Nach den Steinzeitmenschen, deren Anwesenheit durch den Fund einer Votivaxt bewiesen ist, lebten Etrusker und Römer in dem Tuffsteingebiet. Im Mittelalter stritten sich die Herrschaften der Toskana um Vitozza, bauten Wohnungen und Burgen neben, in und über die insgesamt 200 Felslöcher.

Die Rocaccia, eine Kastellruine, und ein zweiter Verteidigungsrest locken sportliche Besucher auf den Felsenkamm. Die Kastelle sind Rivalitäten zum Opfer gefallen, 1454 haben die sienesischen Eigentümer beide Burgen und die Stadt zerstört, um sie nicht den Orsini, den eroberungssüchtigen Grafen von Pitigliano und Sorano, zu überlassen. Danach hatten aber auch die Orsini kein Interesse, Vitozza wieder aufzubauen, jetzt streicht nur der Wind durch die Trümmer.

Am Ende der Grottenstrecke (Via Cave) unterhalb der zweiten Festung wurde früher auf das viel beschriebene **Colombario** hingewiesen. Der Weg dorthin ist nicht mehr begehbar, außerdem wurde nachgewiesen, dass es sich nicht um Urnengräber der Etrusker handelt. Echte etruskische Colombarien sind hingegen unterhalb von Sovana zu entdecken (s. S. 122 f.).

> *Die Etrusker sind nach Herodot aus Lydien (Mittelmeerküste Kleinasiens, heute Türkei) eingewandert. Andere Quellen behaupten, es seien Autochthonen, also alteingesessene Stämme gewesen. Heute haben sich viele Wissenschaftler auf einen Kompromiss geeinigt: Das Volk der Etrusker entwickelte sich aus der Vermischung kleinasiatischer Einwanderer mit einheimisch-italienischen Bevölkerungsteilen. Kernland war die Gegend zwischen Arno und Tiber.*

Service & Tipps:

Info und Sammelticket
Vgl. Informationsamt Sovana (s. S. 123 f.) Diesen Service bieten in Vitozza beide Bars in Ortsmitte.

Insediamento Rupestre di Vitozza
Der Waldweg ist ab der Ortsmitte von Vitozza ausgeschildert
Tägl. von Sonnenaufgang bis -untergang, Eintritt € 2 (ab 14 Jahren)
Verlassene Grottenstadt des Mittelalters, mitten im Wald, auch Spuren früherer Besiedlung. Die Via Cave von Vitozza ist Teil des Parco Archeologico Città del Tufo (s. S. 115).

Bar Gelateria Taviani
Piazza Trieste 1 a
San Quirico di Sorano
✆ 05 64-61 93 37
Einfaches Gartenrestaurant, auch Pizza und Panini zum Mitnehmen.
€

119

REGION 5
Der Südosten

⑲ San Quirico d'Orcia

Der Ort liegt an der Via Cassia, der SS 2, etwa 40 km südöstlich von Siena. San Quirico d'Orcia war einst ein strategisch wichtiger Stützpunkt der eroberungslustigen Kaiser und Päpste und lange Zeit Streitpunkt zwischen Arezzo und Siena. Hier lagerte auch Barbarossa (Friedrich I., 1154) zur Vorbesprechung seiner Krönung zum Kaiser durch Papst Adrian IV.

Gleich neben dem Mauerring mit 14 kleinen Wehrtürmen (15. Jh.) steht die **Collegiata** (Stiftskirche, 12. bis 13. Jh.) mit drei sehenswerten Portalen. Auf dem Türsturz des romanischen Portals auf der Westseite sind Fabelwesen und Drachen dargestellt; die beiden anderen befinden sich auf der Südseite: Das linke mit zwei säulentragenden Löwenfiguren stammt vermutlich von einem Schüler G. Pisanos aus dem 14. Jahrhundert, das rechte ist ein gotisches Portal von 1298. Im Inneren sind zwei Meisterwerke zu sehen: das Chorgestühl mit kunstvollen Einlegearbeiten (um 1500) und das Altarbild von Sano di Pietro (um 1406–81), Madonna mit Kind und vier Heiligen. Die Kirche ist dem heiligen Quiricus (Namensgeber der Stadt) geweiht, der schon mit fünf Jahren (nach anderen Quellen drei Jahren) den Märtyrertod erlitt. Seine Mutter Julitta hatte sich zum Christentum bekannt und wurde mit Riemen geschlagen. Quiricus zerkratzte daraufhin das Antlitz des Richters, der das Kind tötete, indem er es auf den Boden schleuderte, und Julitta enthaupten ließ.

Neben der Kirche steht der barocke **Palazzo Chigi**, dessen Fresken jüngst restauriert wurden. An der zentralen Piazza Libertà, neben der Kirche San Francesco, liegen die **Horti Leonini**, eine erholsame Gartenanlage des 16. Jahrhunderts im englischen und italienischen Stil. Im Herbst stellen dort junge Künstler ihre Skulpturen aus.

Service & Tipps:

Ufficio Turismo
Via Dante Alighieri 33 (im Rathaus), 53027 San Quirico d'Orcia
✆ 05 77-89 72 11
www.comunesanquirico.it

Collegiata Santa Maria
Via Dante Alighieri s/n
San Quirico d'Orcia
Tägl. 10.30–12.30 und 16–19 Uhr
Drei verzierte Portale, wertvolles Chorgestühl, Altarbild Madonna mit Kind und vier Heiligen.

Palazzo Chigi
Piazza Chigi 1
San Quirico d'Orcia
Sehenswerte Fresken, Besichtigung auf Anfrage: ✆ 05 77-89 82 47

Horti Leonini
Neben dem Hauptplatz
San Quirico d'Orcia
Tägl. von Sonnenaufgang bis -untergang
Prachtvolle Gärten in englischem und italienischem Stil.

Taverna del Barbarossa
Località Casanova 8
San Quirico d'Orcia
✆ 05 77-89 82 99
Mo sowie Jan., Feb. und Nov. geschl.
Gute toskanische Küche, Blick ins Tal. €€€

Wichtiges Fest in San Quirico d'Orcia
2.–3. Wochenende im Juni: *Festa del Barbarossa* mit Wettbewerb im Bogenschießen.

⑳ Saturnia

Von Grosseto aus ist Saturnia auf der nach Südosten führenden SS 322 zu erreichen, in Montemerano muss man auf ein kleines Sträßchen nach Nordosten abbiegen. Das auf einem Travertinplateau liegende **Saturnia** war in der

Etruskerzeit eine wichtige Stadt, gleichermaßen nach der Eroberung durch die Römer (280 v. Chr. zur Präfektur ernannt). An der südlichen Mauer sind noch mächtige etruskische Steinquader zu sehen, die Römer errichteten eine Stadtmauer mit vier Toren, von denen die Porta Romana erhalten ist.

Saturnia ist auch bekannt durch seine erquickenden Quellen. Wer deren Heilkraft nutzen will, findet unterhalb des Städtchens ein Hotel mit 37,5 Grad warmer Schwefeltherme. Vom Pool rauscht das Thermalwasser abwärts zu den **Cascate del Mulino**, wo es sich auf Terrassen in Travertinbecken sammelt. Hier treffen sich toskanische Familien und Urlauber zu einem fröhlichen Badevergnügen in von der Natur gebildeten Badewannen.

REGION 5
Der Südosten

Auch Saturnia war in der Etruskerzeit eine wichtige Stadt. Nach der Eroberung durch die Römer Ende des 3. Jh. v. Chr. fand in der Stadt wie in ganz Etrurien der Austausch zweier Kulturen statt. Von den Besiegten übernahmen die Sieger die Weissagetechnik der Etrusker, die Musik sowie Theater- und Gladiatorenspiele.

Service & Tipps:

ⓘ **Pro Loco**
Piazzale Benvenuto di Giovanni s/n, 58050 Saturnia
✆ 05 64-60 12 37
info@proloco-saturnia.it

✗ **I Due Cippi – da Michele**
Piazza Veneto 26 a, Saturnia
✆ 05 64-60 10 74

Außer Juli–Sept. Di geschl. Beliebt wegen der guten Maremma-Küche. €€€€

✗ **Il Melangolo**
Piazza Vittorio Veneto 2 Saturnia
✆ 05 64-60 10 04
Mo und Feb. geschl.
Restaurant im Jugendstil, klassische toskanische Küche. €€€

Badespaß in Schwefelquellen: Saturnia

㉑ Sorano

Der Ort ist von Pitigliano aus erreichbar über die SS 74 nach Osten, dann nach Norden abzweigen nach San Quirico di Sorano, von dort wenige Kilometer nordwestwärts. Wie ein Adlerhorst liegt der Ort auf einem vulkanischen Felsen. Bewacht wird der mittelalterliche Kern von der **Fortezza Orsini** (1552), interessante Militärarchitektur der Renaissance. Die **Collegiata di San Nicola di Bari** (12. Jh.) birgt ein Travertin-Taufbecken von 1563 und ein schönes Kruzifix aus dem 17. Jahrhundert.

REGION 5
Der Südosten

Sorano - auf dem Tuff-Felsen entstanden und mit ihm verwachsen

Service & Tipps:

ⓘ **Info**
Ufficio Informazioni Turistiche
Piazza Busatti 8, Sorano
℡ 05 64-63 30 09
www.leviecave.it

👁 **Fortezza Orsini**
Via San Marco s/n, Sorano
Mitte März-Anfang Nov. tägl. 10-13 und 15-19 Uhr, Mo geschl.
Eintritt € 3/2 (8-12 Jahre)
Imposante Militärarchitektur der Renaissance (1552), Besichtigung der mehrgeschossigen Anlage und des Museo Medioevo.

👁 **Collegiata di San Nicola di Bari,** Hinter der Piazza Cairoli, Sorano, Feb.-Dez. tägl. 10-18 Uhr
Kollegiatskirche (12. Jh.) mit Travertin-Taufbecken (1563) und Kruzifix (17. Jh.).

㉒ Sovana

Von Pitigliano geht eine kleine Landstraße zum etwa acht Kilometer nordwestlich auf einem hohen Tuff-Plateau über dem Fiora-Tal liegenden Sovana. Durch das renovierte Städtchen zu schlendern macht Spaß: von der Ruine der Rocca Aldobrandesca über die kleine Piazza Maggiore mit dem Palazzo Pretorio und der **Kirche Santa Maria** bis zur Kathedrale. Der Kirche Santa Maria sollte man etwas Zeit widmen, um die Fresken der Sieneser Schule (15. Jh.) und das Ziborium aus Travertin (8./9. Jh.), einen baldachinartigen Überbau auf vier Säulen über dem Altar, zu bewundern.

Unterhalb der Stadt wurden die etruskischen Totenstädte in ausgedehnte Tuffsteinklippen gehauen. Einen Überblick über deren Ausgrabungen rund um

Sovana bietet das **Museo Etrusco** im Palazzo Pretorio an der Piazza Maggiore. Danach sollten wenigstens zwei der zahlreichen Grabstätten besichtigt werden.
Die **Tomba Ildebranda** (3. Jh. v. Chr.), ein Tempelgrab im hellenistischen Stil, wurde aus dem Fels herausgearbeitet. Die Kapitelle der Säulen sind mit Menschenköpfen, Voluten und Akanthusblättern verziert. Die **Tomba de la Sirena** besticht durch ein reich verziertes Portal, u.a. mit der Sirena, einem doppelschwänzigen Wasserfabelwesen. Tipp für Entdecker: Unterhalb der Rocca von Sovana wird jenseits der Landstraße nach links zur **Tomba dei Colombai** hingewiesen. Wo sich der Hohlweg öffnet, geht es nach rechts auf engem Pfad zu zahlreichen Gräbern, weit oben eine Tomba mit einem **Colombario** (etruskische Urnengräber) und kunstvoll aus dem Tuff gehauener Kassettendecke.

REGION 5
Der Südosten

Service & Tipps:

ⓘ Informationsamt
Palazzo Pretorio
Piazza Maggiore
58010 Sovana
✆ 05 64-61 40 74
www.leviecave.it

ⓘ Cooperativa La Fortezza
Piazza del Duomo 3
Sovana
✆ 05 64-61 65 32
www.sovanaguide.it
Auskunft über Dom und die Tuffstein-Städte; reichhaltiger Buchladen.

◉ Kirche Santa Maria
Piazza Maggiore s/n, Sovana
Tägl. 10–13 und 15–18 Uhr
Frühromanisches Ziborium, Altarbaldachin aus Travertin (8./9. Jh.).

◉ Dom San Pietro
Via del Duomo s/n, Sovana
Tägl. 10–13 und 15–18 Uhr
Schlichter Dom (8. Jh.) mit sehenswertem Portal in lombardischem Stil: geometrische und figurale Motive.

◉ Tomba Ildebranda
Unterhalb Sovana, ausgeschildert
Ende März–Okt. Mo–Sa 10–19, Aug. bis 20 Uhr, Nov.–April 10 Uhr bis Sonnenuntergang.
Eintritt € 5,50/2,75, s. auch Sammelticket
Ildebranda: Felsengrab in Tempelform; Sirena z. Zt. geschl..

🏛 Museo Etrusco
(im Palazzo Pretorio)
Piazza Maggiore, Sovana
April–Sept. Di–So 10–13 und 15–19, Okt.–März Fr, So/Fei 10–13 und 15–18 Uhr, Eintritt frei

Etruskische Fundstücke aus der Umgebung.

🍴 Semplicemente
Piazza Maggiore oder del Pretorio 18, Sovana
Handstickereien und zum Teil wiederentdecktes Spielzeug.

✕ Merli
Via Rodolfo Siviero 1/3
Sovana
✆ 05 64-61 65 31, Di und Feb. geschl.
Beliebtes, hervorragendes Restaurant, lokale Küche. €€

✕ La Taverna Etrusca
Piazza del Pretorio 16
Sovana
✆ 05 64-61 61 83, Mi geschl.
Kleines gutes Restaurant, lokale Küche. €€–€€€

Ziborium in der Kirche Santa Maria in Sovana

REGION 6
Siena und Umgebung

Siena und Umgebung

Siena, San Gimignano und Volterra

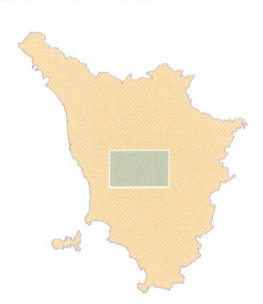

Siena ist schön, reich an Geschichte und Kultur, lebendig und jung. Die Schönheit der unberührten mittelalterlichen Stadt wird durch die Backsteingotik geprägt. Der Reichtum an kulturellen Schätzen ist dem architektonischen Wettbewerb im Mittelalter zwischen Kirche und weltlicher Macht zu verdanken: hier der kostbar bestückte Dom, dort das mächtige Rathaus mit dem hohen Campanile. Die Lebendigkeit erhält Siena durch seine Studenten und die vielen jungen Besucher, die sich auf dem muschelförmigen Campo treffen.

Um die Umgebung Sienas zu erkunden, bieten sich im Westen die alten Städte Monteriggioni und Colle Val d'Elsa zum Besuch an. Endziel des Ausflugs können die Etruskerstadt Volterra und San Gimignano mit seinen berühmten Geschlechtertürmen sein.

**REGION 6
Siena und
Umgebung**

Das mittelalterliche Certaldo Alto thront auf einem Hügel, dominiert vom Palazzo Pretorio

❶ Certaldo Alto

Von der Ferne wirkt Certaldo Alto, auch Certaldo Castello genannt, wie eine kleine, unbesiegbare Festung. Der über dem Elsa-Tal liegende historische Ortskern besteht aus einer Straße zwischen hoch aufragenden Mauern, das Ende markiert der **Palazzo Pretorio** aus dem 12. Jahrhundert, das heutige Rathaus. Seine Fassade ist mit Wappen geschmückt, einige stammen von der Künstlerfamilie Della Robbia. Neben Fresken, etruskischen und römischen Funden ist in der außerhalb des Hauptgebäudes stehenden, von Benozzo Gozzoli und Giusto d'Andrea freskierten Kapelle das *tabernacolo dei giustiziati* sehenswert. Im reichen **Museo d'Arte Sacra** fällt das Kruzifix mit dem blonden, schnurrbärtigen Christus ins Auge. Über den berühmten Schriftsteller Giovanni Boccaccio (1313-75) wird in der **Casa Boccaccio** informiert. Ob es sein Geburtshaus ist, bleibt fraglich, jedenfalls ist er hier gestorben, trotz seinem »Decamerone« (1348) in ewiger finanzieller Not. Mehr über das Leben des Dichters wird im hier eingerichteten Forschungszentrum studiert. Es lohnt sich, in Boccaccios Haus den Turm zu besteigen: Blick über Stadt und Landschaft.

Von Siena führen verschiedene Wege nordwestlich nach Poggibonsi, von dort ist Certaldo nach wenigen Kilometern über die SS 429 zu erreichen. Von San Gimignano gelangt man über eine Nebenstraße zur SS 429 und nach Certaldo.

Service & Tipps:

ⓘ **Pro Loco**
Via Boccaccio 16, 50052 Certaldo
✆ und Fax 05 71-65 27 30
www.certaldo.org

🏛 **Museo d'Arte Sacra**
Piazza SS. Iacopo e Filippo s/n
Certaldo, April-Sept. tägl. 9.30-19, sonst 9.30-13.30 und 14.30-16.30 Uhr

Eintritt für jede der Sehenswürdigkeiten einzeln € 2,50/1,50,
Sammelticket € 4/3 (7-14 und über 65 Jahre)

🏛 **Casa del Boccaccio**
Via Boccaccio 18, Certaldo Alto
✆ 05 71-66 42 08
www.casaboccaccio.it
Siehe Museo d'Arte Sacra

👁 **Palazzo Pretorio**
Piazza del Comune s/n
Certaldo Alto
✆ 05 71-66 12 19
Siehe Museo d'Arte Sacra

Jedes Jahr im Juli veranstaltet die Stadt Certaldo Alto »La Mercantia«, ein großes mittelalterliches Fest mit Straßentheater, Zauberern, Bänkelsängern, Feuerschluckern, Seiltänzern, aber auch zeitgenössischen Handwerkern. Für traditionelle Speisen und Getränke ist ebenfalls gesorgt.

**REGION 6
Siena und
Umgebung**

Funicolare
Die Seilbahn verkehrt zwischen Unter- und Oberstadt im 15-Minuten-Takt
Im Sommer tägl. 7–0.15, im Winter 7–22 Uhr, Fahrpreis hin und zurück € 1,20, eine Strecke € 1

Osteria del Vicario
Via Rivellino 3, Certaldo Alto
© 05 71-66 82 28, Mi geschl.
www.osteriadelvicario.it
Stimmungsvolles Restaurant im früheren Vikarenpalast, verfeinerte toskanische Küche. €€€€

❷ Colle di Val d'Elsa

Colle Val d'Elsa liegt pittoresk auf zwei langen Hügelrücken über dem Elsa-Tal, gekrönt vom Castello (13. Jh.). Die Schönheiten der Oberstadt sind nur zu Fuß richtig zu genießen, vorher einen Stadtplan besorgen: Via delle Volte, durch die Bögen der Via delle Romite, der Palazzo del Capitano (15. Jh.), die Porta Volterrano. Zur modernen Unterstadt geht es seit 2006 mit einem kostenlosen Aufzug, eine echte Erleichterung für Einwohner und Gäste.

Colle di Val d' Elsa ist bekannt für seine Kristallwaren-Fabriken. Bei »Mezzetti« in der Via Oberdan 13 sind die Produkte in einer ständigen Ausstellung zu besichtigen, sie werden dort auch verkauft. Zu empfehlen: Bei »Vilca« in der Località Gracciano, Via Bandiera 53, gibt es geschmackvolle Gläser, formschöne Vasen, Schalen und Dekantierflaschen.

Service & Tipps:

Museo Archeologico
Palazzo Podestà
Mai-Sept. Di-So 10.30–12.30, 15.30–18.30, Okt.–April Di-Fr 15.30–17.30, Sa/So/Fei 10.30–12.30, 15.30–18.30, Eintritt 3/2 (6–12 Jahre)
Große Sammlung etruskischer Funde.

L'Antica Trattoria
Piazza Arnolfo 23
Colle di Val d'Elsa
© 05 77-92 37 47, Di geschl.
Elegantes Restaurant, verfeinerte toskanische Küche, Tische auch auf der Piazza. €€€€

❸ Monteriggioni

Das total ummauerte Städtchen liegt in 274 Meter Höhe an der Via Cassia (SS 2), etwa zehn Kilometer nordwestlich von Siena. Elf Tor- und Wachttürme schmücken die Stadtmauer (1203), die inzwischen bestiegen werden kann (€ 3 ab 12 Jahren). Im Waffenmuseum (€ 3,50 ab 12 Jahren) gibt es rotierende Rüstungen, im Restaurant »Il Pozzo« sehr gutes Essen.

Service & Tipps:

Il Pozzo
Piazza Roma 2
Monteriggioni
© 05 77-30 41 27
Mo, So abends, 9. Jan–12. Feb. und 1. Woche im Aug. geschl.
Hervorragende toskanische Küche, Wildgerichte. €€€

❹ Orgia

Von Siena südwestlich über die SS 223, dann auf der SS 541 nach Westen, gleich wieder links hoch auf einem kleinen Sträßchen nach Orgia.
Am Rand des Dorfes wurde das Waldmuseum, **Il Museo di Bosco**, eingerichtet. Hier erfährt man viel über das Leben der früher in den Wäldern hausenden Köhler, Holzfäller und Lohnkutscher. Auch kleinere und größere gekennzeichnete Wanderungen sind möglich. Insgesamt ein Erlebnis der besonderen Art.

Service & Tipps:

🏛 **Il Museo di Bosco**
Orgia (Sovicille)

✆ 05 77-58 23 23, Do-So 15-19 Uhr, sonst nach Voranmeldung
Eintritt € 2/1 (6-12 Jahre). Informationen über Köhler, Holzfäller u. a.

REGION 6
Siena und
Umgebung

❺ San Gimignano

Von der Schnellstraße SS 2 wählt man die Ausfahrt Poggibonsi, wenige Kilometer westlich tauchen dann schon die Türme der Stadt am Horizont auf. Geparkt wird vor dem dreifachen Mauergürtel. Die Straßen hinter den Toren streben alle auf das Zentrum zu, auf die **Piazza del Duomo**. Nördlich des Domplatzes quer über die Piazza delle Erbe geht es hoch zur **Rocca di Montestaffoli**, von der zerstörten Burg steht nur noch ein Turm – eine günstige Stelle für die Betrachtung der Geschlechtertürme. 14 von ursprünglich 72 sind stehen geblieben.

Die Geschichte dieser Riesen ist ein schlimmes Stück Mittelalter, als die gesamte Toskana Schauplatz von Kämpfen und Eroberungen war. Was zuerst draußen auf den Schlachtfeldern geschah, verlagerte sich mit der Gründung

San Gimignano: 14 der einst 72 Geschlechtertürme sind noch erhalten

REGION 6
Siena und Umgebung

republikanischer Stadtstaaten ab dem 12. Jahrhundert in die Gassen innerhalb der Stadtmauern. Die Adeligen befehdeten die reiche Kaufmannschaft, aber auch innerhalb der Gruppen wurde blutig um die Macht gekämpft. Um sich einerseits zu schützen, andererseits den anderen buchstäblich überlegen zu sein, wurden befestigte Wehrtürme errichtet. Falls es das Budget erlaubte, war der eigene möglichst höher als der des Nachbarn. Und wenn der sich blicken ließ, schütteten die Anrainer kochendes Pech auf den Feind, warfen mit Felsbrocken und Lanzen, schossen mit Pfeil und Bogen.

Wer einmal das Gefühl erleben möchte, wie die feindlichen Brüder ganz oben zu stehen, muss die **Torre Grossa**, den Rathausturm über 218 Stufen besteigen. Wie ein gedruckter Stadtplan liegt San Gimignano den Kraxlern zu Füßen. Weniger anstrengend ist ein Besuch des im unteren Teil des Turms liegenden **Museo Civico**. Auch dort geht es wieder um Türme, auf edlen Kunstwerken verewigt: Der sanft blickende Schutzheilige San Gimignano, der im 10. Jahrhundert den noch kleinen Dorfflecken vor barbarischen Horden rettete, hält ein Tablett mit etwa 30 Türmen in der Hand, die Stadtheilige Fina dei Ciardi (1238-58) im selben Saal begnügt sich mit zwölf Warten.

Zwischen Dom und Rathaus geht es zum früheren Kreuzgang mit dem Eingang zur sehenswerten, mit Fresken übersäten **Collegiata**, der Hauptkirche des Doms. Den größten Eindruck macht die Bildergeschichte des Alten Testaments (Bartolo di Fredi, 1367) von der Erschaffung der Welt über die Geschichte des nackten Adam, aus dessen Brustkorb Eva steigt, bis hin zur Arche Noah mit teils nicht zu bestimmenden, originellen Tieren und zum Auszug des Volkes Israel aus Ägypten mit dem graubärtigen Moses und der Verfolgung durch das Rote Meer.

Der zweite Freskenzyklus im rechten Seitenschiff zeigt Szenen aus dem Neuen Testament, vor allem aus dem Leben Jesu. Besonders bewegend ist die Darstellung seiner Kreuzigung: Ein römischer Soldat durchbohrt Jesus' Körper mit einer Lanze, ein anderer zerschmettert die Beine eines mit Jesus gekreuzigten Verbrechers, und Maria sinkt ohnmächtig zusammen, getröstet von anderen Frauen und Jesus' Lieblingsjünger Johannes.

Südlich vom Domplatz erreicht man die **Piazza della Cisterna**, in deren Mitte der namensgebende Renaissancebrunnen von 1273 steht. In touristischen Stoßzeiten ist er fast verschwunden; Schulklassen und andere Gruppen nutzen ihn für Erinnerungsfotos.

Mittagsplausch an den Mauern von San Gimignano

Service & Tipps:

Pro Loco
Piazza Duomo 1
53037 San Gimignano
℡ 05 77-94 00 08, Fax 05 77-94 09 03
www.sangimignano.com

Chiesa Collegiata Santa Maria Assunta
Piazza del Duomo s/n, San Gimignano
März und Nov.-20. Jan. Mo-Sa 9.30-16.40, So/Fei 12.30-16.40, April-Okt. Mo-Fr 9.30-19.10, Sa 9.30-17.10, So/Fei 12.30-17.10 Uhr, 21. Jan.-Ende Feb. nur zum Gebet geöffnet
Eintritt € 3 (ab 12 Jahre)
Ein Rausch an Fresken: die Bildergeschichten des Alten und des Neuen Testaments.

Museo Civico, Torre Grossa
Piazza del Duomo 1, Eingang am

Turm, San Gimignano
März-Okt. tägl. 9.30-19, Nov.-Feb. 10-17.30 Uhr, Eintritt € 4 (ab 12 Jahre)
Wertvolle Gemälde im Museum, von der Torre Grossa mit 218 Stufen Blick auf die Stadt der Türme.

Forno Boboli
Via San Matteo 92
San Gimignano
Traditionelle Bäckerei, große Auswahl.

Lucia Maria
Via San Matteo 55
San Gimignano
Bar, Bäckerei, Pizza und selbst gemachtes, sehr leckeres Eis.

Azienda Agricola Tollena
Via San Giovanni 71
San Gimignano
In der früheren Kirche des Klosters San Francesco, Blick auf die Stadt von der Terrasse aus. Eigene Weine der Marke »Bianco Convento Tollena«.

Gelateria di Piazza
Piazza della Cisterna 4
San Gimignano
Preisgekrönt: das beste Schokoladeneis Italiens.

Osteria del Carcere
Via del Castello 13
San Gimignano, ℅ 05 77-94 19 05
Mi/Do mittags sowie Jan./Feb. geschl.
Gute toskanische Küche, zu jeder Zeit gibt es Wein und kleine Speisen. €€

Osteria delle Catene
Via Mainardi 18
San Gimignano, ℅ 05 77-94 19 66
Mi und Mitte Dez.-Feb. geschl.
Sehr beliebtes Restaurant, traditionelle toskanische Küche, Spezialität: Ente mit Grünkohl. €€

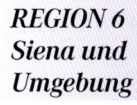

REGION 6
Siena und Umgebung

❻ Siena

Egal von welcher Richtung man sich der Stadt nähert, die Straßen münden alle in eine perfekte Umgehungsstraße *(tangenziale)*, die es einfach macht, von allen Seiten zu den gesuchten Stadtteilen zu finden. Wer Siena nur für einen Stadtbummel besucht, nimmt am besten auf der Tangentiale die Ausfahrt Ovest und sucht den **Parkplatz Stadio** (Fußball-Symbol). Oder nach der Ausfahrt Nord den **Parkplatz San Francesco** (Hinweis Centro/Porta Ovile) mit Rolltreppe in die Oberstadt, jeweils der richtige Ausgangspunkt, um schnell ins Herz der schönen Stadt zu gelangen.

Ein Stadtbummel durch Siena ist anstrengend, man sollte sich deshalb nicht allzu viel vornehmen und das Tagesprogramm teilen. Vorschlag: Zuerst das geistliche, dann das weltliche Zentrum aufsuchen. Gutes Schuhwerk mit Gummisohlen ist wichtig bei den mit Kopfsteinen gepflasterten Gassen.

Um den perfekt erhaltenen mittelalterlichen Stadtkern zu begreifen, ist ein kurzer Einblick in die Geschichte wichtig. Das kaisertreue Siena (Ghibellinen) trug über Jahrhunderte hinweg (1114-1555) Fehden mit dem papsttreuen Florenz (Guelfen) aus. In Zeiten des Sieges gaben die Sienesen ihrer Stadt das urbane Merkmal, das heute alle so sehr begeistert. Mit den Gewinnern zu leben, war der Sinn des Landadels, doch der Rat setzte Hürden vor das Bürgerrecht: Wer es erwerben wollte, musste zuerst einen Palazzo errichten.

Aber auch die Niederlagen wirkten sich aus heutiger Sicht vorteilhaft für die Stadt aus. 1555 waren die Kriege zu Ende, Siena kapitulierte, wurde von Florenz ausgebeutet und unterdrückt, und seine Entwicklung stagnierte. Nur weil kein Geld vorhanden war, die Veränderungen der Renaissance mitzumachen, blieb Siena - bis auf wenige Ausnahmen - bis heute als nahezu unverfälschte, gotische Backsteinstadt des Mittelalters erhalten. In den 1950er Jahren wollten die Geschäftsleute das Zentrum dem Verkehr öffnen, doch die Vernunft siegte, und bereits 1956 wurde beschlossen, den Stadtkern verkehrsfrei zu halten; vormittags fahren allerdings viele Lieferwagen durch die Gassen.

**REGION 6
Siena und
Umgebung**

Die geistlichen Zentren

Von den Parkplätzen rund um **Fortezza** und Stadion erreicht man schnell das erste Highlight Sienas: die Hallenkirche **San Domenico** (1225–54). Sie ist die Kirche der heiligen Katharina, der Stadtheiligen (1347–80), seit dem Heiligen Jahr 2000 auch Schutzpatronin Europas. Ein Bild von ihr hängt gegenüber dem Eingang des gigantischen Gotteshauses und in der Renaissancekapelle. Auf derselben Seite malte Sodoma 1526 Katharinas Leidensgeschichte in Freskenbildern. Dort fand auch ihre mumifizierte Kopfreliquie in einem vergoldeten Reliquienschrein Platz.

Das **Haus der Katharina von Siena** erreicht man über die abwärts gehende Via del Camporegio, die über Ecken in die Via Caterina mündet. Im viel besuchten elterlichen Haus der Stadtheiligen zeigen 17 einfache Gemälde Szenen aus ihrem Leben.

Stadtwärts zweigt von der Gasse der Heiligen die von acht Bögen überspannte **Via della Galluzza** ab. An deren Ende wendet man sich nach rechts in die Via Diacceto, die hinter einem Steinbogen auf das Ende der Via dei Pellegrini und in die Piazza San Giovanni mit dem **Baptisterium** mündet. Ein kurzer Stopp, ein Blick die Marmortreppe hoch zum Dom lässt begreifen, wie kunstfertig die Baumeister Sienas es verstanden, in der Drei-Hügel-Stadt Gebäude übereinander zu stapeln: Die Taufkirche, vor der wir stehen, trägt die Krypta und darüber den erweiterten Chorraum des Doms. Im Baptisterium selbst zeigen die Relieftafeln des großen Taufbeckens (1417–1430, Jacopo della Quercia, Donatello, Ghiberti u.a.) die Lebensstationen Johannes des Täufers von seiner Geburt über die Taufe Christi bis zur von Salome gewünschten Enthauptung.

Vor der lebhaften, von Giovanni Pisano geschaffenen Fassade des **Doms Santa Maria** (1210 bis 14. Jh.) mit zahlreichen Skulpturen – es sind Kopien, die Originale befinden sich im Museo dell'Opera Metropolitana – deutet über dem mittleren Portal ein später hinzugefügtes Symbol auf die Streitlust der

Traumhafter Blick von Sienas Rathausturm zum Dom Santa Maria

Sieneser hin: Vor allem im 15. Jahrhundert bekriegten sich die einzelnen *contrade*, die Stadtteile. Der heilige Bernhard von Siena wollte sie mit dem Symbol der Auferstehung Christi mäßigen. Das ist gelungen, jedoch lebt die Rivalität gelegentlich mehr oder weniger im traditionellen Palio wieder auf (vgl. Infos S. 136).

REGION 6
Siena und
Umgebung

Sienas Campo, ein Platz zum Bummeln, Dösen und Flirten

Die wichtigsten Merkmale im Inneren sind die Marmorbilder im Fußboden (15.–16. Jh.). Sie werden mit einer Kordel vor den Schuhen der Besucher abgesichert und zur Schonung abwechselnd frei gemacht. Sie zeigen beispielsweise Szenen des Alten und Neuen Testaments wie der »Bethlehemitische Kindermord«, »Quellwunder des Moses«, »Isaaks Opferung« oder »Absaloms Tod«. Links in der Mitte geht es in die prächtig ausgemalte **Libreria Piccolomini**, mit Szenen aus dem Leben des Papstes Pius II. Ein weiteres Schmuckstück ist die achteckige Kanzel mit Relieftafeln (1266-68) von Nicola Pisano (Sohn von Giovanni Pisani s.o.) mit sehr eindringlich ausgearbeiteten Szenen des Evangeliums.

Nach dem Dom sollten Kunstinteressierte das **Museo dell' Opera Metropolitana**, das Dombaumuseum, besuchen und im ersten Stock vor der »Maestà« (Duccio di Buoninsegna, 1311) verweilen, einer Madonna in byzantinisch-ähnlichem Sieneser Stil, eine golden strahlende Symphonie, Maria in Blau, Jesus im zartlila Gewand, umringt von Heiligen und Engeln. Von der zweiten Etage gelangt man über 60 Stufen (Scala del Facciatone) zum Ausblick über den Campo und den Domplatz. Wer Siena von noch weiter oben betrachten möchte, muss eine extrem enge Wendeltreppe bewältigen. Doch die Mühe wird belohnt.

Dem Dom gegenüber breitet sich das mächtige Gebäude des früheren Krankenhauses aus, das **Ospedale di Santa Maria della Scala,** in dessen unteren Etagen das reich ausgestattete **Museo Archeologico** untergebracht wurde. Gezeigt werden etruskische Funde aus der Umgebung und aus Chiusi. Sehenswert ebenfalls die Sala del Pellegrino mit einem Freskenzyklus von Domenico di Bartolo (1440-43).

Zum weltlichen Zentrum

Von der Piazza del Duomo geht es über die Via del Capitano zur Piazza Postierla. Hinter dem Platz, in der Via San Pietro, wurde im Palazzo Buonsignori (14. Jh.) die **Pinacoteca Nazionale** untergebracht. Für Kunstinteressierte bietet sie einen umfassenden Überblick über die Sieneser sakrale Schule. Von dort geht man wieder zurück zur Piazza Postierla und biegt rechts in die Via di Città ein, bis das kleine Gässchen Chiasso del Bargello den Blick auf den

**REGION 6
Siena und
Umgebung**

Campo, das Ziel aller Siena-Besucher und Mittelpunkt des weltlichen Teils der Stadt, freigibt. Zunächst sollte man sich auf dem fächerförmigen Platz niederlassen, um das Ensemble zu genießen und Pläne für die Fortsetzung der Stadttour zu machen.

Am oberen Ende des aufsteigenden Areals steht eine Kopie der **Fonte Gaia**. Das inzwischen restaurierte Original steht im 1. Untergeschoss von Santa Maria della Scala. Im harmonischen Ensemble hinter der Fonte erhebt sich der leicht abgerundete **Palazzo Sansedoni** (1339), maßgebend für den Charakter des Zentrums. Mit dem Rücken zum Brunnen fällt der Blick auf den grandiosen, gotischen **Palazzo Pubblico** oder Palazzo Comunale (1297 begonnen) mit der 102 Meter hohen Torre del Mangia (*mangiaguadagni* = Gewinnverteiler, weil der erste Glöckner in seiner Faulheit nicht einmal die Warnglocke bewegte). Auch wenn es von der niedrigsten Stelle der Stadt nicht so aussieht: Der Turm ist höher als der Campanile des Doms – darauf legten die Sieneser Ratsherren als weltliche Macht großen Wert.

Das elegante Rathaus ist für Kulturtouristen das Zentrum der weltlichen Tour: In seinen mittelalterlichen Prunkräumen wurde das **Museo Civico** eingerichtet, das eine Reihe von Kunstschätzen birgt. Mittelpunkt des Baus und des Interesses ist die Sala del Mappamondo, so benannt nach einer Weltkarte des frühen 14. Jahrhunderts (Ambrogio Lorenzetti). Doch zuerst wenden sich alle Blicke links auf eine Maestà (1312-15) von Simone Martini: Eine auf dem Thron sitzende majestätische Himmelskönigin hält auf den Knien das Jesuskind, beide sind umringt von Aposteln, Heiligen und Engeln.

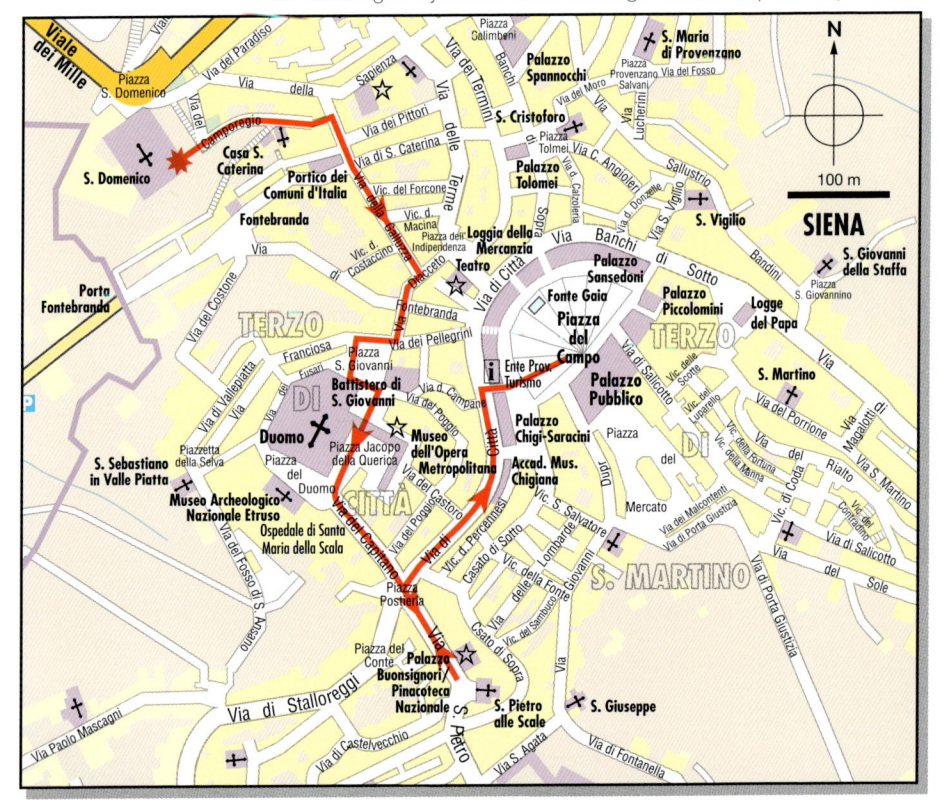

In der Sala della Pace (Saal des Friedens) warten weitere Kunstwerke auf ihre Bewunderer. Als Werbung für die gute Hand der Sieneser Ratsherren und als Mahnung an Tyrannen stellte Ambrogio Lorenzetti (1319-48) die Auswirkungen einer guten und einer schlechten Regierung einander gegenüber. Die Fresken gehören wohl zu den wichtigsten weltlichen Werken des Mittelalters.

»Die gute Regierung« zeigt das blühende städtische Leben vor prächtigen Gebäuden, Handwerker bei der Arbeit, schwer bepackte Mulis symbolisieren florierenden Handel, fette Schweine vor den Toren der Stadt und pflügende Bauern eine funktionierende Landwirtschaft. Die Allegorien der Tugenden verbreiten gute Stimmung: lässig auf einem Diwan sitzend, den Ellbogen auf die Armlehne gestützt, die Gestalt des Friedens, die dem Saal den Namen gab *(Pace)*. Anders die Symbole der schlechten Regierung, der Tyrannen, auf der Wand gegenüber: Dolch und Giftbecher, Ruinen und Bettler, Mordbuben und Teufel.

Die originale Vorlage für das Bild der »guten Regierung« kann man im Obergeschoss von der Rückseite des Rathauses aus genießen, umrahmt von der offenen Loggia: im Vordergrund der städtische Marktplatz, in der Mitte endet die Stadt, geht über in das sanfte Gemälde des Landes, grüne Wiesen und typische toskanische Höfe beherrschen den Horizont.

Noch mehr Ausblick bietet sich von der **Torre del Mangia**. Diese Aussicht muss man sich allerdings erst verdienen – 505 Stufen sind zu überwinden. Dann aber folgen die Bilder Schlag auf Schlag: links Dom und Campanile, jetzt etwas geduckt, geradeaus die Gruppe der klassischen Backsteingebäude um den Campo, dahinter das Gewirr der Contrade (Stadtteile) und ihrer Gassen, rechts gegenüber der Nordostecke des Platzes steht der Palazzo Piccolomini (1460–65), den Bernardo Rossellino (Erbauer von Pienza, vgl. S. 117) für die Schwester von Papst Pius II. plante. Es ist eines der wenigen Sieneser Bauwerke im Stil der Florentiner Frührenaissance.

Die Nordostecke des Rathauses wird auch als Kurve San Martino bezeichnet und spielt beim Palio, dem traditionellen Pferderennen, das jährlich am 2. Juli und 16. August stattfindet, eine gefährliche Rolle: Sie ist mit Matratzen verhangen, um die häufigen Stürze der Pferde zu mildern. An normalen Tagen ist der **Campo** friedlich. Vom Turm aus sehen die sich darauf tummelnden Menschen wie Ameisen aus. Wie ein antikes Theater präsentiert sich der Platz. Von oben sind deutlich die neun Sektoren zu erkennen, die den im Mittelalter Siena regierenden »Rat der Neun« symbolisieren.

REGION 6
Siena und Umgebung

Simone Martini (1284–1344): Guidoriccio reitet aus zur Eroberung von Montemassi (1328), Mittelteil aus dem Fresko im Palazzo Pubblico in Siena

Imposanter Blick von der Torre del Mangia auf den muschelförmigen Campo

133

REGION 6
Siena und Umgebung

Service & Tipps:

ⓘ **APT Siena**
Piazza del Campo 56
53100 Siena
✆ 05 77-28 05 51
www.terresiena.it

Stazione Ferroviaria
Piazza Fratelli Rosselli s/n Siena
✆ 147-88 80 88 (gebührenfrei)

Tra-In
Piazza La Lizza s/n, Siena
✆ 05 77-20 42 46

Sammeltickets
Möchte man viel in Siena ansehen, sind die Sammeltickets interessant. Für den Duomo mit der Pinacoteca Piccolomini, das Museo dell'Opera, das Battistero mit Cripta Sammelticket € 10, für Museo Civico und Torre del Mangia Sammelticket € 11-13 (Auskunft beim APT s.o.).

Eintrittspreise: Wenn nicht anders erwähnt, gelten die genannten Eintrittspreise ab 12 Jahre.

Kirche San Domenico
Piazza San Domenico, Siena
Tägl. meistens durchgehend 7-18.30 Uhr geöffnet, Eintritt frei
Kirche der Stadtheiligen Katharina, ihre Leidensgeschichte in Fresken, mumifizierte Kopfreliquie.

Santuario e Casa di Santa Caterina
Costa di Sant' Antonio, Siena
Tägl. 9.30-12.30 und 15-18.30 Uhr
Eintritt frei
Wallfahrtsort mit gemalten Szenen aus dem Leben der heiligen Katharina.

Battistero di San Giovanni
Piazza San Giovanni, Siena
Tägl. März-Mai 9.30-19, Juni-Aug. 9.30-20, Sept./Okt. 9.30-19, Nov.-Febr. 10-17 Uhr, Eintritt € 6
Taufkirche mit großem Taufbecken von Jacopo della Quercia. Wuchtige Pfeiler tragen die darüber liegende Krypta und den Chorraum des Doms.

Duomo Santa Maria
Piazza del Duomo
Siena
Juni-Aug. Mo-Sa 10.30-20, So/Fei 13.30-18, März-Mai und Sept./Okt. Mo-Sa 10.30-19.30, So/Fei 13.30-18, Nov.-Feb. 10.30-18.30, So/Fei 13.30-17.30 Uhr
Eintritt € 3, Museo dell' Opera € 6
Fassade mit Skulpturen, Marmorbilder im Fußboden, kunstvoll intarsiertes Chorgestühl, achteckige Pisano-Kanzel.

Pisano gestaltete die lebhafte Fassade des Doms in Siena

Museo dell' Opera Metropolitana
Piazza del Duomo 8, Siena
Tägl. März-Mai 9.30–19, Juni-Aug. 9.30–20, Sept./Okt. 9.30–19, Nov.–Feb. 10-17 Uhr, Eintritt € 6
Duccio-Saal mit der Maestà, einem Gemälde der Himmelskönigin, Originalfiguren der Domfassade sowie Holzschnitzereien von Jacopo della Quercia.

Museum Archeologico Santa Maria della Scala
Piazza del Duomo 2, Siena
Tägl. 10.30–18.30, im Winter 10.30-16.30 Uhr, Eintritt € 6
Etruskische Funde aus der Umgebung und aus Chiusi.

Pinacoteca Nazionale
Via San Pietro 29, Siena
Palazzo Buonsignori e Brigidi
Mo 9-13, Di-Sa 8.15–19.15, So/Fei 9–13 Uhr, Eintritt € 4/2 (18–25 Jahre), EU-Bürger unter 18 und ab 65 Jahren frei
Im oberen Stockwerk sehenswerte Kruzifixe und Tafelbilder (12.–16. Jh.) aus Kirchen und Klöstern Sienas und seiner Provinz.

Museo Civico und Torre del Mangia
Palazzo Pubblico, Piazza del Campo, Siena
Beide tägl. Mitte März-Ende Okt. 10-19, Juli/Aug. zum Teil bis 23, Nov.-Mitte März 10-18 Uhr, Eintritt Torre del Mangia € 8 (bis 6 Jahre frei), Museo Civico € 7, Museum und Turm € 13
Das Rathaus mit dem Museo Civico. Interessant sind v.a. die mittelalterlichen Fresken zum Thema »gute und schlechte Regierung«, in der Sala del Mappamondo eine sehenswerte Himmelskönigin mit Kind (Maestà). Von der Torre del Mangia berauschender Blick über Stadt und Land.

Antica Trattoria Papei
Piazza del Mercato 6 Siena
© 05 77-28 08 94, Mo geschl.
Gute und preiswerte toskanische Küche, handgerollte Pasta. €€

Antica Osteria da Divo
Via Franciosa 25, Siena
© 05 77-28 43 81, Sa/So geschl.
Beliebtes Restaurant in antiken Kellergewölben, Spezialität: Rehrücken mit Chianti Classico. €€

Osteria Castelvecchio
Via Castelvecchio 65, Siena
© 05 77-495 86, Di geschl.
Beliebtes Restaurant in antiken Kellergewölben nahe dem Dom, phantasievoller Risotto, lokale Fleischgerichte. €€

Hosteria Il Carroccio
Via del Casato di Sotto 32, Siena
© 05 77-411 65, Mi geschl.
Sehr gute Sieneser Küche, Lamm, Hirsch und Schwein. €

La Taverna del Capitano
Via del Capitano 8, Siena
© 05 77-28 80 94, Di geschl.
Traditionelle toskanische Küche, Spezialität: Ente all'etrusca. €€

Grotta di Santa Caterina da Bagoga
Via della Galluzza 26, Siena
© 05 77-28 22 08
So abends und Mo geschl.
Typische Gerichte wie *Collo di pollo ripieno* (gefüllter Hühnerhals), *Gallo Indiano* (Truthahn). €€

Osteria dei Rossi
Via Rossi 79/81, Siena
© 05 77-28 75 92, So geschl.
Preiswertes Restaurant, gute toskanische Küche, auch kleine Gerichte. €€

Dolci Senesi
Piazza del Campo 3/4, Siena
Die pure Verführung mit allen Süßigkeiten Sienas, z.B. *Panforte* (Pfefferkuchen) oder *Ricciarelli* (Mandeln-Eiweißschaum-Gebäck).

Conca d'Oro
Via Banchi di Sopra 22–24 Siena
Jugendtreff, eine Nannini-Bar mit guten Drinks.

Enoteca Italiana
Fortezza Medicea, Siena
© 05 77-28 84 97
Weinprobe und Weineinkauf in den Gewölben der Fortezza, alle DOC-Weine Italiens, kleine Gerichte.

REGION 6 Siena und Umgebung

Antiquitätenmessen finden in der Toskana viele Interessenten. Auch Siena hat seinen »Mercatino del collezionista«, den Sammler-Markt. Er findet am dritten Sonntag jedes Monats auf der Piazza Mercato statt.

REGION 6
Siena und Umgebung

Aufregung vor dem Start zu Sienas traditionellem Palio

Morbidi
Via Banchi di Sopra 75 und 27 Siena
Alles fürs Picknick und die Selbstversorgung: Wurst, Käse, sauer Eingelegtes, frische Pasta und Fertiggerichte.

La Nuova Pasticceria
Via G. Dupré 37, Seitengasse des Campo, Siena
Siena-Spezialität: *Ricciarelli* aus Eiweißschaum, kandierten Früchten und Mandeln.

Palio in Siena
2. Juli und 16. August
Sienas *Palio*-Wettkampf der 17 Stadtteile *(contrade)*: Jockeys umrunden auf vorher verlosten Pferden ohne Sattel den Campo dreimal. 8 Uhr Einsegnung der Pferde, 9 Uhr letztes Proberennen, 12 Uhr Empfang der Reiter beim Bürgermeister, 15 Uhr Beginn des Festzugs am Domplatz, 20 Uhr Beginn des Rennens. Der Campo wird schon Tage zuvor mit einem Tuff-Sand-Gemisch präpariert.

❼ Torri

Südwestlich von Siena, über S 223 und weiter auf der SS 541 nach Torri.

Highlight von Torri ist das kostbare **Monastero della Santissima Trinità e di Santa Mustiola**, ein ehemaliges Vallombrosaner-Kloster aus der zweiten Hälfte des 12. Jahrhunderts. Der kleine Kreuzgang in drei Etagen ist wunderschön.

Kreuzgang des ehemaligen Vallombrosaner-Klosters in Torri

Vor allem die Kapitelle haben viel zu erzählen, vorwiegend sind Szenen des Alten Testaments zu sehen, Kain und Abel oder die Vertreibung aus dem Paradies, aber auch kämpfende Greifen und Pumas – Symbolik für den Sieg Christi.

Service & Tipps:

👁 **Monastero della Santissima Trinità e di Santa Mustiola**

Torri, Mo und Fr 9–12 Uhr
Kleiner Kreuzgang mit schönen Kapitellen. Launige Besitzerin, freundlich bitten.

**REGION 6
Siena und
Umgebung**

❽ Volterra

Die Etruskergründung lebte in verschiedenen historischen Perioden von dem in der Nähe gewonnenen, hochwertigen Alabaster. Heute verarbeiten rund 250 Betriebe den mineralischen Gips zu allerlei künstlerischen und praktischen Gegenständen.

Für das Auto gibt es reichlich Platz an der nördlichen Stadtmauer oder im Parkhaus unterhalb der Piazza dei Martiri della Libertà. Von dort aus ist man schnell auf der von Palästen umgebenen **Piazza dei Priori** mit Touristeninformation. Hier werden elektronische Stadtführer verliehen (My Guide), die auch in gutem Deutsch zu den wichtigsten Punkten Volterras leiten, u.a. zum gegenüberstehenden, mächtigen **Palazzo del Pretorio** mit eingebautem Porcellino-Turm und weiter oben zum verwitterten Schweinchen, Volterras Wahrzeichen. Nördlich der Piazza dei Priori wurden im **Palazzo Minucci-Soldaini** die **Pinakothek** mit **Museo Civico** und das **Ecomuseo dell'Alabastro** untergebracht.

Der **Dom Santa Maria Assunta** (12. Jh.) birgt mehrere Kostbarkeiten. In der Cappella dell' Addolorata im hinteren linken Seitenschiff aus bemaltem Terrakotta: rechts die Heilige Familie und die Heiligen Drei Könige, links Maria mit Kind. Nach neuesten Forschungen stammen sie nicht von Zaccaria Zacchi, sondern vom Meister Andrea della Robbia (1435–1525).

Im nördlichen Querhaus über dem Altar einer Seitenkapelle hängt Bartolomeo della Portas »Verkündigung« (1497). In der Nähe erheitert eine Szene des »Abendmahls« des Pisaners Guglielmo Pisano: Ein Ungeheuer zwickt Judas in die Fersen. Höhepunkt ist rechts vom Hochaltar eine romanische »Kreuzabnahme«, deren farbige Holzfigurengruppe (13. Jh.) vor allem durch ihre schlichte Eindringlichkeit wirkt.

Über eine abfallende Gasse geht es hinunter zur **Porta all'Arco**, das wahrscheinlich 2 500 Jahre alte Tor zur Stadt. Auf der anderen Seite Volterras, also wieder hoch zur Piazza dei Priori und von dort über die Via Buonparenti, vorbei an der Alabasterwerkstatt Rossi und über die Via Panoramica nach Nordosten in Richtung Porta Fiorentina, steht man plötzlich oberhalb des **Römischen Amphitheaters** aus der Zeit von Kaiser Augustus (1. Jh. v. Chr.), eines der besterhaltenen in Italien. Die Schätze der Nekropole von Volterra sind im **Museo Etrusco Guarnacci** untergebracht, das sich im Ostteil der Stadt im schönen Palazzo Desideri-Tangassi befindet. 600 Aschenurnen werden hier aufbewahrt, darunter die berühmte *Urna degli Sposi*, die Urne des Ehepaars: Die beiden älteren Lebensgefährten zeigen bekümmer-

Von der Via Cassia (SS 2) die Abfahrt Colle di Val d'Elsa wählen, dann auf der SS 68 westwärts nach Volterra.

Etruskisch-römische Porta all' Arco in Volterra

REGION 6
Siena und Umgebung

te Gesichter, die auf ein hartes Leben schließen lassen. Ein zweiter spektakulärer Fund ist die *Ombra della Sera*, der Abendschatten, eine extrem lang gezogene Bronze-Statuette, einem Schürhaken ähnlich. Tatsächlich hat sie der Bauer, der das Exponat auf dem Acker fand, lange Zeit als Feuerhaken verwendet, bis ein Fachmann zufällig den Wert der Bronze erkannte.

Eine Besonderheit Volterras sind die **Balze**, unfruchtbare, von Wind und Regen geformte Schluchten und Kuppen. Man erreicht sie auf der SP 15 Richtung Gambassi. Unten im Tal angekommen, lohnt sich ein Blick zurück, um die Situation der Stadt auf einem Schwindel erregenden, gelben Tuff-Felsen in sich aufzunehmen. Am Rande des Abgrunds steht die neue Kirche San Giusto innerhalb der Mauer auf wirklich sicherem Boden – so sagen jedenfalls die Fachleute. Das alte Gotteshaus ist 1628 mit einem Stück brüchigen Fels abgestürzt.

Volterra, Palazzo del Pretorio

Service & Tipps:

Ufficio Turistico Volterra
Piazza dei Priori 20
56048 Volterra
© und Fax 05 88-872 57
www.volterratur.it

Duomo Santa Maria Assunta/Museo Diocesano
Via Roma 13
Volterra
Tägl. 9–13 und 15–18, im Winter 9–13 Uhr, Eintritt s. Sammelticket
Andrea della Robbia neu zugeschriebene Terrakotten, eine restaurierte, farbenfrohe »Verkündigung«, ein »Abendmahl« mit bissigem Hund, Holzfigurengruppe »Kreuzabnahme«. Museo Diocesano mit Kirchenschatz.

Teatro Romano/Area Archeologiche di Volterra
Porta Fiorentina, Volterra
Mitte März–Okt. tägl. 10.30–17.30, Winter nur Sa/So/Fei 10–16 Uhr
bei Regen geschl.
Eintritt € 3,50 (bis 6 Jahre frei)
Sehr gut erhaltenes, mehr als 2 000 Jahre altes Amphitheater.

Museo Etrusco Guarnacci
Via Don Minzoni 15, Volterra
Tägl. im Sommer 9–19, im Winter 9–14 Uhr, Eintritt s. Sammelticket
Etruskische Urnen, interessant die »Urne des Ehepaars« und die Bronzeplastik »Abendschatten«.

Pinacoteca e Museo Civico
Via dei Sarti 1, Volterra
Mitte März–Okt. 9–19, Nov.–Mitte März 8.30–13.45 Uhr
Beide Abteilungen im Palazzo Minucci-Soldaini, wertvolle Gemälde von Luca Signorelli, Taddeo di Bartolo und Rosso Fiorentino, dessen »Kreuzabnahme« besonders beeindruckt.

Sammelticket
Museo Diocesano, Museo Etrusco Guarnacci und Pinacoteca/Museo Civico € 9/5 (6–18 und über 60 Jahre), Familienticket € 18

138

Ecomuseo dell'Alabastro
Piazza Minucci s/n, Volterra
Mitte März–Okt. tägl. 11–17, Nov.–Mitte März Sa/So/Fei 9–13.30 Uhr, Eintritt € 3/2 (Kinder von 6–16, Senioren über 65 Jahre)
Alles über den Abbau von Alabaster, Alabasterwerkstatt, Besuch von Alabastergruben.

Da Badò
Borgo San Lazzero 9
Volterra
✆ 05 88-864 77, Mi geschl.
Traditionelle, gute Trattoria, einfache lokale Küche, hervorragende Pasta, Spezialität: geschmortes Wildschwein mit Pilzen. €€

Don Beta
Via Matteotti 39, Volterra
✆ 05 88-867 30, Mo geschl.
Beliebtes Restaurant mit toskanischer Küche, auch Pizzeria. €€

Osteria il Ponte
(auch Osteria di San Lorenzo)
Saline di Volterra, Località San Lorenzo
✆ 05 88-441 60
7–24 Uhr, 1. Woche im Sept. geschl.
Fleisch- und Fischgerichte, Spezialität: Wildschwein mit Oliven. €€€

Da Beppino
Via delle Prigioni 13
Volterra
✆ 05 88-860 51, Mi geschl.
Gut besuchtes Restaurant mit toskanischer Küche, auch Pizzeria. €€

Trattoria Albana
Località Mazzolla, 4 km vor Volterra, von der SS 68 Sträßchen nach Süden
✆ 05 88-390 01, Di geschl.
Kleines, schlichtes Restaurant mit guter toskanischer Küche. €€

Cooperativa Artieri Alabastro
Piazza dei Priori 4–5
Volterra
Tägl. 10.30–13 und 15–18 Uhr
Alle Informationen über lokale Künstler und Kunsthandwerker.

REGION 6
Siena und Umgebung

Volterra auf den gelben Tuff-Felsen der Balze

REGION 7
Chianti/Osten bis Casentino

Chianti und der Osten bis Casentino

Zu Mönchen, Malern und gutem Wein

Östlich der verkehrsreichen SS 2, die Florenz und Siena miteinander verbindet, breitet sich das Weinanbaugebiet des Chianti aus. Die Landschaft ist geprägt von seinen charakteristischen Hügeln, weiter im Osten werden die Reben von Wäldern und Wiesen abgelöst; es geht durch Täler, die sich Chiana und Arno in den Boden geschnitten haben. Mönche prägten das Gesicht des romantischen Casentino, Geschichte spiegelt sich in den historischen Städten Arezzo, Cortona, Poppi und Bibbiena wider. In reichen Museen sind die Werke berühmter Maler zu finden, allen voran Piero della Francesca.

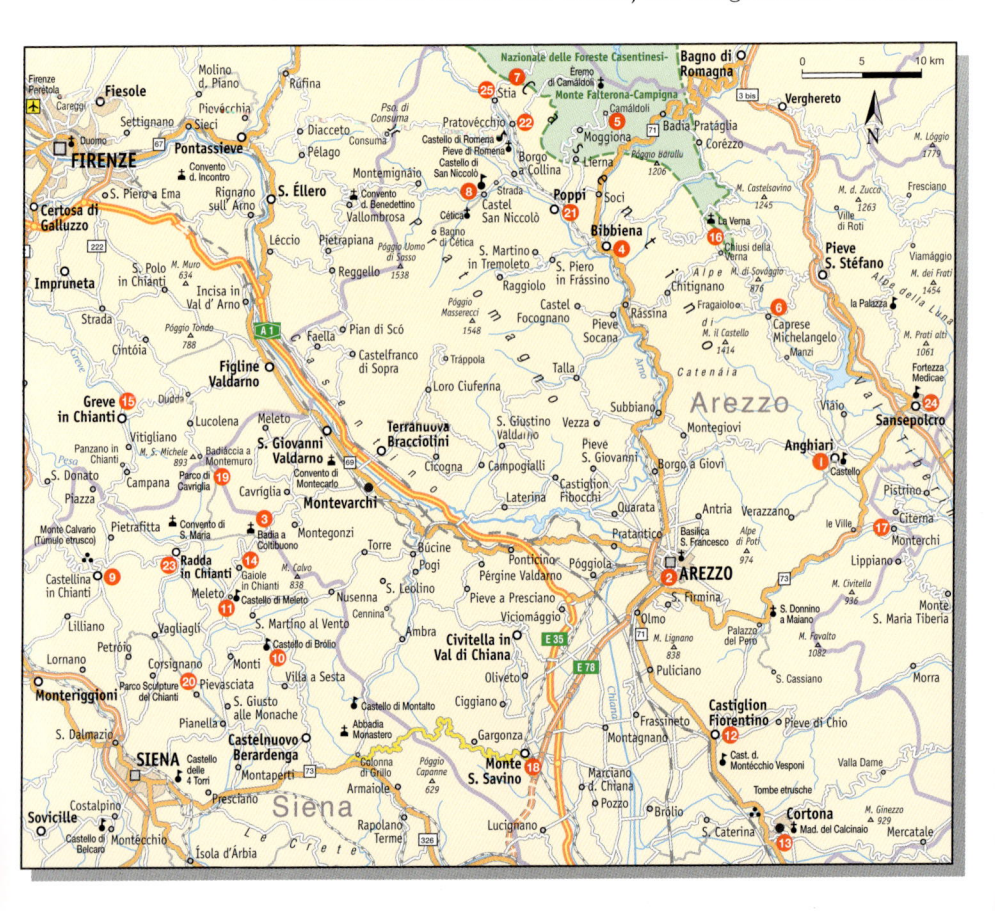

Den Nordosten des Chianti durchquert die Strada dei Castelli mit Radda und Gaiole, die Burgenstraße mit ihren stolzen Festungen wie dem Castello di Meleto und dem Castello di Brolio. Im äußersten Zipfel, nordöstlich von Radda in Chianti, reizt der Naturpark Parco di Cavriglia zu einer Wanderung.

REGION 7
Chianti/Osten
bis Casentino

Das historische Anghiari über dem Tiber-Tal

❶ Anghiari

Zwischen Arezzo und Sansepolcro liegt Anghiari; von Sansepolcro auf die SS 73 und nach wenigen Kilometern nach Westen abbiegen.

1440 fand bei Anghiari, das man schon von weitem aus 429 Metern Höhe herabschauen sieht, die Entscheidungsschlacht zwischen Florenz und Arezzo statt, die Florenz gewann. Von oben aus kann man das historische Schlachtfeld im Tiber-Tal überschauen. Zentrum der Stadt ist der breite **Stradone**, die Meile für den abendlichen Spaziergang. Im Altstadtbereich wird es enger. Gassen, Paläste und kleine Plätze strahlen Gemütlichkeit aus. Kunstbeflissene machen einen kurzen Besuch im **Museo Statale di Palazzo Taglieschi** und in der Kirche **Santa Maria delle Grazie** (18. Jh.) mit dem Gemälde »Madonna mit Kind« (15. Jh.) von Matteo di Giovanni.

Service & Tipps:

ⓘ **Pro Loco**
Im Rathaus, Corso G. Matteotti 103, 52031 Anghiari
✆ 05 75-74 92 79, www.anghiari.it

🏛 **Museo Statale di Palazzo Taglieschi**

Via Mameli 16, Anghiari
Mo-Sa 9-18, So/Fei 10-19 Uhr
Eintritt frei
Fresken aus Kirchen der oberen Valtiberina, Skulpturen und Haushaltsgegenstände.

👁 **Santa Maria delle Grazie**
Via Matteo di Giovanni s/n

**REGION 7
Chianti/Osten
bis Casentino**

Anghiari
Mo-Sa 9-18, So/Fei 10-19 Uhr
Gemälde Madonna mit Kind von
Matteo di Giovanni.

Locanda al Castello di Sorci
Località San Lorenzo,
außerhalb von Anghiari, gut
ausgeschildert
✆ 05 75-78 90 66
Mo geschl.
Festes Menü mit 5 Gängen, hausgemachte Pasta, gute toskanische Küche, rustikales Ambiente; Cantina mit Weinverkauf. €€
Im Schloss **Museo della Tortura** (Folterkammer) Di-So 15-17 Uhr
Eintritt € 1

Ristorante La Nena
Corso G. Matteotti 10/14
Anghiari
✆ 05 75-78 94 91
Mo und 1. Julihälfte geschl.
Beliebtes Restaurant, lokale Küche, Spezialitäten: Hasenragout, Chiana-Rindersteak. €€€

❷ Arezzo

Von Florenz erreicht man Arezzo über die Autobahn A 1, Abfahrt Arezzo, oder über die abwechslungsreichere SS 69, von Siena aus über die SS 73, die ab Armaiole zur Schnellstraße ausgebaut ist.

Arezzo, Blick von der Piazza Grande auf die Pieve di Santa Maria

Geparkt wird vor den Toren der historischen Stadt, am besten zwischen dem Bahnhof und dem Römischen Theater. Die **Piazza della Repubblica** mit der Touristeninformation empfängt die Gäste gleich mit einem Hinweis auf ihre etruskische Herkunft: Zwei Furcht erregende **Bronze-Chimären** (380 v. Chr.), Fabelwesen aus Löwe, Ziege und Schlange (Kopien, Original im Archäologischen Museum Florenz), sitzen auf ihren kühlenden Springbrunnen. Gleich schräg gegenüber liegt das **Museo Archeologico** im ehemaligen Benediktinerkloster. Außer Fundstücken aus etruskischer und römischer Zeit sind zahlreiche aretinische Vasen in Korallenkeramik ausgestellt, zarte rötliche Gefäße, vor und nach der neuen Zeitrechnung Arezzos bedeutendste Handelsware.

Zentrum des Interesses ist jedoch das größte Werk des begnadeten Künstlers Piero della Francesca (ca. 1420-1492): der Freskenzyklus der Leggenda della Croce, der »Kreuzeslegende« (1452-66), in der **Kirche San Francesco** (13. Jh.). Man muss sich viel Zeit lassen oder einen Führer nehmen, um die Geschichte vom Kreuz zu begreifen.

Gegenüber der Kirche kann man im traditionellen »Caffè dei Costanti« oder am Corso Italia in der weithin nach Süßem duftenden »Bar Bostoli«, früher eine Apotheke, eine Rast einlegen. Am Corso weiter oben liegt die romanische **Pieve di Santa Maria** (ab 1008) mit dem durchlöcherten Campanile, der Torre degli Cento Bucchi (»Turm der hundert Löcher«), es sind genau 40 Biforien, also 80 Klangöffnungen.

Vor der Kirche führt eine kleine Gasse hoch zur **Piazza Grande**, einem wunderschönen, unregelmäßigen Platz, umrahmt von repräsentativen Bauwerken. Am meisten fällt die **Loggia del Vasari** auf, der Arkadengang des Architekten Vasari (1511-74), eines bedeutenden Sohns der Stadt. Das Multitalent gilt heute als Begründer der Kunstgeschichte, der wie kein anderer mit seinen Künstlerbiographien zum Verständnis der Toskana beigetragen hat.

Hinter dem Vasari-Gang gelangt man über die Via dei Pileati hoch zum **Dom San Donato**, der vor allem wegen der brillanten Glasfenster (16. Jh.) besucht wird. Sie zeigen recht eindrucksvolle Szenen aus dem Leben Jesu. Fans von Piero della Francesca finden links vom Hochalter das ausdrucksstarke Fresko »Maria Maddalena«, die bekehrte Sünderin mit Schmollmund und wallendem blonden Haar (1459).

**REGION 7
Chianti/Osten
bis Casentino**

Service & Tipps:

ⓘ Ufficio di Informazione
Piazza della Repubblica 28
52100 Arezzo, ✆ 05 75-37 76 78
Fax 05 75-220 91, www.apt.arezzo.it

🏛 Museo Archeologico
Via Margaritone 10, Arezzo
Tägl. 8.30-19.30 Uhr, Eintritt € 4/2, EU-Bürger bis 18 und ab 65 J. frei
Etruskische und römische Fundstücke sowie aretinische Vasen.

👁 Chiesa San Francesco/ Cappella Bacci
Piazza San Francesco s/n, Arezzo
✆ 05 75-35 27 27, www.apt.arezzo.it
Mo-Fr 9-18, Sa 9-17.30, So 13-18 Uhr
Einlass in Gruppen (max. 25) alle 30 Min., Voranmeldung vor allem Sa/So anzuraten (in der Nebensaison an der Kasse fragen, wann der Zutritt möglich ist), Eintritt € 4, mit Voranmeldung € 6, bis 18 und über 65 Jahre frei (Voranmeldung € 2)

👁 Dom San Donato
Piazza Duomo, Arezzo
Tägl. 7-12.30 und 15-19, im Winter bis 17.30 Uhr
Wunderschöne Glasfenster; beeindruckendes Fresko »Maria Maddalena« von Piero della Francesca.

🍴 Le Tastevin
Via de' Cenci 9, Arezzo
✆ 05 75-283 04, So geschl.
Gutes Restaurant mit Pianobar; toskanische Küche, großes Vorspeisenbuffet. €€

🍴 La Torre di Gnicche
Piaggia San Martino 8, Arezzo
✆ 05 75-35 20 35, Mi geschl.
Enoteca und Restaurant in den Gewölben eines Palazzos, kleine Imbisse und toskanische Gerichte wie Kutteln und geschmorter Stockfisch. €-€€

🍴 Antica Osteria l'Agania
Via Mazzini 10, Arezzo

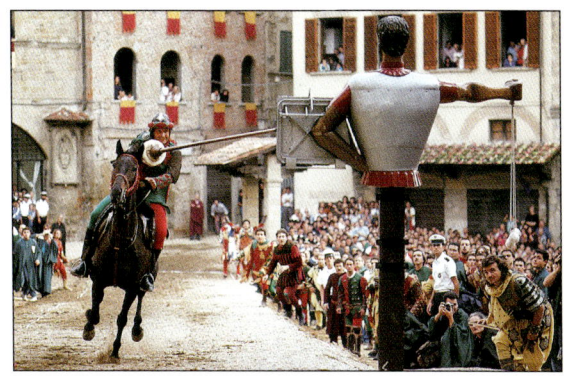

✆ 05 75-29 53 81
Mo geschl. außer Juni-Sept.
Trattoria mit guter toskanischer Küche. €€

🍴 Logge Vasari
Piazza Grande/Via Vasari 19
Arezzo, ✆ 05 75-30 03 33
Restaurant und Pizzeria, im Sommer unter den Arkaden. €€

🍴 Il Grottino
Via del Prato 1, Arezzo
✆ 05 75-30 25 37, Mi abends geschl.
Einfaches, kleines Restaurant mit guter toskanischer Küche. €

🚴 Tipp für Radfahrer
Der Sentiero della Bonifica geht entlang des Kanals »Maestro della Chiana«, ein von grüner Landschaft umrahmter Wasserlauf für die Entwässerung der Wiesen und Äcker. Ständig Tafeln mit Informationen, Prospekte vom Ufficio di Informazione (s. o.) mit vielen Tipps für Unterkunft und Einkehr. Ebene Strecke, 60 km zwischen Arezzo und Chiusi.

🎭 Wichtiges Fest in Arezzo
1. So im September: *Giostra del Saracino*, Wettkampf kostümierter Ritter der vier Stadtteile, die einen hölzernen Sarazenen stürmen, dessen Schild mit der Lanze treffen und gleichzeitig einer dreischwänzigen Katze ausweichen müssen.

Acht Reiter kämpfen beim Giostra del Saracino in Arezzo gegen die hölzernen Sarazenen

»*Arezzo ist eine Stadt, in der der Rotwein in Strömen fließt. In dieser Gegend sind die Rotweintrinker zu Hause und die Landwirte mussten sich noch vor wenigen Jahren kontraktisch verpflichten, ihren Erntearbeitern bis zu fünfzehn Liter am Tage zu liefern, da das Wassertrinken als unmännlich gilt.*«
Guido Piovene, *Viaggio in Italia*, 1957

143

**REGION 7
Chianti/Osten
bis Casentino**

❸ Badia a Coltibuono

An der Einmündung zur Auffahrt zur **Badia a Coltibuono**, östlich von Radda (SS 429), nördlich von Gaiole (SS 408), steht ein kleines Gebäude, in dem Produkte des Weinguts Coltibuono verkauft werden, vor allem Wein und Olivenöl. Oben grüßt die festungsähnliche Abtei. In der Badia – vermutlich das erste Kloster von Chianti (1051 gegründet) – sollen von den Mönchen aus Vallombrosa bereits im Jahr 1100 Chianti-Wein und Olivenöl kultiviert worden sein. Wie der heute produzierte Wein der privat bewohnten Badia schmeckt, kann man im Restaurant nebenan kosten.

Service & Tipps:

Badia a Coltibuono
Bei Radda, gut ausgeschildert
✆ 05 77-744 81
www.coltibuono.com
Klosterführung April-Okt.
14-17 Uhr, € 5 ab 15 Jahren
Zimmer im Kloster
Weinprobe und Kochkurse
nach Voranmeldung. Restaurant nebenan, Weinverkauf an der Auffahrt.

Badia a Coltibuono
Neben dem Kloster
✆ 05 77-74 94 24
Verfeinerte toskanische Küche, Weinverkauf von der Abtei. €€-€€€

Mahlzeit mit Aussicht in der Trattoria Badia a Coltibuono

Nach Bibbiena gelangt man von Florenz aus über die SS 67, dann abzweigen auf die SS 70.

❹ Bibbiena

Bei einem Stadtspaziergang durch das restaurierte historische Zentrum fallen die Adelspaläste auf. Darunter ist auch der edle Palazzo Dovizi (16. Jh.) in der gleichnamigen Via, der einst Sitz des Kardinals und Sekretärs von Papst Leo X. war. Mindestens eine der zahlreichen Kirchen ist einen kurzen Besuch wert: die **Pieve dei Santi Ippolito e Donato** (13. Jh.) mit einem meisterhaften Altarbild (Triptychon) von Bicci di Lorenzo (1373-1452).

Zum Abschluss sei in der Terrassenstadt der Blick von der höchsten Etage ins Casentino empfohlen, sogar Poppi ist bei gutem Wetter zu sehen. Dort oben gibt es auch einen Parkplatz.

Service & Tipps:

ⓘ **APT Bibbiena**
Via Rignano s/n
52011 Bibbiena
✆ 05 75-37 76 78

◉ **Pieve dei Santi Ippolito e Donato**
Piazza Tarlati s/n, Bibbiena
Tägl. 7.30–13 und 15–19 Uhr
Sehenswertes Altarbild.

✗ **Il Bivio**
Località Bivio di Banzena Nr. 65
Bibbiena
✆ 05 75-59 32 42
Mo geschl.
Empfehlenswertes Restaurant, phantasievolle lokale Küche, Spezialitäten: Ente und Kapaun. €€

✗ **Il Tirabusciò**
Via Borghi 73
Bibbiena
✆ 05 75-59 54 74
Mo Mittag und Di geschl.
Hervorragendes Fleischrestaurant, lokale Zubereitung.
€€

---

❺ Camaldoli

Etwa 15 Kilometer sind es von Poppi nach Camaldoli auf einer kurvenreichen Straße Richtung Nordosten. Etwa fünf Kilometer weiter in den Hügeln geht es zur gleichnamigen Einsiedelei. Das von den Camaldoleser Benediktinermönchen bewirtschaftete **Kloster** mit Kreuzgang und Kirche verfügt auch über eine Herberge und eine alte Apotheke (1543), in der Klosterliköre und Kosmetika, hergestellt nach alten Rezepten, angeboten werden. In einem Nationalpark, der aus einem in Italien seltenen Mischwald mit vorwiegend Buchen und Kastanien besteht, etwa 300 Meter höher (5 km Fahrt) liegt das **Eremo**, die Einsiedelei (1012). Um die Mönche nicht zu stören, wurde vor dem Eisengitter eine Eremiten-Wohnung mit kleinem Garten zur Besichtigung freigegeben.

Service & Tipps:

◉ **Monastero e Sacro Eremo di Camaldoli**
www.camaldoli.it
Mo–Sa Eremo 8–12 und 15–18, im Winter bis 17, Kloster 9–13 und 14.30–19.30, im Winter bis 19 Uhr Klosterkirche mit Kreuzgang, alte Apotheke, auf der Höhe die Eremitei mit Klosterkirche, in der Cappella San Antonio Abate eine schöne lasierte Terrakotte von Andrea della Robbia.

✗ **Il Cedro**
Moggiona di Poppi
Vgl. Poppi, Service & Tipps, S. 160
Gutes Restaurant bei Poppi.

---

❻ Caprese Michelangelo

Auf der SS 73 zwischen Arezzo und Sansepolcro nach Nordwesten Richtung Anghiari abbiegen, von dort etwa zwölf Kilometer auf kurviger Strecke weiter nach Norden. Wer vom Norden kommt, etwa von Ravenna, verlässt die Straße 3bis in Pieve Santo Stéfano und nimmt die unterhalb der Stadt nach Südwesten abzweigende Landstraße.

Caprese Michelangelo hat den Namen des Künstlers in seinen Ortsnamen übernommen, weil hier am 6. März 1475 Michelangelo Buonarroti im alten Rathaus geboren wurde. Der Vater war Gouverneur des Stadtstaates Florenz. Im Palazzo del Podestà in der Via Capoluogo 1 und im Palazzo Clusini wurde das **Museo Michelangelo** untergebracht.

**REGION 7
Chianti/Osten
bis Casentino**

Linguine alla fornaia – Nudeln mit Walnuss-Soße
Zutaten für vier Personen:
400 g Linguine (Bandnudeln)
100 g Walnusskerne
100 g geriebener Pecorino
4–6 EL Olivenöl
2 Bund Basilikum
2 Knoblauchzehen
Salz, schwarzer Pfeffer
Walnusskerne, Knoblauch und Basilikum fein hacken, mit 4 EL Pecorino, Salz und Pfeffer mischen, mit etwas Öl teigartig rühren. Nudeln al dente kochen, 5 EL Nudelwasser unter die Soße ziehen, Nudeln nach dem Abtropfen mit der Walnuss-Soße mischen, den restlichen Pecorino nach Belieben darüber streuen.

REGION 7
Chianti/Osten bis Casentino

Service & Tipps:

🏛 **Museo Michelangiolesco**
Casa del Podestà
52033 Caprese Michelangelo
www.capresemichelangelo.net
April-15. Juni Mo-Fr 11-18, Sa/So/Fei 10.30-18.30, 16. Juni/Juli Mo-Fr 10.30-18.30, Sa/So/Fei 10-19, Aug.-15. Sept. tägl. 9.30-19.30 Uhr, im Winter kürzer, Eintritt € 4/2,50 (7-14 Jahre) Dokumente und Gipsabdrücke der bekanntesten Werke des Genies und Arbeiten zeitgenössischer Künstler.

✗ **Buca di Michelangelo**
Via Roma 51
Caprese Michelangelo
✆ 05 75-793921, im Winter Do geschl.
Hausgemachte Pasta, Fleischgerichte. €

❼ Casentino

Der waldreiche Höhenrücken des Casentino war Ende des 13. Jahrhunderts Schauplatz der blutigen Kämpfe zwischen dem guelfischen Florenz (dem Papst ergeben) und dem ghibellinischen Arezzo (dem Kaiser treu). Nach langen Auseinandersetzungen (1287/88) entscheidet sich das Schicksal Arezzos bei Campaldino im Casentino, Florenz gewinnt. Mit dem Bau starker Befestigungen wird Florenz bis zum Ende des 14. Jahrhunderts abgewehrt. Doch Arezzo findet im umliegenden Casentino nicht genügend Krieger und muss Söldner engagieren, 1384 kommt Florenz zum Zug: Für 40 000 Gold-Scudi verkauft der Söldnerführer Enguerrand de Coucy Arezzo an den Feind, das Casentino wird von Florenz beherrscht.

Das waldreiche Casentino hat im Westen den Kamm des Höhenzugs Pratomagno (Consuma- und Crocina-Pass) als Grenze, im Osten die Foresti Casentinesi mit dem Kloster La Verna. Im Norden beginnt das Gebiet mit dem Calla-Pass sowie den Städtchen Stia und Pratovecchio, im Süden endet es mit den Orten Subbiano und Capolona. Erreichbar ist das Casentino im Westen über die Autobahn A 1, im Osten über die Hauptstraße 3bis, bei Bagno di Romagna abzweigen auf die SS 71.

Das grüne Casentino ist mit Gebirgsbächen geschmückt, die den hier beginnenden Arno speisen, mit Wasserfällen und mit Wäldern, die nach Pilzen duften – ein ideales Wandergebiet. Hier im oberen Arno-Tal reifen beste Käsesorten und Schinken, ernten fleißige Bienen aromatischen Honig, hier beginnt das Land der Burgen, romanischen Kirchen und des Della-Robbia-Terrakotta, das Land, wo Franz von Assisi zwischen Felsen die Stigmata empfing (September 1224). Dazu hatte er den Monte Penna bei **La Verna** ausgewählt. Benediktinermönche bewirtschaften im Norden des Casentino Kloster und Einsiedelei **Camaldoli**. Von dort sind schnell die Ziele **Stia** und **Pratovecchio** erreicht. Zu den wichtigsten Städten gehören **Poppi** und **Bibbiena**. Über die lange Tradition der Köhlerei informiert das Museo del Carbonaio in **Cetica** (Castel San Niccolò).

Service & Tipps:

ℹ **Casentino Sviluppo e Turismo**
Via Roma 203
52013 Ponte a Poppi
✆ 05 75-50 72 72
www.cm-casentino.toscana.it
Infos und Karten für das Casentino.

Tabakernte im Casentino

❽ Castel San Niccolò

> **REGION 7**
> *Chianti/Osten bis Casentino*

Sammelbezeichnung für 12 Orte im Nordwesten des Casentino, einen Ort diesen Namens gibt es nicht. Der Hauptort, den die Burg San Niccolò überragt, ist **Strada in Casentino**. Zu den Sehenswürdigkeiten dieser Gegend gehören das Castello San Niccolò, in Cetica das Köhlerei-Museum, auf dem Weg dorthin die Antico Molino Grifoni, das bewohnte Burgdorf Castello di Montemignaio und das eigentümliche Heilbad Bagni di Cetica.

Service & Tipps:

Castello San Niccolò
Über Strada in Casentino
Besichtigung nach Verabredung mit dem Besitzer Giovanni Biondi
✆ 05 75-572 96 51
Ursprünglicher Name Corte di Vado *(guardo)*, Bewachung des Tals. Von den ehemaligen 28 Kastellen im Hochcasentino blieben nur die Burg in Poppi und das Niccolò-Kastell erhalten. Der Besitzer ist dabei, den Bau zu renovieren, sehenswert der offene Waffensaal, der Justizsaal mit Henkersbeil und Holzblock sowie der Repräsentationssaal mit dem Fresko »Verkündigung« und alten Möbeln, Webstuhl etc. Vom Rest des Wehrgangs Blick über das gesamte Alto Casentino.

Ecomuseo del Carbonaio
Ortsteil Cetica, südwestl. von Strada in Casentino
Juni–Sept. Sa/So/Fei 10–12 und 15–17, Di 15–18, Okt.–Mai Sa/So/Fei 15–17 Uhr. Außerhalb dieser Zeiten Besichtigung verabreden unter ✆ 05 75-57 02 55 oder ✆ 33 31 43 28 12 (Mauro Mugnai).
Die spannende Geschichte der Köhler von Cetica, aufgebauter Holzkohlen-Meiler und Köhlerhütten. Am ersten Sept.-Wochenende **Festa del Fungo Porcino** mit Spezialitäten des Casentino.

Molino Grifoni
auf dem Weg nach Cetica
nach dem Ortsteil Pagliericcio
Mo–Sa 8–12.30 und 14.30–19.30 Uhr
Von Wasser angetriebene Steinmühle von 1548, seit 1696 im Besitz der Familie Grifoni. Gemahlen und verkauft werden 5 Weißmehl-Typen, Maisgrieß (Polenta), Dinkel, in der Saison auch Kastanien- und Steinpilzmehl.

Bagni di Cetica
Oberhalb von Cetica in 1155 m Höhe, teils sehr schlechte Straße
Kleines Heilbad mit großem Park und Tauchbecken mit eisenhaltigem, 6° kaltem Wasser, Stammgäste schwören auf die Wirkung (Hautleiden, Nierensteine, Ischias, Depressionen). Eintritt in den Erholungspark € 2, mit Tauchbecken € 3. Zu den Bagni gehört ein Restaurant:

San Romolo Terme
Bagni di Cetica
✆ 05 75-55 53 25, Feb. und Mitte Okt.–Mitte Nov. geschl.
Gemütliches Restaurant mit Tischen im Garten. Hausgemachte Pasta, Spezialität: Wildschweingerichte. €€

Il Castello di Montemignaio
Montemignaio, Ortsteil Castello, Via Roma 2, westl. von Strada in Casentino an der SP 71
✆ 05 75-54 25 10
Bekanntes Restaurant gegenüber dem Burgdorf, deftige Vorspeisen u.a. mit Schweinskopfsülze, Spezialität: *Filettine di bue al lardo* (Ochsenfilet mit Lardo-Speck). €€

Miramonti
An der SS 70 nordwestl. von Strada in Casentino, kurz vor dem Consuma-Pass, ✆ 055-830 65 66
Restaurant und Pizzeria, traditionelle Casentino-Küche. €€

Casentino Salumi
Ortsteil Barbiano, von der SP 71 zwischen Strada und Montemignaio abzweigen. ✆ 05 75-57 26 42
Große Auswahl an Schinken, Salami, Speck etc. von Casentino-Schweinen, keine chemischen Zusätze.

REGION 7
Chianti/Osten bis Casentino

ⓘ **Alimentari Casentino**
Via Potente 6
Strada in Casentino

Alle Spezialitäten des Casentino, Käse, Wein, Olivenöl, Salami, Schinken etc.

Den Weinanbau in der Toskana pflegten bereits die Etrusker. Weil die nachfolgenden Römer eher schwere »Süditaliener« bevorzugten, war es im Mittelalter den Mönchen vorbehalten, wieder Reben zu pflegen und Wein zu keltern. Der Name Chianti tauchte erstmals 1404 in den Tagebüchern des Francesco Datini als Name einer Weinsorte auf. 1716 wurde das Chianti durch großherzoglichen Erlass zu einem Teil des ersten europäischen Weinanbaugebietes erklärt.

⑨ Castellina in Chianti

An der Chiantigiana, 20 Kilometer südlich von Greve, liegt das Chianti-Zentrum Castellina, umgeben von Weinhängen, Burgen und Schlössern. Das **Centro Storico** mit der gewichtigen Rocca und zwei Türmen der früheren Befestigungsanlage (1400) weist auf die Bedeutung hin, die das Städtchen im Mittelalter genossen hat. Heute ist Castellina ein touristisches Zentrum mit vielen Ferienhäusern ringsum und rustikalen Trattorien auf dem Land. In der Fußgängerzone gibt es reichlich Gelegenheit, den Weinvorrat aufzufrischen.

Service & Tipps:

✕ **Albergaccio di Castellina**
Via Fiorentina 63
Castellina in Chianti
℗ 05 77-741042
So geschl.
Gemütliches Restaurant, Michelin-Stern, phantasievolle toskanische Küche, Spezialität: Täubchen in Marsala-Soße. Tisch vorbestellen. €€€€

✕ **Il Pestello**
Località Sant' Antonio, 6 km westl. Castellina, an der SS 429
℗ 05 77-74 02 15
Mi geschl.
Rustikales, sehr beliebtes Restaurant, viele Grillgerichte, Spezialität: Wildschwein mit Steinpilzen.
€€

ⓘ **Fattoria La Castellina**
Via Ferruccio 28
Castellina in Chianti
℗ 05 77-74 04 54
Große Auswahl an Chianti-Weinen, auch Versand.

Seit dem 19. Jahrhundert wächst im Chianti die Sangiovese-Traube

⑩ Castello di Brolio

Fährt man von Siena auf der SS 408 ca. 25 Kilometer nach Nordosten, grüßt das aus rotem Sandstein errichtete **Castello di Brolio** von einem 533 Meter hohen Hügel – eines der beliebtesten Postkartenmotive von Chianti. Hier herrscht die adelige Familie Ricasoli Firidolfi seit 1147 und lässt in der günstigen Lage schon seit dem 19. Jahrhundert die Sangiovese-Traube reifen.

Auch wer von Wein nicht viel versteht, wird beim Blick von der Hügelspitze nach Süden erkennen, dass in diesen Weinbergen Trauben von höchster Süße gedeihen müssen: In Brolio am südlichen Ende der Chianti-Hügelkette öffnet sich die Landschaft weit nach Süden, Sonnenlicht überflutet die Hügel und die nördlichen Höhen schützen vor dem kühlen Wind aus dem Apennin. Der »Casalferro« aus der Sangiovese-Traube reift in riesigen Weinkellern zu einem Tropfen heran, der Weinkenner begeistert.

REGION 7
Chianti/Osten bis Casentino

Auf einem Hügel im Chianti erhebt sich das Castello di Brolio – die neue Enoteca kann man besichtigen

Service & Tipps:

Castello di Brolio
05 77-73 02 20, www.ricasoli.it
Castello März-Nov. geführte Touren Mo, Mi, Fr, Sa und So 10.30, täglich außerdem 15, Mo, Fr auch 17 Uhr, Museum Di-So 10.30-12.30 und 14.30-17.30 Uhr, Enoteca April-Okt. Mo-Fr 9-19.30, Sa/So/Fei 11-18.30, Nov.-März Mo-Fr 9-17.30 Uhr, Verkostung mit Voranmeldung € 5, 20. Dez-9. Jan. geschl.
Moderne Enoteca mit Verkauf und Weinprobe, in der Mitte gutes Restaurant (€€), oben die Burg, zu besichtigen sind der Garten (Blick!), die Kapelle und das neue Museo Storico.

⓫ Castello di Meleto

Vom Castello di Brolio geht es über die SS 484 durch das Anbaugebiet des »Chianti Classico«, wo große Tafeln mit dem *Gallo Nero* (schwarzer Hahn), dem Symbol des Konsortiums, den Weg säumen. Drei Kilometer vor Gaiole zweigt rechts ein Weg ab zum **Castello di Meleto** (12. Jh.), einem der wenigen Kastelle der Chianti-Burgenstraße, die zu besichtigen sind. Der Eintrittspreis beinhaltet auch eine Weinprobe. Zu besichtigen gibt es in der robusten Festung mit ihren zwei Eckbastionen außer fürstlichen, barocken Räumen im Erdgeschoss ein original erhaltenes Minitheater aus dem 17. Jahrhundert mit Balkon und der lateinischen Aufschrift »Panem et Circenses« (lat. Brot und Zirkusspiele).

Service & Tipps:

Castello di Meleto
Südl. von Gaiole,
05 77-74 92 17, Fax 05 77-74 97 62, www.castellomeleto.it
Führung (auch mit Weinprobe) nach Voranmeldung
Festung mit robusten Bastionen und schönem Renaissance-Innenhof. Verkauf von Wein und Grappa. Luxus-Ferienwohnungen.

Schon 1967 wurde der Chianti Classico zum D.O.C. erklärt, zum Wein mit kontrolliertem Ursprung. 1984 wurde das Gesetz strenger: Zur kontrollierten Herkunft kam die garantierte hinzu mit der Auszeichnung D.O.C.G. Das Ziel sind höchste Qualität und bewusst niedrig gehaltene Erträge. Das bedeutet, dass die Weinstöcke nur einen Haupttrieb tragen dürfen, der »Riserva« erst im fünften Jahr abgefüllt werden darf.

Nach früher 115 Doppelzentner Trauben pro Hektar sind jetzt nur 75 Doppelzentner zugelassen. Wenn die Weinmenge 20 Prozent übersteigt, wird die Produktion herabgestuft. D.O.C.-Weine dürfen auch offen, D.O.C.G. nur in Behältern mit höchstens fünf Liter verkauft werden.

*REGION 7
Chianti/Osten
bis Casentino*

⑫ Castiglion Fiorentino

Zwischen Arezzo und Cortona an der SS 71 liegt Castiglion Fiorentino. Das Städtchen besitzt eine imposante Mauer, mittelalterliche Türme, zwei noch heute verschließbare Stadttore und saubere Gassen mit preiswerten Lebensmittelgeschäften. Oben an der **Piazza San Francesco** hat man von einer Loggia aus einen weiten Blick über das Chiana-Tal, hier befindet sich eine Pinakothek mit einer erstaunlich wertvollen Gemäldesammlung.

Drei Kilometer südlich lohnt es sich, das **Castello Montecchio Vesponi**, ein trutziges, hoch über das Land ragendes Bollwerk östlich der Straße zu besuchen (Führung nur Sa 10, 11 und 12 Uhr, besser Voranmeldung ✆ 05 75-65 12 72).

Service & Tipps:

Pinacoteca Comunale
Piazza del Municipio s/n
Castiglion Fiorentino
✆ 05 75-65 74 66
www.castiglionfiorentinoweb.net
Di-So April-Okt. 10-12.30 und
16-18.30, Nov.-März 10-12.30 und
15.30-18 Uhr
Eintritt € 3 (ab 12 Jahre)

Sehenswerte Gemäldesammlung,
Werke u.a. von Giorgio Vasari und
Bartolomeo della Gatta.

Da Muzzicone
Piazza San Francesco 7
Castiglion Fiorentino
✆ 05 75-65 84 03
Di geschl.
Beliebtes Restaurant mit guter toskanischer Küche. €€

REGION 7
Chianti/Osten
bis Casentino

Von einer Mauer und verschließbaren Stadttoren umgeben: Castiglion Fiorentino

**REGION 7
Chianti/Osten
bis Casentino**

⓭ Cortona

Zwischen der Autobahn A 1 im Westen und der Straße 3bis im Osten liegt Cortona an der SS 71 südlich von Arezzo.

Sobald die Schnellstraße bei der Ausfahrt **Cortona** verlassen wird, sieht man, wie sich die Stadt, eine der ältesten der Toskana, in Terrassen an den Hang des Monte Sant' Egidio schmiegt (494–650 m). Aus der Zeit der Etrusker sind die massiven Stadtmauerfundamente heute noch zu sehen. Die Besucher brauchen feste Schuhe mit rutschfesten Gummisohlen und etwas Training, um über Treppen und unebene Gassen nach oben ins Herz der Stadt oder gar zur Burg zu gelangen.

Alle Anstrengungen sind auf der **Piazza della Repubblica** vergessen, sobald der hohe Rathausturm des Palazzo Comunale (13. Jh.) zwingt, den Kopf in den Nacken zu legen. Auf der ausladenden Freitreppe ruhen sich Einheimische und Besucher aus, am Abend gehört sie der Jugend. Hinter dem Rathaus verlangt der Palazzo Casali mit dem **Museo dell'Accademia Etrusca** Aufmerksamkeit. Zu den wichtigsten Schätzen der Sammlung gehören ein außergewöhnlicher etruskischer Kronleuchter mit Reliefs von Musikanten, 57 Kilogramm schwer (5. Jh. v. Chr.), das Holzmodell einer Totenbarke, Teil der ägyptischen Sammlung (2000 v. Chr.), sowie die Gemäldegalerie u.a. mit der »Geburt Christi« von Luca Signorelli (ca. 1450–1523).

Nördlich der Piazza della Repubblica befinden sich der **Duomo Santa Maria** und das **Museo Diocesano**. Einige der Höhepunkte sind Fra Angelicos (1387–1455) »Verkündigung« (1428–30), Luca Signorellis (1441–1523) »Beweinung« und Pietro Lorenzettis (um 1387–1455) »Kreuzigung«. Von der Piazza del Duomo spaziert man am besten über die **Via Janelli** zur zentralen Via Roma zurück, von dort über die Via Nazionale zur Piazza Garibaldi mit allerlei Geschäften, Boutiquen und Antiquitäten, Bars, Bäckereien und Metzgereien.

Zur Auflockerung des Programms lohnt der Weg über die Via Crucis hoch zur **Fortezza Medicea di Girifalco**. Dort genießt man einen schönen Blick vom begehbaren Wehrgang aus. Auch Autofahrer erreichen die Burg über das Santuario di S. Margherita.

Service & Tipps:

ⓘ **APT Cortona**
Via Nazionale 42, 52044 Cortona
✆ 05 75-63 03 52, Fax 05 75-63 06 56
www.comune.cortona.ar.it

🏛 **Museo dell'Accademia Etrusca**
Palazzo Casali, Piazza Signorelli 9 Cortona
Tägl. April-Okt. 10-19, Nov.-März Di-So 10-17 Uhr, Eintritt € 8/4 (6-12 J.)
U.a. sind zu sehen ein etruskischer Kronleuchter, Modell einer ägyptischen Totenbarke, wertvolle Gemäldegalerie.

🏛 **Museo Diocesano**
Piazza del Duomo 1, Cortona
Tägl. April-Okt. 10-19, Nov.-März 10-17 Uhr, ab Okt. Mo geschl.
Eintritt € 5/3 (6-12 Jahre)
Gemälde von Fra Angelico, Luca Signorelli und Pietro Lorenzetti.

👁 **La Fortezza Medicea di Girifalco**
Oberhalb Santuario di S. Margherita, Cortona
April-Juni und Sept. 10-18, Juli/Aug. bis 19 Uhr
Eintritt € 3/1,50 (6-12 Jahre)
Zwei Etagen mit Wechselausstellungen zeitgenössischer Künstler, vom 3. Stockwerk Zugang zur Burgmauer, ringsum mit Blick ins Chiana-Tal.

🍴 **Il Falconiere Relais**
Località San Martino
3 km nördl. Cortona
✆ 05 75-61 26 79, Mo/Di mittags (außer März-Okt.) geschl.
Eine der besten Adressen, mit Michelin-Stern, feine toskanische Küche.
€€€€

🍴 **Osteria del Teatro**
Via Maffei 2
Cortona
✆ 05 75-63 05 56, Mi geschl.

REGION 7
Chianti/Osten bis Casentino

Cortona: Piazza della Repubblica

Gemütliches, kleines Restaurant mit lokaler Küche, Spezialitäten: gefüllte Pasta, *straccetti* mit Chianti (eine Art Gulasch), Kaninchen, Perlhuhn, Tauben. €€

Il Cacciatore
Via Roma 11, Cortona
✆ 05 75-63 05 52
Mi sowie Jan.–Mitte Feb. geschl.
Einfaches Restaurant mit guter toskanischer Küche. €€

La Grotta
Piazza Baldelli 3, Cortona
✆ 05 75-63 02 71

Di sowie Jan. geschl.
Rustikales, preisgünstiges Restaurant, lokale Küche. €€

Antica Drogheria
Via Nazionale 3
Cortona
Schönes Geschäft mit reichem Sortiment an Weinen und Grappe sowie landwirtschaftlichen Produkten.

Wichtiges Fest in Cortona
14./15. August: Bei der *Sagra della Bistecca* werden auf einem 14 m^2 großen Grill einige tausend *Bistecce fiorentine* gebrutzelt.

REGION 7
Chianti/Osten bis Casentino

Ausflugstipp:

Auf der Superstrada Sinalunga–Perugia geradeaus weiter, vorbei am Abzweig nach Cortona, erreicht man schnell den **Lago Trasimeno**. Im Norden des Sees, in **Tuoro**, beginnt eine sehenswerte Rundtour zum Schlachtfeld des Hannibal, der hier 217 v. Chr. das römische Heer vernichtend geschlagen hat (vgl. »Hannibals Zug durch die Toskana«, S. 175 f.). Tuoro ist seit dem Mittelalter auch wegen seiner Sandsteine berühmt. Zur Erinnerung wurde aus diesem Material entlang dem Ufer bei der Punta Navaccia der »Campo del Sole« verwirklicht, 27 Säulen verschiedener Künstler aus aller Welt, deren Werke – halb Landschaftsarchitektur, halb Skulptur – sich um ein Sonnensymbol gruppieren. Wer einen wildromantischen Weg nach Cortona sucht, also nicht die stark befahrene SS 71 fahren möchte, wählt die nach Norden führende 416 zum Pass Valico Gosparini mit Blick auf den Trasimeno-See und der empfehlenswerten Bar und Trattoria **Lo Scoiattolo** (Eichhörnchen).

Weiter geht es in das grüne Val di Pierle mit der immer wieder nach Kurven auftauchenden, die Neugier erregenden Rocca di Pierle aus dem 11. Jh. Die SP 35 kommt dann von Osten in Cortona an.

Lo Scoiattolo
Lisciano Niccone
Località Gosparini
✆ 075-84 44 19, Di geschl.
Gute lokale Küche, Verkauf von einheimischen Produkten, auch Panini. Preiswertes Tagesmenü mit Getränk
€€

⓮ Gaiole in Chianti

Aus dem Norden auf der SS 2 die Abfahrt Poggibonsi und über Castellina und Radda nach Gaiole. Auf der Autobahn A 1 Abfahrt Valdarno und bei Montevarchi auf die SS 408 nach Westen.

Der Weinort liegt im Nordosten von Siena an der SS 408. Gaiole ist durch die zur Fußgängerzone umgebaute Via Ricasoli richtig gemütlich geworden, es macht Spaß hier zu bummeln, vielleicht für ein Picknick einzukaufen oder ein leckeres Eis zu essen.

Ein Kilometer westlich liegt das **Castello di Spaltenna**, ein aufgegebenes Kloster (13. Jh.) mit großartigem Blick in das Arbia-Tal. Die Klosterbesichtigung genießen nur Gäste des Hauses. In der romanischen Kirche (ab 11. Jh.) befindet sich ein sehenswertes und wundertätiges Kruzifix (14. Jh.).

Service & Tipps:

Pro Loco
Via Galileo Galilei 11, südl. Ortseingang, 53013 Gaiole in Chianti
✆ 05 77-74 94 11
www.comunegaiole.si.it

Castello di Spaltenna
Località Spaltenna
Gaiole in Chianti
✆ 05 77-74 94 83
Jan.-Mitte März geschl.
Verfeinerte toskanische Küche, stilvolles Ambiente. €€€€

Il Carlino d'Oro
Località San Regolo
Via Brolio s/n
Gaiole in Chianti
✆ 05 77-74 71 36
Mo und letzte Juliwoche geschl., nur mittags und abends
Einfaches Restaurant mit guter toskanischer Küche, Spezialität: frittiertes Huhn und Kaninchen, Leber vom Jungochsen. €

Sfizio di Bianchi
Via Ricasoli 44/46
Gaiole in Chianti
✆ 05 77-74 95 01
Mo geschl.
Für den kleinen Hunger Panini, Pizza und auch hausgemachtes Eis.
€€

Weinverkauf vom Erzeuger:
– Cantina Agricoltori del
Chianti Geografico
Via Mulinaccio 10
Gaiole in Chianti

300 m nach der Kreuzung mit der SP 2 nach Radda, rechte Seite
www.chiantigeografico.it
– Rocca die Gastagnoli, via Ricasoli s/n
Gaiole in Chianti

**REGION 7
Chianti/Osten
bis Casentino**

⓯ Greve in Chianti

Der Weinort liegt nördlich von Siena an der Chiantigiana (SS 222), parallel zur Via Cassia (SS 2, Ausfahrt San Casciano) im Zentrum des Chianti-Gebiets. Seine Bedeutung zeigt sich schon an dem großen Marktplatz, dem Mercatale, wo samstags der Wochenmarkt abgehalten wird und im September die *Mostra Mercato del Chianti*, die Weinmesse des Chianti Classico mit Spezialitäten der Chianti-Küche. Greve ist zu jeder Zeit ein Einkaufsort, vor allem die Spezialitäten vom Wildschwein muss man probieren.

Im Chianti ist die typische Bauweise eines toskanischen Gutshauses zu entdecken: In der Mitte der Gebäude erhebt sich ein Türmchen, Colombaia genannt, ein Taubenturm. Diese Einrichtung stammt noch aus ärmeren Zeiten, als die Toskaner zur preiswerten Selbstversorgung Täubchen züchteten. Diese Sitte hat etwas nachgelassen, aber der Appetit nach dem flatternden Genuss ist geblieben, spezielle Taubengüter haben die Produktion übernommen. Und die Colombaie werden zu Ferienapartments ausgebaut.

Service & Tipps:

Pro Loco
Piazza Matteotti 8
50022 Greve in Chianti
℃ 05 58-54 52 71, Fax 05 58-54 46 54
www.comune.greve-in-chianti.fi.it

Da Padellina
Corso del Popolo 54
Greve in Chianti
℃ 05 58-5 83 88
Do sowie Mitte–Ende Aug. geschl.
Echte Trattoria, gute toskanische Küche, Spezialität: *peposo alla fornacina*, Kalbsgulasch aus dem Ofen. €€

La Cantinetta di Rignana
Località Rignana
Greve in Chianti
℃ 05 58-5 26 01
Di geschl.
Uriges Restaurant mit Terrasse, toskanische Küche, Grillspezialitäten.
€€€

Antica Macelleria Falorni
Piazza Matteotti 69-70
Greve in Chianti
Metzgerei mit sehr großer Auswahl an Wurst und Schinken, Wildschwein-Spezialitäten (Verkostung), auch Weinverkauf.

»La Cantinetta di Rignana« bei Greve

REGION 7
Chianti/Osten bis Casentino

🔟 La Verna/Chiusi della Verna

Das **Santuario della Verna** liegt inmitten von Birken- und Kiefernwäldern. Man muss an diesem Wallfahrtsort tolerant oder sehr gläubig sein, denn der Rummel ist groß und die Wartezeiten vor verehrungswürdigen Punkten sind lang. Anhänger des Künstlers Andrea della Robbia kommen auf jeden Fall auf ihre Kosten. Zahlreiche seiner Terrakotten hängen in der **Basilika Santa Maria Assunta** und ein Altarbild »der Gekreuzigte« in der **Capella delle Stimmate**.

Im **Sasso Spicco**, einer Felsenhöhle, in der der heilige Franz 50 Tage lang meditierte, ist es eng und niedrig, denn Franz war nur 1,60 Meter groß. Sein Bett, ein Gitterrost, haben Souvenirjäger zerfleddert. Jetzt sind die Wächter aufmerksamer und lotsen die drängelnden Besucher in Gruppen in die Grotte. Außerhalb der Anlage führen enge und steile Wege durch eine romantische Landschaft mit bewaldeten Felsen, Grotten und kleinen Kapellen dazwischen – die Plätze erinnern an den Mann, der mit den Tieren sprach.

Der heilige Franz von Assisi bekam 1213 den Berg La Verna geschenkt, wo er 50 Tage lang meditiert haben soll

Service & Tipps:

👁 **Santuario della Verna**
Von Bibbiena auf der SS 208 nach Norden und dann nach Osten Basilika im Sommer von 6.30–21.30, im Winter bis 19.30 Uhr, Cappella delle Stimmate 8–19, im Winter bis 17 Uhr, Spende erbeten Wallfahrtsort, touristischer Anziehungspunkt, Stationen des heiligen Franz von Assisi. Wegen des großen Andrangs gibt es lange Wartezeiten.

✗ **Foresteria del Pellegrino**
Im Santuario della Verna
☎ 05 75-53 42 10
🍸 Großer, rustikaler Klosterspeisesaal, lokale Küche, mit Bar. €

✗ **Da Giovanna**
Viale San Francesco 33

Chiusi della Verna
℗ 05 75-59 92 75
Nov.-Ostern geschl.

Rustikales, gemütliches Restaurant, hausgemachte Pasta, Spezialitäten: Wildschwein und Steinpilze. €€

**REGION 7
Chianti/Osten
bis Casentino**

⓱ Monterchi

Im befestigten Dorf Monterchi befindet sich eine Besonderheit aus der Hand Piero de la Francescas: die »Madonna del Parto«, die schwangere Jungfrau Maria, zum ersten Mal in der abendländischen Malerei in diesem Zustand dargestellt. Mit verinnerlichtem Blick hält sie ihre Hand an das am Bauch leicht geöffnete Gewand. Es ist eine Frau aus dem Volk. Man sagt, Piero habe das Gesicht seiner Mutter als Modell gewählt. Das Gemälde hängt seit der Restaurierung in der früheren Volksschule im **Museo Madonna del Parto** in einem würdigen, sanft ausgeleuchteten Raum. Wer noch Zeit findet, sollte in der Gasse über der alten Schule das **Museo delle Bilanci e Pesi**, eine hochinteressante Sammlung mit Waagen aller Art besuchen.

Von Arezzo auf der SS 73 nach Osten, im Weiler Le Ville auf eine Nebenstraße abzweigen.

Service & Tipps:

🏛 **Museo Madonna del Parto**
Via Reglia 1, 52035 Monterchi
April-Okt. 9-13 und 14-19,
Nov.-März 9-13 und 14-17 Uhr
Eintritt € 3,50/2 (Schüler/Studenten), unter 14 Jahre und Schwangere (!) frei
Pieros »Madonna del Parto«.

🏛 **Museo delle Bilance**
Via XX Settembre s/n

Monterchi
℗ 05 75-707 10
Alle Waagen (Kartoffeln, Käse, Babys, Feingold etc.) und Gewichte. Wegen Erdbebenschäden Neueröffnung unsicher! Vorher anrufen.

✗ **Frà Pacifico**
Via dell'Ospedale 23, Monterchi
Di-So 10-19 Uhr geöffnet
Einfache, kleine Bar, schmackhafte Panini, Aufschnitt für Picknick. €

⓲ Monte San Savino/Gargonza

Das aus einem Kastell entstandene Städtchen Monte San Savino in 331 Metern Höhe eignet sich ebenso gut für den Einkauf von Wurst und Schinken wie für einen Blick in die Antiquitätengeschäfte. Deren Nachschub scheint nie auszugehen, denn immer wieder wird ein Landgut aufgelöst.

Auf einer serpentinenreichen Straße nach Westen erreicht man das pittoresk gelegene, von Mauern umgebene **Castello di Gargonza**. Nach mühevoller Restaurierung wurde hier ein edles Hotel eingerichtet (s. Unterkünfte S. 223), außerhalb der Mauer neben dem Pool steht das noble Restaurant mit Sonnenterrasse und Blick über die Wälder und die Val di Chiana.

Von Siena auf der SS 73 nach Osten, kurz vor dem Tal der Chiana.

Service & Tipps:

✗ **La Torre di Gargonza**
Località Gargonza
52048 Monte San Savino
℗ 05 75-84 70 21
Elegantes Restaurant, typisch toskanische Küche, hausgemachte Pasta, Spezialitäten: Chianina-Steak in Rosmarin-Soße, Wildschwein in Wacholder-Soße.
€€€-€€€€

✗ **Osteria del Cacciatore**
Loc. Dreini 39
von Monte San Savino Richtung Gargonza, ℗ 05 75-84 70 55, Mi geschl.
Gemütliches Restaurant mit offener Küche, Wildspezialitäten, Fleisch vom Grill, auch Pizza. €

REGION 7
Chianti/Osten bis Casentino

Von der Autobahn A 1 Abfahrt Valdarno und bei Montevarchi auf die SS 408 nach Westen; vom Westen kommend von Radda aus die Straße Richtung Montemuro ins Pesa-Tal, an der ersten großen Kreuzung 500 Meter nach rechts.

Poppi: Dante war Gast im Castello dei Guidi

⑲ Parco di Cavriglia

Der Parco di Cavriglia ist umgeben von einem Waldgebiet mit Flaum- und Steineichen, Kastanien und Akazien sowie dichter Macchia, zwischendurch leuchten die braunroten Stämme des Erdbeerbaums.
Ein ideales Wandergebiet. Früher gab es hier exotische Tiere, doch durch Alter und schlechte Pflege sind die meisten eingegangen. Nur die Lamas sind geblieben, deren Jungtiere Familien gründen und im Umkreis von 40 Kilometer zu finden sind. Die Gemeinde will einheimische Tiere ansiedeln, um das Wandergebiet attraktiver zu machen.

Service & Tipps:

Ufficio del Turismo
Viale Principe di Piemonte 9
52022 Cavriglia
✆ 05 96-697 31
turismo@comune.cavriglia.ar.it
Auskünfte über den aktuellen Zustand des Parks und Wanderkarten.

Locanda Borgo Antico
Strecke Parco di Cavriglia-Greve, Località Lucolena
Via Case Sparse 115
✆ 05 58-510 24, Di geschl.
Rustikales Restaurant mit klassischer toskanischer Küche, gute Pasta, Spezialität: Schweinskarree mit Bohnen.
€€-€€€

⑳ Parco Sculpture del Chianti

Von der SS 222 (Chiantigiana) Richtung Castellina etwa 1,5 Kilometer nördlich von Siena rechts ab Richtung Vagliagli; nach 8 Kilometern rechts ab Richtung Piecasciata, nach 4 Kilometern der Park vor dem Ort.
Zu sehen sind zeitgenössische Skulpturen mitten in der Natur. Die Künstler aus 20 Ländern konnten selbst den Platz ihrer Werke aussuchen, damit sie eine Einheit mit der sie umgebenden Natur bilden.
Dem Park gegenüber werden in der Kunstgalerie »La Fornace« wechselnde Ausstellungen zeitgenössischer Künstler gezeigt.

Service & Tipps:

Parco Sculture del Chianti
Località La Fornace
✆ 05 77-35 71 51
www.chiantisculpturepark.it
April-Okt. 10 Uhr bis Sonnenuntergang, sonst nach Vereinbarung
Eintritt € 7,50/5 (6–16 Jahren)
Zeitgenössische Kunst in einem 3 200 m² großen Park.

㉑ Poppi

Östlich von Florenz an der SS 70, kurz vor Bibbiena, liegt Poppi.

Vom Parkplatz am Stadtrand gelangt man über die Via Cavour an Arkaden und Palästen vorbei zur **Kirche San Fedele**. Der Höhepunkt dort sind sechs Renaissancealtäre mit teils farbenfrohen Gemälden im Hauptschiff. Am dritten Altar rechts ein interessantes Tafelbild: »Madonna mit Kind« (Maestro della Maddalena, Ende 13. Jh.), die Madonna im roten langen Kleid mit freigelegten Knien – ein Versuch, Perspektive zu schaffen.

An der höchsten Stelle des Ortes zeigt sich trutzig das mit Zinnen bewehrte **Castello dei Conti Guidi** oder Palazzo Pretorio (12. Jh.), eines der besterhaltenen mittelalterlichen Baudenkmäler der Toskana. Davor ein neuer Park mit einer Dante-Büste. Der große Geist war Gast der mächtigen Feudalherren der Guidi, die es schafften, in ihrem durch Berge geschützten Hochtal bis 1440 von Florenz unabhängig zu bleiben.

Vom Vorplatz bietet sich ein umfassender Blick in das Quellgebiet des Arno, den Machtbereich der Guidi, und nach Bibbiena. Neben kostbar ausgestatteten Wohnräumen sind in der Burgkapelle wunderbare Fresken zu sehen, darunter die mystische Darstellung der »Auferstehung der Drusiana« von Taddeo Gaddi, 14. Jahrhundert. Weitere wertvolle Gemälde wie das zarte, anrührende Bild »Madonna mit Kind zwischen zwei Heiligen« vom Anfang des 16. Jahrhunderts finden sich in der Sala delle Feste. Schließlich gibt es noch die reiche Bibliothek, mit über 20 000 Folianten und Handschriften vom 10. bis 15. Jahrhundert.

REGION 7
Chianti/Osten
bis Casentino

Mittelalterliches Baudenkmal: Castello dei Conti Guidi in Poppi

REGION 7
Chianti/Osten bis Casentino

Die Burgen in Poppi und Pratovecchio waren im Besitz der Conti Guidi, die neben vielen Ehrengästen auch Dante Alighieri (1265–1321), den größten Dichter Italiens, beherbergten. Dieser hatte gegen die Einmischungsversuche des Papstes Bonifatius VIII. in die Politik von Florenz opponiert und wurde 1302 aus der Stadt verbannt, wenig später sogar zum Tode verurteilt. So musste Dante in mehreren Fluchtstationen leben, bis er 1321 in Ravenna starb.

Service & Tipps:

Pro Loco
Via Cavour 6, 52014 Poppi
Kein telefonischer Service
www.comune.poppi.ar.it

Campaldino
Via Roma 95, Ponte a Poppi
✆ 05 75-52 90 08
Mi (außer Aug.) sowie 1.–20. Juli geschl.
Gutes Restaurant mit lokaler Küche. €€

Il Cedro
Via di Camaldoli 20, Moggiona di Poppi (nördl. Poppi, vor Camaldoli)
Mo geschl. (außer 15. Juli-Aug.), Tisch vorbestellen, ✆ 05 75-55 60 80
Gepflegtes Restaurant, hervorragende toskanische Küche, vorwiegend Fleisch. €€

Casentino
Piazza della Repubblica 6
gegenüber Castello, Poppi
✆ 05 75-52 90 90
Mi geschl.
Gutes, preiswertes Restaurant mit Casentino-Küche im ehemaligen Pferdestall des Castello. €€

Kirche San Fedele
Via Cavour s/n, Poppi
Tägl. 10-13 und 15-19 Uhr
Sechs Renaissancealtäre mit farbenfrohen Gemälden.

Castello dei Conti Guidi
Im Palazzo Pretorio
Piazza del Castello, Poppi
Mitte März-Okt. tägl. 10-18, Juli/Aug. 10-19, Nov.-Mitte März Do-So 10-17 Uhr
Eintritt € 4/3 (6-12 Jahre), Turmbesteigung € 2
Gut erhaltene Burg des Mittelalters, Fresken und Gemälde in der Burgkapelle und in der Sala delle Feste; Bibliothek mit 20 000 Folianten und Handschriften.

㉒ Pratovecchio

Von Poppi aus auf der SS 310 nach Norden gelangt man nach Pratovechio.
   Auf einem Hügel oberhalb des Dorfes steht die romantische Ruine des **Castello di Romena** (1000 n. Chr.), eine ehemalige Guidi-Burg, wo sich Dante als Gast der Fürsten Guidi aufgehalten hat (s. auch Poppi), nachdem er Anfang des 14. Jahrhundert aus Florenz verbannt worden war. In diesem Exil ließ er sich zu Gesängen für »Die Göttliche Komödie« inspirieren. Unterhalb der Burgruine befindet sich das **Museo Archeologico e delle Arme.** Die zweite Besonderheit in Pratovecchio ist die **Pieve di San Pietro a Romena** (1152), eines der bedeutendsten romanischen Bauwerke der Toskana, auf Resten eines etruskischen und römischen Tempels erbaut. Beachtenswert sind die Kapitelle mit den vier Evangelisten sowie die elegante Apsis.

Service & Tipps:

Museo Archeologico e delle Arme
Castello di Romena, Pratovecchio
Wird restauriert, wegen Öffnungszeiten besser beim Kustoden anmelden (✆ 05 75-58 37 25).
Archäologische Funde und Waffensammlung.

Pieve di San Pietro a Romena
Außerhalb von Pratovecchio, gut ausgeschildert
Gegenüber der Kirche nach Signora Cipriani, die den Schlüssel verwahrt, fragen oder vorher anrufen (✆ 05 75-58 37 25)
Bedeutendes romanisches Bauwerk.

Gli Accaniti
Via Fiorentina 12, Pratovecchio
✆ 05 75-58 33 45
Di und 3.–20. Nov. geschl.
Kleines Restaurant am Arno, Fleisch- und Fischgerichte. €€

La Tana degli Orsi
Via Roma 1, Pratovecchio
✆ 05 75-58 33 77
Mi geschl., nur abends
Mit Enoteca, phantasievolle Küche. Spezialität: Kaninchenragout, Rehrücken mit Artischocken. €€

㉓ Radda in Chianti

> **REGION 7**
> **Chianti/Osten bis Casentino**

Der Weinort liegt an der SS 429 gut 20 Kilometer nördlich von Siena. Wer von Norden kommt, wählt an der SS 2 die Abfahrt Poggibonsi und fährt von dort über Castellina nach Radda. Auf der Autobahn A 1 wähle man die Abfahrt Valdarno und fahre bei Montevarchi auf die SS 408, dann 429 nach Westen.

In dem mittelalterlichen, höchstgelegenen Weinstädtchen des Chianti (633 m) gibt es viele Möglichkeiten, sich in der alten, verkehrsfreien Via Roma mit Proviant zu versorgen. Parallel zur Shoppingmeile macht eine freigelegte, teils überdachte mittelalterliche Gasse neugierig: der **Camminamento Medievale** (14. Jh.), der direkt zum Palazzo del Podestà (16. Jh.) führt.

Service & Tipps:

Pro Loco
Piazza del Castello
53017 Radda in Chianti
✆ und Fax 05 77-73 84 94
proradda@chiantinet.it

Le Vigne
Località Le Vigne
Radda in Chianti
✆ 05 77-73 86 40
Di, Dez.–Feb. geschl.
Rustikales Landrestaurant, gute toskanische Küche. €€

Einkaufsgässchen Via Roma in Radda in Chianti

**REGION 7
Chianti/Osten
bis Casentino**

24 Sansepolcro

Das blitzblanke Städtchen ist der Geburtsort von Piero della Francesca (um 1415/20–92). Stickereien, feiner Goldschmuck und sogar Armbrüste werden hier gefertigt. Letztere kommen beispielsweise am zweiten Septembersonntag zum Einsatz, wenn die Schützen aus Gubbio (Umbrien) kommen, um sich mit Sansepolcro im Wettkampf zu messen.

Die größte Leistung der Stadt, in der Piero auch lange Zeit als Ratsherr diente, ist der Ausbau des **Museo Civico** mit der **Pinacoteca Comunale** mit hochkarätigen Werken aus der Schaffenszeit ihres verehrten Meisters. Zwei Werke von Piero della Francesca verdienen eine längere Betrachtung: das Polyptychon »Madonna della Misericordia« (Schutzmantelmadonna) und die »Auferstehung«. Ebenso mütterlich ergreifend wie die Schwangere Madonna von Monterchi wirkt vor goldenem Hintergrund die rot gekleidete Madonna, die ihren dunklen Mantel schützend über acht vor ihr kniende, um Hilfe bittende Gläubige, Vertreter verschiedener Stände, breitet.

Auf dem anderen Werk setzt der wieder auferstandene Christus einen Fuß siegesbewusst auf die Brüstung des Grabes. Mit einem zartrosa Gewand über der linken Schulter schaut er majestätisch über die vier schlafenden Wächter hinweg, deren derbe Gesichter – wie auch auf anderen Gemälden – Pieros Vorliebe für Modelle aus seiner ländlichen Umgebung beweisen.

Sansepolcro ist von Arezzo aus nordöstlich über die SS 73, vom Norden über die Straße 3bis erreichbar.

Der große toskanische Künstler Piero della Francesca, einer der genialsten Maler der Frührenaissance, wurde zwischen 1415 und 1420 in Sansepolcro geboren und ist dort auch 1492 gestorben. Seinen kunsthistorischen Namen erhielt er nach der Kirche San Francesco in Arezzo (s. S. 143). Dort hat der Maler sein ergreifendstes Werk geschaffen: den Freskenzyklus zur Kreuzeslegende. Auch in der Pinacoteca Comunale sind große Werke des Meisters zu bewundern.

Service & Tipps:

APT Sansepolcro
Via Mattcotti 8
52037 Sansepolcro
℡ 05 75-74 05 36
www.apt.arezzo.it

Museo Civico, Pinacoteca Comunale
Via Aggiunti 65, Sansepolcro
Mitte Juni–Mitte Sept. 9–13.30 und 14.30–19, Mitte Sept.–Mitte Mai 9.30–13 und 14.30–19 Uhr, Eintritt € 6,20/3 (10–18 J.)
U.a. Piero della Francescas Werke »Madonna della Misericordia« (Schutzmantelmadonna) und »Auferstehung«.

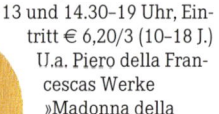

Aboca Museum
Via Niccolò Aggiunti 75, Palazzo Bourbon del Monte, Sansepolcro
April–Sept. tägl 10–13 und 15–19, Okt.–März Mo geschl., sonst 10–13 und 14.30–18 Uhr, Eintritt € 8/4 (10–14 Jahre und über 65 Jahre)
In Europa einzigartiges Apotheken-Museum: medizinische Kräuter zum Anfassen und Riechen, Raum mit Trockenkräutern an der Decke – ein Duftrausch, Apotheken-Keramik und Gläser, Destillier- und Extraktionsgeräte.

La Balestra
Via Montefeltro 29
Sansepolcro
℡ 05 75-73 51 51
So abends sowie Ende Juli–Mitte Aug. geschl.
Gutes Hotelrestaurant mit lokaler Küche. €€

Fiorentino
Via Luca Pacioli 60
Sansepolcro
℡ 05 75-74 20 33
Mi sowie Ende Juli geschl.

Piero della Francescas Polyptychon mit der Schutzmantelmadonna (1445-62) in der Pinacoteca Comunale in Sansepolcro

Geschmackvoll eingerichtetes Restaurant mit lokaler Küche. €€

Il Convivio
Via Ambrogio Traversari 1, nahe Museo Civico, Sansepolcro
✆ 05 75-73 65 43
Di geschl.
Restaurant in einem Renaissancepalast, vorzügliche Küche des Tiber-Tals, sehr gute Pasta. €€

Da Ventura
Via Aggiunti 30, Sansepolcro
✆ 05 75-74 25 60
So abends und Mo geschl.
Beliebte Trattoria, lokale Spezialitäten, alles hausgemacht, reicher Vorspeisenwagen. €€

Il Telaio
Via Matteotti 18
Sansepolcro
Traditionelle *merletti* (Spitzenarbeiten).

Busatti
Via Piero della Francesca 48 a
Sansepolcro
Webstoffe für den gesamten Haushalt.

Wichtiges Fest in Sansepolcro
2. So im September: *Palio della Balestra*, historisches Armbrustschießen im Wettbewerb mit Gubbio/Umbrien, Umzug in prächtigen Renaissancekostümen.

REGION 7
Chianti/Osten
bis Casentino

㉕ Stia

Der kleine, gemütliche Ort ist vor allem durch seinen *panno*, einen speziellen Wollstoff, bekannt. Die Geschäfte und Restaurants versammeln sich vorwiegend um die weite **Piazza Tanucci**, auf der seit 1502 dienstags ein Markt stattfindet, das Recht wurde von Florenz verliehen. Ebenfalls am Platz die Pfarrkirche **Santa Maria Assunta** (11. Jh.) mit wertvollen Kunstwerken von Bicci di Lorenzo und Andrea della Robbia. An erster Stelle wird das bedeutende, wunderschöne Renaissance-Gemälde »Verkündigung« von Bicci di Lorenzo (1414) aufgesucht.

Außerhalb von Stia ragt das **Castello di Porciano** über die Dächer. Das hohe Turmhaus (11. Jh.) wurde restauriert und zeigt eine interessante Sammlung von Geräten und Werkzeugen der ländlichen Kultur.

Von Florenz ostwärts über die SS 70, an der großen Kreuzung vor dem Arno nach Norden.

Service & Tipps:

Santa Maria Assunta
Piazza Tanucci s/n
Stia
Tägl. 7.30–19 Uhr
Schöne Kapitele, Renaissance-Bild »Verkündigung«.

Castello di Porciano
außerhalb Stia, ausgeschildert
Mai-Okt. So/Fei 10–12 und 16–19 Uhr
Casentinisches Schloss mit Turmhaus, Sammlung ländlicher Geräte.

Trattoria da Filetto
Piazza B. Tanucci 28
Stia
✆ 05 75-58 36 31
Nur mittags, Sa geschl.
Traditionelles Restaurant (seit 160 Jahren), Spezialitäten des Alto Casentino. €€

Miramonti
Kurz vor dem Consuma-Pass an der SS 70
✆ 05 58-30 65 66
Modernes Restaurant, typische casentinische Küche, Spezialität: Zicklein und Lamm aus dem Backofen. Mit Pizzeria. €€

Panno, ein spezieller Stoff
Im Casentino wird seit alters ein spezieller Wollstoff hergestellt, gewalkter Loden mit Noppen für Kleider, Decken, Taschen etc. Gute Einkaufsadressen in Stia:
– T.A.C.S., Via Sanarelli 49
– Tessilnova, Via G. Sartori 2/4
T.A.C.S verkauft auch in Poppi, Via dei Conti Guidi 9.

Toskanische Künstler und ihre Legenden

Dem in Arezzo geborenen Multitalent **Giorgio Vasari** (1511–74), Maler und Zeichner, Architekt und Schriftsteller, ist es zu verdanken, dass die Nachwelt viele Einzelheiten über die großen Künstler der Toskana erfuhr. Das etwas ungewöhnliche Angebot, im päpstlichen Auftrag »etwas Besonderes« zu schaffen, machte ihn zum Chronisten einer künstlerisch äußerst fruchtbaren Epoche. Vasari schrieb die Künstlerviten »Lebensgeschichten der berühmtesten Maler, Bildhauer und Architekten der Renaissance«.

Spannend sind die Legenden, vielleicht sind es auch Wahrheiten, um die Entdeckung mancher Künstler. Wie in einem Landschaftsbild der Renaissance kann man nachvollziehen, was Vasari beispielsweise über **Giotto** (1266–1337) schreibt: »Als er zehn Jahre alt war, gab ihm Bondone (sein Vater) einige Schafe zu hüten, die er auf dessen Grundbesitz da und dort weiden ließ, und weil ihn die Neigung seines Herzens zur Zeichenkunst trieb, vergnügte er sich dabei, auf Steine, Erde und Sand immer etwas nach der Natur, oder was ihm sonst in den Sinn kam, zu zeichnen. Da ging eines Tages **Cimabue** (Giovanni, um 1240 bis nach 1302) eines Geschäftes halber von Florenz nach Vespignano (vgl. Borgo San Lorenzo, S. 45) und fand Giotto, der während seine Schafe weideten auf einer ebenen Steinplatte mit einem etwas zugespitzten Steine ein Schaf nach dem Leben zeichnete, was ihn niemand gelehrt, sondern was er nur von der Natur gelernt hatte. Cimabue blieb stehen, verwunderte sich sehr und fragte ihn, ob

Giotto (1266–1337): Flucht nach Ägypten (um 1310), Fresko in der Unterkirche der Basilica di San Francesco in Assisi

er mit ihm kommen und bei ihm bleiben wolle, worauf der Knabe antwortete: Wenn sein Vater damit zufrieden sei, so würde er es gern tun. Cimabue verlangte ihn demnach von Bondone, und dieser willigte gern darein, dass er ihn mit sich nach Florenz führe, woselbst der Knabe, von Cimabue unterrichtet und von der Natur unterstützt, nach kurzer Zeit nicht nur die Manier seines Meis-

Toskanische Künstler und ihre Legenden

ters erlernte, sondern auch die Natur so treu nachahmte, dass er die plumpe griechische Methode ganz verbannte und die neue und richtigere Weise der Malerei hervorrief, indem er die Bahn brach, lebende Personen gut nach der Natur zu zeichnen, was mehr als zweihundert Jahre nicht geschehen war ...«

Luca della Robbia: glasierte Terrakotta

Zum Verständnis, wie gut das Verhältnis zwischen Meister und Schüler war, gehört die Anekdote mit der Fliege: Während Cimabue einmal länger Pause machte, malte Giotto eine Fliege auf die Nase einer von Cimabues Figuren. Der Meister kam zurück und versuchte mehrmals, das Insekt mit der Hand fortzuscheuchen. – Man kann fast das schallende Lachen hören, das die Werkstatt nach diesem genialen Streich erfüllte.

Aufschlussreich ist die Geschichte, wie **Luca della Robbia** (1399–1482), Begründer der Della-Robbia-Künstlerdynastie, seine leuchtenden, glasierten Terrakotten erfand. Luca war ein begnadeter Bildhauer, der Tag und Nacht mit Meißel und Zeichenstift arbeitete, und »wenn ihm des Nachts die Füße steif wurden, er sie oft, um nicht von der Arbeit zu gehen, zur Erwärmung in einen Korb mit Sägespänen steckte«. Doch bald erkannte der Künstler, dass das Preis-Leistungs-Verhältnis seiner Auftragsarbeiten nicht in Ordnung war.

Er überlegte, es sei einfacher und weniger anstrengend, mit Tonerde zu arbeiten, nur müsse er ein Mittel finden, das »dieser

Toskanische Künstler und ihre Legenden

Art von Werken Dauer zu geben vermöchte, wie man sie gegen Zerstörung der Zeit schützen könne«. Nach vielen Versuchen gelang es ihm, einen glasierten Überzug aus Zinn, Antimonium und anderen Mineralien zu mischen, die im Schmelzofen zu einer Glasur von fast ewiger Dauer wurden.

Der Karmelitermönch **Fra Filippo Lippi** (um 1406-69) war schon mit zwei Jahren Vollwaise. Die Schwester des verstorbenen Vaters zog ihn bis zum achten Jahr mühevoll auf und brachte ihn dann in das Kloster del Carmine in Florenz, damit er Mönch werde. Statt zu studieren »ließ er nicht ab, auf seine und der anderen Bücher Fratzen und Figuren zu zeichnen, und der Prior beschloss endlich, ihm auf alle Weise behilflich zu sein, dass er das Malen erlerne«.

Masaccio (1401-28), der als Begründer der italienischen Frührenaissance-Malerei gilt, war Lippis Lehrmeister, und bald ähnelten die Bilder des Schülers dem seines Vorbilds.

Filippino Lippi (um 1457-1504): Die Anbetung der Heiligen Drei Könige (1496), Uffizien, Florenz

Mit 17 Jahren trat Fra Filippo Lippi aus dem geistlichen Orden aus. Bei einem Aufenthalt in Ancona (Marken) wurde er mit seinen Freunden von einem maurischen Kaperschiff gefangen und in die Berberei gebracht. 18 Monate schmachtete er als Sklave in Ketten, dann kam ihm der Gedanke, seinen Herrn mit Kohle vom Feuer auf eine weiße Wand zu malen. Die Aufseher sprachen von einem Wunder und Filippo musste seinem Herrn einige farbige Bilder malen, danach wurde er nach Neapel zurückgebracht.

Bei Auftragsarbeiten in Prato weilte er im Kloster Santa Margherita, um die Tafel für den Hauptaltar zu malen. Während der Arbeit geschah es dann: »... dort erblickte er eines Tages die Tochter des Florentiners Francesco Buti, welche in jenem Kloster entweder unter Aufsicht stand oder Nonne werden sollte. Fra Filippo betrachtete Lucrezia, und da sie schön und anmutig war, wusste er die Nonnen dahin zu bewegen, dass er sie zeichnen und dieses Porträt für die Mutter Gottes in dem Altarbilde verwenden durfte«.

Es kam wie es kommen musste: Filippo verliebte sich immer mehr in das Mädchen, und es gelang ihm, Lucrezia zu entführen, ausgerechnet an Pratos heiligstem Tag, an dem alle Nonnen ausgehen durften, um den Gürtel der Heiligen Jungfrau zu bewundern (vgl. Prato S. 72 f.). Lucrezia blieb bei Filippo, sie gebar ihm einen Sohn, der später als Filippino (1457-1504) in die Fußstapfen seines Vaters treten sollte.

Domenico Ghirlandaio (1449–94), dessen Kunstfertigkeit zum Beispiel in Florenz in der Kirche Santa Maria Novella zu bewundern ist (vgl. Florenz S. 36 f.), hatte auch mit den Niederungen des täglichen Lebens zu kämpfen.

Um einen Auftrag in der Abtei von Passignano auszuführen, schickte er seinen Bruder David und Bastiano da San Gimignano voraus, um die Arbeit vorzubereiten. Beide wurden dort wie Handlanger behandelt und bekamen schlechtes Essen. Auch Beschwerden beim Abt brachten keine Besserung. Das blieb auch so, als Domenico kam. Dann aber ergriff David der Zorn, wie Vasari schildert: »Sie setzten sich am Abend zum Essen und nach gewohnter Art kam der Gastmeister mit einem Brett, worauf Suppe und die allerabscheulichsten Pastetchen standen. Voll heftigen Zorns stieß David dem Mönch die Suppe um und behandelte ihn so schlimm, dass er halb tot nach der Zelle gebracht wurde. Dadurch entstand, wie sich denken lässt, ein arger Lärm; der Abt, der schon zu Bette lag, glaubte, das Kloster stürze ein, sprang auf und fand den Mönch sehr übel zugerichtet.

Er fing an, mit David zu zanken, doch jener rief in Wut: »Gehe mir aus den Augen, Domenicos Geschicklichkeit ist mehr wert als alle Schweine von Äbten deiner Art, die je in diesem Kloster gewesen sind!« – Der Abt fühlte sich getroffen und trachtete von Stund' an, sie als ehrenvolle Männer zu behandeln, wie sie waren.

Andrea del Verrocchio (1435–1488) hatte ebenfalls seine Grundsätze und erlebte manchen Stress, wie Vasari recherchiert hatte. Er arbeitete als Maler und Bildhauer zunächst in Florenz,

> *Toskanische Künstler und ihre Legenden*

Domenico Ghirlandaio: Detail des Freskos »Geburt Mariens« (1486-90) in der Kirche Santa Maria Novella in Florenz

Toskanische Künstler und ihre Legenden

Leonardo da Vinci: Anna Selbdritt (1508-10), Louvre, Paris ▷

wo er beispielsweise den »Knaben mit Delphin« schuf. Sein guter Ruf war bis zu den Venezianern gedrungen, die ihrem Feldhauptmann Bartolomeo aus Bergamo ein Denkmal setzen wollten. Verrocchio hatte gerade das Modell des Pferdes vollendet, als er die Nachricht erhielt, einige Edelherren hätten beschlossen, Vellano aus Padua solle die Figur, Verrocchio nur das Pferd gestalten.

Vasaris Bericht: »Kaum war dieser hiervon unterrichtet, so zerbrach er Kopf und Füße seines Modells und kehrte ganz erbittert und ohne ein Wort zu sagen nach Florenz zurück. Hierauf ließ die Signoria von Venedig ihm kund tun, er solle nie mehr wagen, nach ihrer Stadt zu kommen, wenn er nicht seines Kopfes verlustig gehen wolle. Auf diese Drohung entgegnete Andrea in einem Briefe, er werde sich wohl davor hüten, denn es stehe nicht in ihrer Macht, den Menschen für abgeschnittene Köpfe neue aufzusetzen, nicht einmal seinem Pferd, dem er einen schöneren statt des zerbrochenen hätte wiedergeben können.« Der Brief gefiel den Herren in Venedig, sie riefen Verrocchio zurück, die Arbeit bei doppeltem Gehalt zu vollenden. Die Tragik der Geschichte: Beim Gießen der Statue erkältete sich Andrea so sehr, dass er nach wenigen Tagen in Venedig starb.

Ser Piero da Vinci hatte früh die Talente seines Sohnes Leonardo erkannt. Er schickte den Knaben zu Andrea del Verrocchio, der das Genie **Leonardo da Vinci** (1452–1519) förderte, obwohl er sich durch dessen Begabung als minderwertig empfand. Eines Tages brachte Ser Piero seinem Sohn das aus einem Feigenbaum gefertigte Schild eines befreundeten Bauern, der es mit einem Wappen versehen haben wollte. Dieser nahm das krumme und plump gearbeitete Schild, bog es am Feuer zurecht und ließ ihm durch einen Drechsler eine gleichmäßige Form geben. Dann überlegte Leonardo, welch erschreckendes Bild er als Wappen nehmen könne. Vasari in seiner blumigen Sprache: »Zu diesem Zweck brachte er nach einem Zimmer Eidechsen, Grillen, Schlangen, Schmetterlinge, Heuschrecken, Fledermäuse und andere seltsame Tiere dieser Art und erbaute aus diesem wunderlichen Haufen durch verschiedenartige Zusammenstellung ein gräßliches und erschreckliches Untier, gab ihm einen vergifteten Atem und einen feurigen Dunstkreis und ließ es aus einem dunklen zerborstenen Felsen hervorkommen, Gift aus dem offenen Rachen, Feuer aus den Augen und Rauch aus den Nüstern sprühen, so wunderbar, dass es fürwahr ungeheuerlich und schrecklich erschien; auch wandte er bei der Arbeit so viel Mühe auf, dass er aus übergroßem Eifer für die Kunst gar nicht merkte, welchen unerträglichen Geruch die gestorbenen Tiere im Zimmer verbreiteten.«

Einige Tage später kam der Vater, um das Werk abzuholen. Er erschrak vor dem Anblick des Untiers, in dem er das Schild nicht wiedererkannte. Leonardo überzeugte seinen Vater, dass ein wahres Kunstwerk solche Wirkung erzeugen müsse. Ser Piero wagte es trotzdem nicht, dem Bauern das Schreckbild zu überreichen. Er kaufte einen Schild mit einem vom Pfeil durchbohrten Herzen, über das sich der Nachbar sein Leben lang freute. Leonardos Schild aber verkaufte er für 100 Dukaten an Kaufleute in Florenz, die es für 300 Dukaten dem Herzog von Mailand weitergaben. ❧

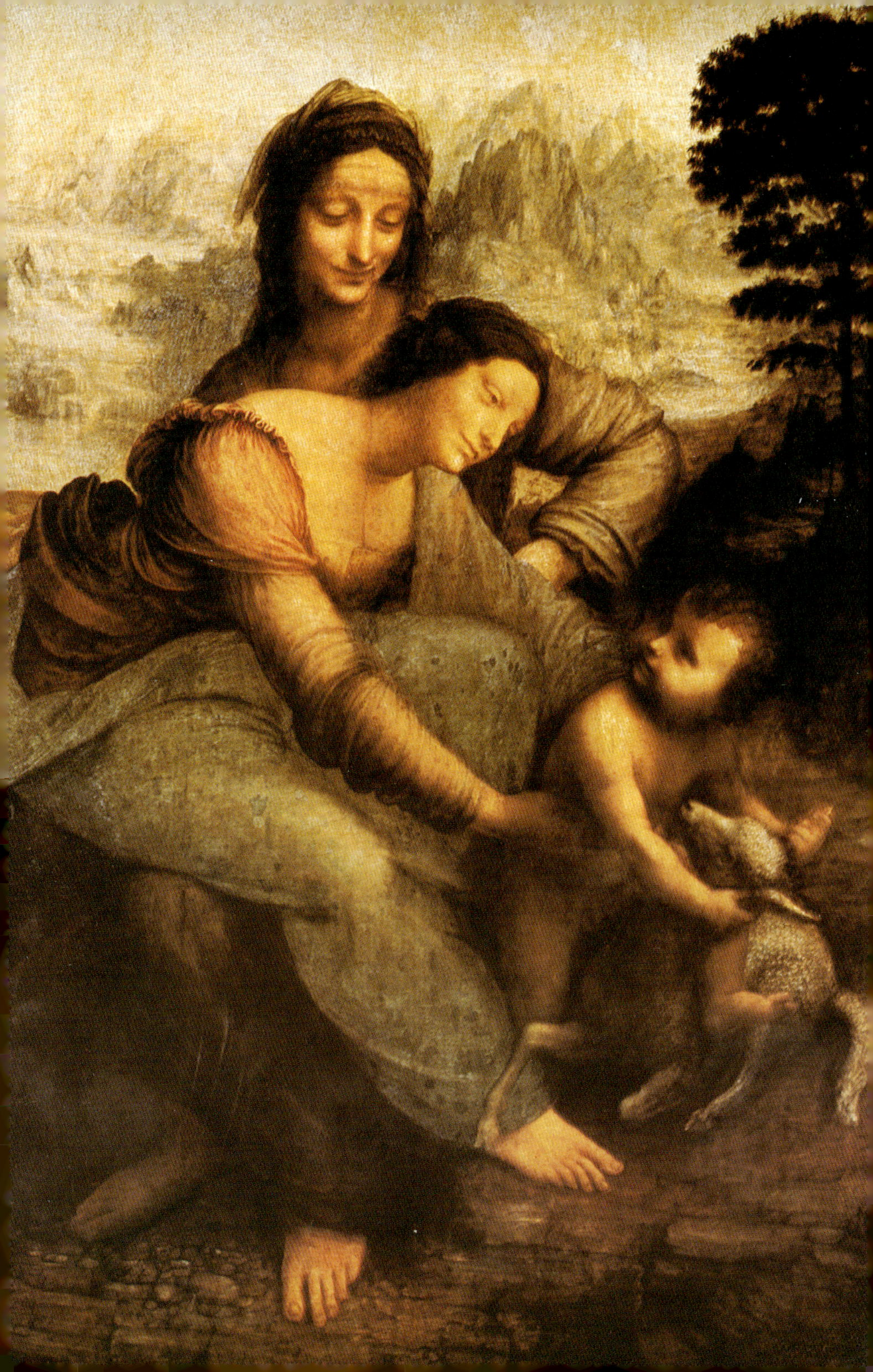

Chianti-Wein
Rund um den Schwarzen Hahn

Überall an den Straßenrändern des Chianti kräht der Schwarze Hahn, der *Gallo Nero* und gibt jenen Rätsel auf, die zum ersten Mal die Toskana besuchen. Der Gockel macht Werbung für den

Chianti Classico und hat eine lange Geschichte, die mit den blutigen Kämpfen zwischen den rivalisierenden Städten Florenz und Siena begann. Im Jahre 1208 hatten beide Parteien wieder einmal genug vom Gemetzel und dem ständigen Streit um Grenzziehungen. So suchten sie nach einem Weg des Friedens in fairem Wettkampf. Sie beschlossen, dass beim ersten Hahnenschrei ein Reiter vom jeweiligen Stadttor lospreschen und dem anderen entgegenreiten solle. Der Treffpunkt der beiden würde dann die Grenze sein.

Die trickreichen Florentiner wollten aber doch nicht übertrieben fair sein, sie ließen ihren Hahn tagelang hungern, so dass dieser sich am Morgen des Wettkampfes schon sehr früh mit lau-

Chianti-Wein

Castello di Brolio: Zentrum des Chianti-Weinanbaus

Chianti-Wein

ter Stimme meldete. Daran gab es keinen Zweifel, denn in beiden Städten achteten Schiedsrichter der Konkurrenz auf die Einhaltung der Vorschriften. So konnte der florentinische Reiter einen gewaltigen Vorsprung herausholen und traf seinen Gegner in Fonterutoli, kurz vor den Toren Sienas. Somit gehörten die Gemeinden Gaiole, Radda und Castellina zu Florenz. (Erst nach Festlegung neuer Provinzen im letzten Jahrhundert wurden die Chianti-Gemeinden wieder Siena zugeschlagen. Übrigens: Die Idee mit Hahn und Reitern hat nicht viel gebracht, die beiden Streithähne bekriegten sich weitere rund 350 Jahre, bis anno 1555.)

Die drei Gemeinden waren mit der Lösung zufrieden und bildeten 1270 unter dem Schutz von Florenz eine Allianz gegen Siena und Pisa. Führer der Lega war der Bürgermeister von Radda, der sich als Familienwappen den historischen Hahn ausgesucht hatte. Mit Ende der kriegerischen Zeiten verlagerte sich der Zwist allmählich auf die Frage, wer den besseren Wein lieferte, der schon seit den Zeiten der Etrusker in der Toskana angebaut wird.

Um sich gegen »billige Konkurrenz« zu schützen, wurde 1924 das *Consorzio del Vino Chianti Classico* gegründet, das gleich bleibende Qualität signalisieren sollte. Schutzzeichen wurde der *Gallo Nero*; unter seinen Fittichen scharten sich die Gemeinden der Lega, zu der noch Greve hinzukam. Die Garantie des Consorzio: strenge Einhaltung der Richtlinien nach Baron Bettino Ricasoli (19. Jh., Castello di Brolio). Das bedeutet eine Mischung aus zwei roten Trauben (50–80 % Sangiovese, 5–10 % Canaiolo) und zwei ergiebigeren weißen (Malvasia und Trebbiano), Mindestgehalt an Alkohol und Mindestlagerzeit. Erst dann gab es die Banderole mit dem schwarzen Qualitätsgockel.

Idyllisches Weingut im Chianti

Chianti-Wein

In der Zwischenzeit produzierten auch die Winzer außerhalb des klassischen Chianti-Gebiets ihre eigenen Chianti-Weine, so dass 1932 eine neue Aufteilung vorgenommen werden musste, die den Weintrinker noch mehr verunsicherte: das oben genannte Gebiet des »Chianti Classico« mit dem Hahn, dazu sechs Anbauzonen, die seitdem einen Putto als Markenzeichen tragen. »Chianti Putto« gibt es in den Colli Fiorentini südlich von Florenz, Colli Senesi rund um Siena, Colline Pisane in der Gegend von Pisa, Montalbano westlich von Florenz und südlich von Montecatini, Aretino rund um Arezzo und Rufina nordöstlich von Florenz. Rufina gilt bei vielen in guten Jahren als ein ganz besonderer Geheimtipp.

In den 1970er Jahren ging es mit dem Ansehen des Chianti bergab, er wurde zum Massenprodukt ohne großen Anspruch. Die ursprüngliche Absicht, durch Hinzufügen von Weißwein den trockenen Rotwein süffiger zu machen, musste einem neuen Geschmack weichen.

Die wachsende Gemeinde der Weinfreunde verlangte allmählich einen länger lagernden Rotwein, dem genügend Zeit gegeben wird, seinen Geschmack nach Brombeeren zu entwickeln. Viele Winzer hatten schon längst inoffiziell reagiert, bis dann 1995 die offizielle Erlaubnis kam, Chianti Classico auch nur aus der Sangiovese-Traube zu keltern. Gleichzeitig setzte sich die Erkenntnis durch, dass Qualität vor Quantität gesetzt werden muss.

Eine Zeit lang meinte der Verbraucher, die von der EU zur Unterscheidung von schlichteren Tafelweinen verlangten Qualitätsauszeichnungen D.O.C. (seit 1967, *Denominazione di Origine Controllata* = kontrollierte Herkunft) und D.O.C.G. (seit 1984, G = *garantita* für garantiert), also nicht nur kontrolliertem sondern auch garantiertem Ursprung, seien das wahre Siegel für Qualität. Dem widersprechen immer mehr Winzer, die sich nicht nach Vorschriften richten und auch nicht kontrollieren lassen wollen. Sie füllen manchen *vino da tavola* (Tafelwein) ab, der jeden Vergleich mit einem D.O.C.G.-Wein aushält und diesen sogar übertrifft. Sie experimentieren phantasievoll mit ihren Reben, setzen der Sangiovese-Traube die höherwertige Sangioveto-Beere hinzu oder die in der Toskana immer beliebter werdende französische Sorte Cabernet-Sauvignon. Weinkenner schauen kaum mehr auf die Qualitäts-Symbole, sie verlassen sich ausschießlich auf Zunge und Gaumen.

Auch wenn der Begriff Chianti nicht auf den Etiketten steht, glänzen Weinkennern die Augen. So beim Brunello aus Montalcino südlich von Siena. Der tiefrote, rassige »Brunello di Montalcino« muss mindestens vier Jahre reifen, zwei Jahre davon in Eichenfässern. Der jüngere, spritzigere »Rosso di Montalcino« hat ebenfalls viele Anhänger, und das nicht nur, weil er preiswerter ist. Weiter östlich wächst die aus der Sangiovese geklonte Prugnolo-Traube, Basis für den fruchtigen »Nobile di Montepulciano«, den Weinkenner zwischen einem guten »Chianti« und dem »Brunello« ansiedeln. Weniger bekannt und ein Tipp unter Kennern ist der herbe, tiefrote »Morellino di Scansano«. Der Maremma-Tropfen wird mindestens fünf Jahre gelagert, Erzeuger sind im Bereich Scansano-Pitigliano zu finden.

Chianti-Wein

Weißweine haben in der Toskana weniger Tradition, die Qualität ist sehr unterschiedlich. Am bekanntesten wurde der »Vernaccia di San Gimignano«, den schon Michelangelo gekostet haben soll. Aber auch bei diesem süffigen, vollmundigen Tropfen ist die Weinprobe wichtig. Nachdem Vernaccia zum Modewein wurde, konnte das klassische Anbaugebiet um San Gimignano den Bedarf kaum mehr decken. Viele Toskaner legen an diesem Punkt den Zeigefinger ans rechte Auge und ziehen das Unterlid langsam nach unten (Holzauge sei wachsam!).

Weniger gefährdet durch modische Strömungen ist der leichte und trockene »Galestro«, der auf dem schiefrigem Boden des Chianti wächst. Zwei kleine Lagen haben ihre treuen Anhänger gefunden, die auf Süffigkeit und Geschmack schwören: der »Bianco di Pitigliano«, der in von Etruskern gegrabenen Kellern reift (vgl. Pitigliano S. 118), und der fruchtige »Montecarlo« aus einem kleinen Ort zwischen Pistoia und Lucca.

Chianti-Konkurrenz: der Brunello di Montalcino

Hannibals Zug durch die Toskana
Die Schlacht am Trasimenischen See

Hannibals Zug durch die Toskana

Römer und Karthager kämpfen im 3. Jahrhundert v. Chr. um die Macht im Mittelmeerraum. Nach vielen Schlachten einigen sie sich, den Ebro in Spanien als Grenze zu respektieren. Doch im Jahr 218 v. Chr. bricht der karthagische Feldherr Hannibal (246–183 v. Chr.) die Abmachung und überschreitet den Fluss. Der 2. Punische Krieg (218–201) beginnt; Hannibal zieht mit 50 000 Soldaten, 9 000 Kavalleristen und 37 Kriegselefanten über die Pyrenäen, durch Südfrankreich und über die Alpen. In den verschneiten Bergen erfriert die Hälfte der afrikanischen Elefanten. Trotzdem reichen die Überraschung dieses kühnen Unternehmens und der Anblick der gewaltigen Tiere aus, die Römer am Ticinus (Tessin) in die Flucht zu schlagen.

Mitte Oktober erreicht Hannibal die Po-Ebene und siegt wieder gegen römische Legionäre an der Trebbia südlich von Piacenza. Dem ursprünglich aus Numidern, Libyern, Mauren, Iberern, Galliern und Steinschleuderern aus Asturien und von den Balearen zusammengesetzten Heer hatten sich beim Marsch über die Alpen Kelten angeschlossen, später auch gegen Rom rebellierende Stämme aus Norditalien, vor allem Ligurer und Lombarden.

Beschwerlich ist die Überquerung des Apennin; und in den Serchio-Sümpfen bei Lucca sowie später in den Arno-Sümpfen bei Arezzo bricht eine Epidemie aus, die Malaria grassiert, der Feldherr verliert ein Auge. Das Heer ist auf 40 000 geschrumpft, alle Elefanten sind verloren. Weiter südlich, im Valdichiana westlich von Castiglion Fiorentino und Cortona steht das Heer der Römer unter Führung des Konsuls Gaius Flaminius, um Hannibal den Weg abzuschneiden. Er befehligt 25 000 Mann, erhofft aber Verstärkung durch die Truppen des Konsuls Servilio, die bei Rimini lagern. Doch Hannibal schickt seine Späher voraus und weiß bald, wie das Heer der Römer zu umgehen ist.

Südlich von Cortona nutzt Hannibal das natürliche Amphitheater zwischen dem Bergzug des Monte Gualandro und dem Montigeto im Tal von Tuoro und versteckt seine Soldaten auf dem Kamm. Er rechnet damit, dass die 25 000 römischen Soldaten, wollten sie ihm folgen, einen Engpass zwischen den Hügeln von Tuoro und dem Lago Trasimeno passieren müssen.

In der Nacht des 21. Juni lässt Hannibal auf den Hügeln Fackeln entzünden, damit die Römer glauben, der Feind sei weit entfernt. Und der militärisch wenig geschickte Flaminius wähnt, Hannibals Vorsprung betrage mindestens einen Tag. So befiehlt er unbeschwert seinen 25 000 Mann, in langen, auseinander gezogenen Ketten durch die enge Passage zwischen Hügeln und See zu marschieren. Doch Hannibals leichte Kavallerie hat sich in den

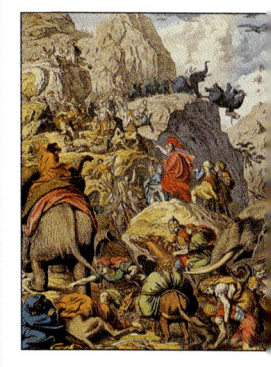

Im Frühjahr 218 v. Chr. zieht Hannibal mit 59 000 Soldaten und 37 Kriegselefanten über die Alpen

Hannibals Zug durch die Toskana

unteren Rängen des Amphitheaters, in den Hügeln versteckt, um den eventuellen Rückzug der Römer zu blockieren. Ein Teil der Fußtruppen lagert in der Nähe der Hügel von Montige, um eine Flucht über die Pässe zu verhindern.

Zur dünnen, durch den Engpass erzwungenen Marschordnung kommt dichter Nebel hinzu, der die Sicht behindert. Für Flaminius völlig unerwartet, gibt Hannibal den Befehl zum Angriff, die Karthager stürmen von den Hügeln. Gaius Flaminius versucht seine Truppen zu sammeln, doch der Lombarde Ducario ersticht ihn mit seiner Lanze. Die Leiche wird nie gefunden. Nur drei Stunden dauert der Kampf. Die Römer wehren sich in zerstreuten Gruppen und werden erbarmungslos in Richtung See getrieben, verfolgt und niedergemacht. 15 000

Hannibal-Schlachtfeld bei Tuoro, Lago di Trasimeno

römische Legionäre kommen um, die Karthager verlieren 1 000 Mann. Der das Tal durchquerende Fluss soll drei Tage lang vom Blut der Gefallenen rot gefärbt gewesen sein und heißt seitdem Sanguineto (*sangue* = Blut).

Die dramatischen Stationen der großen Schlacht sind auf einer Tour rund um den Ort **Tuoro sul Trasimeno**, jenseits der toskanischen Grenze in Umbrien, gekennzeichnet und beschrieben, so dass man das Aufeinanderprallen beider Heere nachvollziehen kann. Gut erhalten sind noch die *ustrini*, kegelförmige, gemauerte Brennlöcher, die bei Erdarbeiten gefunden und ausgegraben wurden. Nach Meinung der Fachleute sollen hier auf Befehl Hannibals zahlreiche Leichen verbrannt worden sein, um bei der großen Hitze einer Epidemie vorzubeugen. Jedenfalls konnten menschliche Überreste und Ausrüstungsteile von Soldaten gefunden werden.

Hannibal hatte guten Grund, sich um die Gesundheit der Bevölkerung zu kümmern, wollte er doch das Land beherrschen und Rom besiegen. 14 Jahre lang macht er den römischen Legionen noch zu schaffen, doch allmählich nimmt die Übermacht der Römer zu. Auch die Hilfe aus Karthago kommt nicht an. Die von seinem Bruder Hasdrubal herbeigeführten Truppen werden am Fluss Metaurus bei Fano/Adria, zwischen Rimini und Ancona, geschlagen und total vernichtet. 203 v. Chr. kehrt Hannibal nach Karthago zurück.

Die Folgen des 2. Punischen Krieges sind für die Bevölkerung eine Katastrophe. Während der Kämpfe können die verwüsteten Felder nicht bestellt werden, eine Flucht in die Städte setzt ein. Kleine Grundbesitzer finden nach der Rückkehr aus dem Krieg nur ihre zerstörten Felder und Häuser vor und müssen ihren Besitz zu Schleuderpreisen veräußern. So kommen einige vermögende Familien zum Zuge, die das Land aufkaufen. Damit beginnt der Aufstieg der Großgrundbesitzer.

Informationen zum *Percorso Storico Archeologico della Battaglia* und Pläne zum Besuch des Hannibal-Schlachtfelds gibt es bei der Pro Loco, 06069 Tuoro sul Trasimeno, Parco il Sodo, ✆ und Fax 075-82 52 20, www.annibale.net.

Unterkünfte
Hotels, Ferienwohnungen, Campingplätze und Jugendherbergen

Unterkünfte

Die nachfolgenden **Unterkünfte** sind alphabetisch nach Orten sortiert. Die durch €-Zeichen angegebenen Preiskategorien gelten jeweils für ein Doppelzimmer (für 2 Personen) in der Hauptsaison, wenn nicht extra erwähnt, inklusive Frühstück.

In der Nebensaison können die Preise erheblich niedriger sein. Alle Hotels, Ferienwohnungen, Campingplätze und Jugendherbergen wurden vom Autor sorgfältig geprüft. Der Standard und die Preise können sich nach den Recherchen geändert haben, die Angaben erfolgen deshalb ohne Gewähr.

Wenn zu **Campingplätzen** keine Internet-Adresse angegeben ist, suchen unter www.camping.it/toscana/Name des Platzes.

Ferienwohnungen in der Toskana bieten die meisten großen Reiseveranstalter an. Spezialisiert darauf sind Interhome, Düren, www.interhome.de sowie mit einer kleinen, erlesenen Auswahl Siglinde Fischer, Hochdorf, www.siglinde-Fischer.de und noch spezieller, bzw. in der niedrigeren Preiskategorie, Touristik Service Schenk, München, www.toscanaalacarte.net

€	–	unter 90 Euro
€€	–	90 bis 150 Euro
€€€	–	150 bis 250 Euro
€€€€	–	über 250 Euro

Albinia

Antica Fattoria La Parrina
Località La Parrina, 58010 Albinia
℡ 05 64-86 26 26, Fax 05 64-86 55 86
www.parrina.it
Renoviertes historisches Landgut, Zimmer im früheren Herrenhaus, Restaurant für Hausgäste. €€€

Haway
2 km nördl. des Ortes, 58010 Albinia
℡ 05 64-87 01 64, Fax 05 64-87 29 52
100 m zum Strand, in einem Pinienwald, mit Kinderanimation, Spielplatz, Sportmöglichkeiten, keine Hunde.

Il Gabbiano
Wegweiser »Zona Camping«
58010 Albinia
℡/Fax 05 64-87 02 02
100 m zum Strand, Pinienwald, Spielplatz, Sportmöglichkeiten, keine Hunde.

Oasi
Wegweiser »Zona Camping«
Via Aurelia km 152,5, 58010 Albinia
℡ 05 64-87 04 82, Fax 05 64-87 15 88
www.campingvillageoasi.it
100 m zum Strand, Pinienwald, Kinderanimation, Spielplatz, Sportmöglichkeiten, keine Hunde.

Camping Village Argentario
Richtung Porto Santo Stefano/Torre Saline
58010 Albinia
℡ 05 64-87 03 02, Fax 05 64-87 13 80
www.argentariocampingvillage.com
Direkt am Strand, 500 m lang, 50 m tief, Pinienwald und niedrige Bäume, ausgeprägte Kinderanimation, Spielplatz, Pool, Plantschbecken, Sportmöglichkeiten, Fitnessraum, Tauchschule, keine Hunde.

Village Il Veliero
Strada Provinciale 52 (Aurelia Vecchia) Loc. Pratoranieri, 58022 Follonica
℡ 05 66-26 00 99, Fax 05 66-26 01 0
www.parcovacanzeilveliero.it
800 m zum Strand, Pinienhain, Kinderanimation, Spielplatz, Sportmöglichkeiten, Fahrradverleih, keine Hunde.

Arezzo

Etrusco Palace Hotel
Via Fleming 39, 1 km nördl. der Stadt
52100 Arezzo, ℡ 05 75-98 40 66, Fax 05 75-38 21 31
www.etruscohotel.it
Gepflegtes Mittelklassehotel. €€

Minerva
Via Fiorentina 4, 52100 Arezzo
℡ 05 75-37 03 90, Fax 05 75-30 24 15
www.hotel-minerva.it
Modernes Mittelklassehotel am Stadtrand. €€

Continentale
Piazza Guido Monaco 7, 52100 Arezzo

177

Unterkünfte

✆ 05 75-202 51, Fax 05 75-35 04 85
www.hotelcontinentale.com
Stilvoll modernisiertes, zentral gelegenes Hotel, kein Restaurant. €€

Casa Volpi
Via Simone Martini 29, 52100 Arezzo
✆ 05 75-35 43 64, Fax 05 75-35 59 71
www.casavolpi.it
Stilvolles Landhotel in großem Park, Blick auf Arezzo, mit Restaurant, gute toskanische Küche. €€

Asciano

Il Bersagliere
Via Roma 42
53041 Asciano
✆ 05 77-71 86 29, Fax 05 77-71 00 28
www.bersagliori.it
Renoviertes Mittelklassehotel mit Restaurant. €

Bagno Vignoni
Vgl. San Quirico d'Orcia, S. 230.

Bagnone
Vgl. Pontrémoli, S. 228.

Barga

La Pergola
Via Sant' Antonio 1, 55100 Barga
✆ 05 83-71 12 39, Fax 05 83-71 04 33
www.hotel-lapergola.com
Modernes Hotel im neuen Stadtteil, ruhige Lage. €

Bibbiena

Relais Il Fienile
Località Gressa 13
52011 Bibbiena
✆ 05 75-59 33 96, Fax 05 75-56 99 79
www.relaisilfienile.it
Renoviertes Landhaus in ruhiger Lage, komfortable Zimmer, elegante Aufenthaltsräume, 2 Apartments, Pool im Garten. Gutes Restaurant mit typischen Rezepten der Toskana. €€

Borgo San Lorenzo

Azienda Agricola Collefertile
Località La Sughera-Montegiovi
Via Arliano 37
50032 Borgo San Lorenzo
✆ 055-849 52 01, Fax 055-849 01 54
www.collefertile.com
Renoviertes Gutshaus mit umliegenden Bauernhäusern, mitten im Wald. Restaurant mit Mugello-Spezialitäten. €€

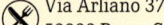

Locanda degli Artisti
Piazza Romagnoli 1
50032 Borgo San Lorenzo
✆ 055-845 53 59, Fax 055-845 01 16
www.locandartisti.it
Stilvolles modernisiertes Haus von 1846, mitten im historischen Zentrum. €€

Park Hotel Ripaverde
Viale Giovanni XIII 36
50032 Borgo San Lorenzo
✆ 05 58-49 60 03, Fax 05 58-45 93 79
www.ripaverde.it
Modernes Hotel am Stadtrand, Sauna, Fitnessraum, gutes Restaurant. €€–€€€

Casa Palmira
Via Faentina s/n, Loc. Feriolo
50039 Polcanto
✆/Fax 055-840 97 49, www.casapalmira.it
Komfortables Landhaus, gut eingerichtete Zimmer, ruhige Lage. €€

Caiano
Vgl. Castel San Niccoló, S. 219.

Caldana
Vgl. Follonica, S. 222 f.

Camaiore

Bei Roberto-Casa del Sole
Via della Verdina 100, 55041 Camaiore
✆ 05 84-98 38 54 oder 33 36 67 83 89
www.casadelsolecamaiore.it
Individuell eingerichtete Zimmer, 2 mit Kochecke, mitten im terrassierten Oliven-Park mit Pool. Auf Wunsch Abendessen von Roberto. Kunstatelier von Roberto (Malunterricht), überall Kunstwerke von ihm und befreundeten Künstlern.

Camaldoli

Camaldoli Ospitalità
San Martino a Monte
7 km vom Kloster Camaldoli
℃/Fax 05 75-37 16 91, www.camaldoliospitalita.it
Renoviertes, mittelalterliches Bauerndorf, im Landstil ausgestattete Apartments (2-9 Betten), Küche mit Geschirrspüler, großer Speiseraum mit Kamin. €€€

Camporgiano
Vgl. Castelnuovo di Garfagnana.

Caprese Michelangelo

Buca di Michelangelo
Via Roma 51, 52033 Caprese Michelangelo
℃ 05 75-79 39 21, Fax 05 75-79 39 41
www.bucadimichelangelo.it
Große, einfache Zimmer in ländlichem Stil. Mit Restaurant (s. S. 146). €

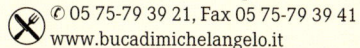

Carbonifera

Pappasole
Östl. Piombino
Località Torre Mozza, Carbonifera bei Riotorto
℃ 05 65-204 14, www.pappasole.it
200 m zum Strand, Laub- und Pinienbäume sowie Mattendächer, Kinderanimation, Spielplatz, Pool, Plantschbecken, Sportmöglichkeiten, Fahrradverleih, Tauchschule, Hunde erlaubt.

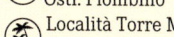

Casale Marittimo

Valle Gaia
Via Cecinese 87, 56040 Casale Marittimo
℃ 05 86-68 12 36, Fax 05 86-68 35 51
www.vallegaia.it
ADAC-Lob wegen hervorragender sanitärer Ausstattung. 9 km zum Strand, Bäume und Hecken, Kinderanimation, Spielplatz, Pool, Plantschbecken, Sportmöglichkeiten, Hunde erlaubt.

Castelnuovo di Garfagnana

Da Carlino
Via Garibaldi 15
55032 Castelnuovo di Garfagnana
℃ 05 83-64 42 70, Fax 05 83-626 16
www.dacarlino.it

Unterkünfte

Gutes, sauberes Mittelklassehotel, mit beliebtem Restaurant. €

Mulin del Rancone
55031 Camporgiano, ca. 10 km nordwestl. Castelnuovo di Garfagnana
℃ 05 83-61 86 70, Fax 05 83-61 82 21
www.mulindelrancone.com
Wildromantisches Landgut, frühere Getreidemühle am Wildbach, ländliche Zimmer, Reitstall, kinderfreundlich, Restaurant mit eigener Bäckerei. €€

Hotel Campia/Al Ritrovo del Platano
Via Ponte di Campia 11 a
SS 445 zwischen Gallicano und Castelnuovo di Garfagnana
Località Ponte di Campia
℃ 05 83-76 60 39, Fax 05 83-757 73
info@alritrovodelplatano.it
Kleines, nettes Hotel, gehört zum exzellente Restaurant Al Ritrovo del Platano. €€

Castel San Niccolò

Il Borgo
Via di Caiano 66 B, Ortsteil Caiano
52018 Castel San Niccolò
℃ 05 75-55 30 27, Fax 05 75-55 30 02
www.borgocaiano.com
Großzügige Ferienhaus-Anlage mit Pool, hervorragend ausgestattete Zimmer und Apartments, komfortable Küche mit Geschirrspüler, viel Freifläche, Grill im Garten. €-€€

Il Castello di Montemignaio
Montemignaio, Ortsteil Castello
52018 Castel San Niccolò
℃/Fax 05 75-54 25 10
Einfache, gepflegte Zimmer. Mit Restaurant (s. S. 147). €

Miramonti
Località Consuma, kurz vor dem Consuma-Pass an der SS 70
52010 Montemignaio
℃ 055-830 65 66, Fax 055-830 64 69
www.hotelmiramonti-ar.it
Einfache, saubere Zimmer, Lift geplant. Mit Restaurant (s. S. 147). €

Unterkünfte

San Romolo Terme
Oberhalb von Cetica, 52018 Castel San Niccolò
℡/Fax 05 75-55 53 25
www.bagnodicetica.it
Einfache Zimmer, Bad mit freier Dusche. Mit Restaurant, Park und Tauchbecken (s. S. 147). €

Celle sul Rigo

Il Poggio
53040 Celle sul Rigo
San Casciano Bagni (Siena)
℡ 05 78-537 48, Fax 05 78-535 87
www.ilpoggio.net
Komfortable Übernachtung, großes Reiterprogramm für Anfänger (auch Therapie) und Fortgeschrittene, romantische Ausritte. Eigene Produkte im Restaurant und zum Verkauf.

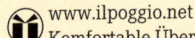

Chianciano Terme

Ambasciatori
Viale della Libertà 512
53042 Chianciano Terme
℡/Fax 05 78-643 71
www.barbettihotels.it
Komfortables Kurhotel mit Garten, Pool, Tennis und Restaurant. €€-€€€

Michelangelo
Via delle Piane 146
53042 Chianciano Terme
℡ 05 78-640 04, Fax 05 78-604 80
www.hotel-michelangelo.it
Modernes Hotel der oberen Mittelklasse, gute Lage im Pinienhain, Pool, Sauna, Tennis, gutes Restaurant. €€€

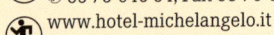

Moderno
Viale G. Baccelli 10, 53042 Chianciano Terme
℡ 05 78-637 54, Fax 05 78-606 56
www.hotelmodernochianciano.com
Renoviertes Kurhotel mit Garten, Pool, Tennis und Restaurant. €€€

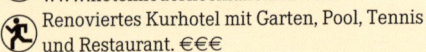

Bellaria
Via G. Verdi 57, 53042 Chianciano Terme
℡ 05 78-646 91, Fax 05 78-639 79
www.hotelbellariachianciano.com

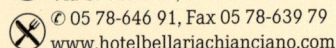

Familiäres Mittelklassehotel mit Garten und Restaurant. €€

Chiusi della Verna

Da Giovanna
Viale San Francesco 33
52010 Chiusi della Verna
℡ 05 75-59 92 75, Fax 05 75-59 93 78
www.dagiovannahotel.com
Renovierte, einfache und saubere Zimmer, Bad mit freier Dusche. Mit sehr gutem Restaurant. €

La Verna
Santuario della Verna
52010 Chiusi della Verna
℡ 05 75-53 42 11, Fax 05 75-59 93 20
www.santuariolaverna.org
Einfache, saubere Zimmer mit 1, 2 und 3 Betten, Bad mit offener Dusche. Nur mit Halbpension, Restaurant. €

Colle di Val d'Elsa

Relais della Rovere
Località La Badia, Via Piemonte 10
53034 Colle di Val d'Elsa, südöstl. der Stadt
℡ 05 77-92 46 96, Fax 05 77-92 44 89
www.relaisdellarovere.it
Frühere Abtei (11. Jh.), gelungene Innenarchitektur aus Alt und moderner Eisenkonstruktion, großer Park mit Pool, geschmackvoll eingerichtete Zimmer und Suiten, zum Komplex gehört das exzellente Restaurant »Il Cardinale«. €€€€

Cortona

Il Falconiere Relais
Località San Martino
3 km nördlich 52044 Cortona
℡ 05 75-61 26 79, Fax 05 75-61 29 27
www.ilfalconiere.it
Geschmackvoll eingerichtete Zimmer und Suiten, sehr stilvoll und komfortabel. Mit Michelin-Stern-Restaurant. €€€€

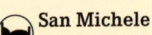

San Michele
Via Guelfa 15
52044 Cortona
℡ 05 75-60 43 48, Fax 05 75-63 01 47
www.hotelsanmichele.net
Renaissancepalast in der Altstadt, geschmackvoll eingerichtete Zimmer, mehrere Salons. €€€

Elba

Biodola
Località Biodola, 57037 Portoferraio
✆ 05 65-97 48 12, Fax 05 65-96 98 52
www.elba4star.it
Komfortables Strandhotel, etwa 9 km westl. der Hauptstadt. €€€€

Da Pilade
Località Mola
57031 Capoliveri
✆ 05 65-96 86 35, Fax 05 65-96 89 26
www.hoteldapilade.it
Preiswertes, sauberes Hotel, Restaurant. €€–€€€

Belmare
Banchina IV Novembre s/n
57036 Porto Azzurro
✆ 05 65-950 12, Fax 05 65-92 10 77
www.elba-hotelbelmare.it
Einfaches, preiswertes Hotel, 50 m vom Strand. €€

Florenz

Best Western Rivoli
Via della Scala 33, 50123 Firenze
✆ 055-278 61, Fax 055-29 40 41
www.hotelrivoli.it
Gutes Mittelklassehotel. €€€€

Brunelleschi
Piazza Santa Elisabetta 3, 50122 Firenze
✆ 055-273 70, Fax 055-21 96 53
www.hotelbrunelleschi.it
Komfortables Haus aus mehreren Palästen, stimmungsvoll, zentrale Lage. Mit Restaurant. €€€€

Il Guelfo Bianco
Via Cavour 29, 50123 Firenze
✆ 055-28 83 30, Fax 055-29 52 03
www.ilguelfobianco.it
Gepflegtes, stilvolles Stadthotel. €€

Le Due Fontane
Piazza della SS. Annunziata 14, 50122 Firenze
✆ 055-21 01 85, Fax 055-29 44 61
www.leduefontane.it
Einfach und sauber, direkt am schönen Annunziata-Platz. €€€

Unterkünfte

Il Falconiere Relais in Cortona

Unterkünfte

NH Porta Rossa
Via Porta di Rossa 19, 50123 Firenze
✆ 055-271 09 11, Fax 055-271 09 01
www.hotelportarossa.com
Kleines, wunderbar renoviertes Hotel in zentraler Lage. €€€-€€€€

David
Viale Michelangelo 1
50125 Firenze
✆ 055-681 16 95, Fax 055-68 06 02
www.davidhotel.com
Mit Stilmöbeln eingerichtetes Stadthotel. €€

Residenza Johanna I
Via Bonifacio Lupi 14, 50123 Firenze
✆ 055-48 18 96, Fax 055-48 27 21, www.johanna.it
Mit Stilmöbeln eingerichtete, gepflegte Pension. €€

Monna Lisa
Borgo Pinti 27, 50121 Firenze
✆ 055-247 97 51, Fax 055-247 97 55
www.monnalisa.it
In der Altstadt, 10 Min. zum Dom. Alter Palast mit Innenhöfen, viele Aufenthaltsräume, plüschige, gemütliche Ausstattung, mit moderner Dependance, ruhige Lage. Ideal für Stadtbummler. €€€

Annabella
Via Fiume 5, 50123 Florenz
✆ 055-28 18 77, Fax 055-239 68 14
www.hotelannabella.it
Klein, modernisiert, Palazzo in Bahnhofsnähe, ruhig, ordentliche Zimmer mit kleinem Bad, Dachterrasse. €€-€€€

Ostello Villa di Camerata
nordöstl. an der Straße nach Fiesole
Viale Righi 2, Firenze
✆ 055-60 14 51, Fax 055-61 03 00
www.ostellofirenze.it
Jugendherberge für Familien, einfache Ausstattung in historischer Villa, gepflegt, günstig für Besuche in Florenz. €

Norcenni Girasole Club
Via Norcenni 7, südöstl. Florenz, vom Ort aus Richtung Siena, 50063 Figline Valdarno
✆ 055-91 51 41, Fax 055-915 14 02
www.ecvacanze.it
ADAC-Lob wegen hervorragender sanitärer Ausstattung. Bäume und Mattendächer, Kinderanimation, Spielplatz, 2 Pools, einer beheizbar und überdacht, Plantschbecken, Sportmöglichkeiten, Fahrradverleih, Fitnesscenter mit Sauna und Massage, schalldichte Disco, Hunde erlaubt. Eurocamp-Mitarbeiter und Spielleiter, Zirkuszelt, Babysitten, Spieleverleih.

Follónica

Montebelli Country Hotel
58020 Caldana, Località Molinetto
SS 1 östl. Follónica bei km 214 abfahren nach Gavorrano Scalo, weiter auf der Straße Ravi–Caldana, bei km 23 Richtung Caldana, dann Hinweisschilder
✆ 05 66-88 71 00, Fax 05 66-814 39
www.montebelli.com
Luxuriöses Landhotel in freier Natur, Pool, Tennis, Reiten, gute toskanische Küche. €€€€

Fonteblanda

Corte dei Butteri
Via Aurelia km 156, am südl. Ende des Maremma-Naturparks, 58010 Fonteblanda
✆ 05 64-88 55 46, Fax 05 64-88 62 82
www.aurumhotels.it
Große, komfortable Ferienanlage am Sandstrand. Pool, alle Wassersportarten, Disco, Fitness. €€€

Gaiole in Chianti

Borgo Argenina
Località San Marcellino Monti
53013 Gaiole in Chianti
Von Siena 15 km auf der SS 408 Richtung Gaiole, dann Richtung San Marcellino Monti
✆ 05 77-74 71 17, Fax 05 77-74 72 28
www.borgoargenina.it
Kleiner, wieder aufgebauter Weiler in absolut ruhiger Lage. Geschmackvolle Einrichtung, viele Antiquitäten und kostbare Stoffe, sehr stimmungsvoll, Hausphilosophie: Zimmer ohne TV. €€€€

Castello di Meleto
Südl. von Gaiole, 53013 Gaiole in Chianti
✆/Fax 05 77-74 91 29, www.castellomeleto.it
Führung (auch mit Weinprobe) nach Voranmeldung, Vermietung von Ferienwohnungen und Schloss-Apartments. Verkauf von Wein und Grappa, Restaurant. €€€

Gargonza

Castello di Gargonza
7 km westl. Monte San Savino
© 05 75-84 70 21, Fax 05 75-84 70 54
www.gargonza.it
Völlig restauriertes historisches Burgdorf, rustikal eingerichtete, luxuriöse Zimmer, Garten mit Pool, Restaurant. €€€

Greve in Chianti

Albergo del Chianti
Piazza Matteotti 86, 50022 Greve in Chianti
© 055-85 37 63, Fax 055-85 37 64
www.albergodelchianti.it
Kleines, hübsches Hotel mitten im Ort, nach hinten Pergola mit Pool, Restaurant. €€

Grosseto

Bastiani Grand Hotel
Piazza Gioberti 64, 58100 Grosseto
© 05 64-200 47, Fax 05 64-293 21
www.hotelbastiani.com
Luxuriöses Palazzo-Hotel im Altstadtzentrum mit 48 Zimmern. €€€

Mulinacci
Via Mazzini 78, 58100 Grosseto
©/Fax 05 64-284 19
Gepflegtes Mittelklassehotel in der Altstadt. €€

Albergo Rispescia
Via della Costituzione 6
Santa Maria di Rispescia (an der Via Aurelia zwischen Grosseto und Alberese)
© 05 64-40 50 07, Fax 05 64-40 57 35
www.albergorispescia.com
Einfaches, preiswertes Hotel am Maremma-Naturpark, Restaurant. €

Lido di Camaiore

Villa Ariston
Viale San Bernardini 355, 55043 Lido di Camaiore
© 05 84-61 06 33, Fax 05 84-61 06 31
www.villaariston.it
Komfortables, geschmackvoll ausgestattetes Hotel mit Park, hervorragendes Restaurant. €€€€

Hotel Club i Pini
Via Roma 43, 55043 Lido di Camaiore

Unterkünfte

© 05 84-661 03, Fax 05 84-661 04
www.clubipini.com
Kleine Villa im Liberty-Stil in schönem Garten, funktionelle Zimmer, reicher Bilderschmuck. €€

Valdinievole
Viale Pistelli 18, 55043 Lido di Camaiore
©/Fax 05 84-674 88
www.alberghiinversilia.it
Einfaches, kleines Hotel am Strandboulevard. €

Locanda Le Monache
Piazza XXIX Maggio 36
55043 Lido di Camaiore
© 05 84-98 42 82, Fax 05 84-98 40 11
www.lemonache.com
Gut eingerichtete Zimmer und hervorragendes Restaurant. €

Livorno

Gran Duca
Piazza Micheli 16, 57123 Livorno
© 05 86-89 10 24, Fax 05 86-89 11 53
www.granduca.it
Komfortables Hotel mit historischem Ambiente gegenüber dem Hafen, mit gutem Restaurant. €€

Lucca

Villa Alessandra
Via Arsina 1100/B, 55100 Lucca
© 05 83-39 51 71, Fax 05 83-39 58 28
www.villa-alessandra.it
Komfortables, kleines Hotel, individuell eingerichtet, außerhalb der Stadt, sehr ruhige Lage. €€€

Best Western Grand Hotel Guinigi
Via Romana 1247, 55100 Lucca
© 05 83-49 91, Fax 05 83-49 98 00
www.grandhotelguinigi.it
Elegantes Hotel mit gutem Restaurant, 1 km außerhalb des Stadtkerns. €€€

Napoleon
Viale Europa 536, 55100 Lucca
© 05 83-31 65 16, Fax 05 83-41 83 98
www.hotelnapoleonlucca.com
Gutes Mittelklassehotel. €€

Unterkünfte

Barco Reale
Via Nardini 11
51030 San Baronto-Lamporecchio
℅ 05 73-883 32, Fax 05 73-85 60 03
www.barcoreale.it
Hervorragende sanitäre Ausstattung. Bäume und Büsche, Kinderanimation, Spielplatz, Pool, Plantschbecken, Sportmöglichkeiten, Fahrradverleih, keine Hunde. Eurocamp-Mitarbeiter, Babysitten, Spieleverleih.

Marina di Bibbona (südl. Cecina)

Le Esperidi
Via dei Cavalleggeri Nord 25
57020 Marina di Bibbona
℅ 05 86-60 01 96, Fax 05 86-68 19 85
www.espiridi.it
Direkt am Strand, 300 m lang, 40 m tief, Pinienwald und niedrige Bäume, Kinderanimation, Spielplatz, Sportmöglichkeiten, Fahrradverleih, keine Hunde.

Casa di Caccia
Via del Mare 40, 57020 Marina di Bibbona
℅/Fax 05 86-60 00 00
www.campingcasadicaccia.com
Direkt am Strand, 200 m lang, 50 m tief, Pinien und Eu-kalyptus, Kinderanimation, Spielplatz, keine Hunde.

Il Gineprino
Via dei Platani 56
57020 Marina di Bibbona
℅ 05 86-60 05 50
Fax 05 86-60 26 05
www.ilgineprino.it
300 m zum Strand, Pinienhain, Kinderanimation, Pool, Plantschbecken, Sportmöglichkeiten, keine Hunde.

Del Forte
Via dei Platani 58
57020 Marina di Bibbona
℅ 05 86-60 01 55
Fax 05 86-60 01 23
www.campeggiodelforte.it
500 m zum Strand, Laubbäume und Pinien, Kinderanimation, Pool, Plantschbecken, Spiel-Sportmöglichkeiten, keine Hunde.

Marina di Castagneto-Donorático

International Camping Etruria
Via della Pineta s/n
57024 Marina di Castagneto-Donorático
℅ 05 65-74 42 54, Fax 05 65-74 44 94
www.campingetruria.it
Direkt am Strand, 400 m lang, 90 m breit, Dünengelände und Pinien, Kinderanimation, Sportmöglichkeiten, keine Hunde.

Marina di Cecina

La Buca del Gatto
Via dell' Astronomia 1, Località Mazzanta
57023 Marina di Cecina
℅ 05 86-62 90 76, Fax 05 86-62 90 62
www.labucadelgatto.it
Moderne Ferienanlage mit allen Aktivitäten, Pool, Wellness, Sporthalle etc. €€€-€€€€

Mareblu
Via dei Campilunghi, 57023 Marina di Cecina
℅ 05 86-62 91 91, Fax 05 86-62 91 92
www.turchi.org/mareblu
350 m zum Strand, Pinienwald, Kinderanimation, Pool, Sportmöglichkeiten, Fahrradverleih, Hunde erlaubt. Eurocamp-Mitarbeiter, Babysitten.

Delle Gorette
2 km nordwestl. des Ortes
57023 Marina di Cecina
℅ 05 86-62 24 60, Fax 05 86-62 00 45
www.gorette.it
150 m zum Strand, Laub- und Nadelbäume, Kinderanimation, Spielplatz, Pool, Sportmöglichkeiten, Hunde erlaubt.

Le Tamerici
Südlich des Ortes, 57023 Marina di Cecina
℅ 05 86-62 06 29
Fax 05 86-68 78 11
www.letamerici.it
400 m zum Strand, Bäume, Kinderanimation, Spielplatz, Sportmöglichkeiten, Fahrradverleih, keine Hunde.

Massa Marittima

Duca del Mare
Piazza Dante Alighieri 1/2
58024 Massa Marittima
℅ 05 66-90 22 84, Fax 05 66-90 19 05

Unterkünfte

www.ducadelmare.it
Familiäres Hotel am Rande der historischen Altstadt, Pool, kleines Restaurant für Hausgäste, Parkplatz (!). €€

Montalcino

Il Giglio
Via Soccorso Saloni 5, 53024 Montalcino
℃ 05 77-84 65 77, Fax 05 77-84 81 67
www.gigliohotel.com
Kleines, traditionelles Hotel mit gutem Restaurant. Mitten im Zentrum (mit Parkplatz!). €€

Montecatini Terme

Grotta Giusti Terme Hotel
(Small Luxury Hotels of the World), Via Grotta Giusti 1411, 51015 Monsummano Terme
℃ 05 72-907 71, Fax 05 72-907 72 00, kostenfreie Buchung ℃ 800 52 54 80 00, www.slh.com/grottagiusti
Luxuriöses Hotel in einer historischen Villa, stilvolle und komfortable Zimmer. Zugang zu den Thermen mit großem Thermalwasser-Pool und 36 Grad heißen Tropfstein-Grotten, dem Inferno (Hölle). €€€€

Torretta
Viale Bustichini 63, 51016 Montecatini Terme
℃ 05 72-703 05, Fax 0572-703 07
April–Okt. geöffnet, www.hoteltorretta.it
Familiär geführtes Mittelklasse-Hotel am Rande des Zentrums, hervorragender Service, sehr gute toskanische Küche (nur für Hotelgäste). €€

Montelupo

Fattoria Castellina
Via Palandri 27, 50050 Capraia e Limite
7 km von Montelupo 3 km von Limite sul Arno
℃/Fax 05 71-576 31
www.fattoriacastellina.com
Zwei renovierte Bauernhäuser in absoluter Ruhe, Blick über das Arnotal. Liegewiese mit Pool. Rustikal eingerichtete Apartments mit Kochecke. Verkauf von Wein, Olivenöl und anderen gutseigenen biologischen Produkten.

Montepulciano

Il Marzocco
Piazza Savonarola 18, 53045 Montepulciano

Idyllisches Plätzchen einer toskanischen Fattoria

Unterkünfte

🍴 05 78-75 72 62, Fax 05 78-75 75 30
www.albergoilmarzocco.it
Einfaches, historisches Hotel von 1870 in der Altstadt, großzügige Zimmer, teils mit Terrasse, gutes Restaurant. €€

Villa Ambra
Località Sant' Albino, 53045 Montepulciano
🍴 05 78-79 80 55, Fax 05 78-79 99 17
www.villaambra.com
Familiäres Hotel auf dem Land, ruhige Lage, Pool, gutes Restaurant mit Produkten aus eigenem Anbau. Verkauf von Wein und Olivenöl. €

Monteriggioni

Monteriggioni
Via 1° Maggio 4, 53035 Monteriggioni
🍴 05 77-30 50 09, Fax 05 77 30 50 11
www.hotelmonteriggioni.net
Luxuriös restauriertes Bauernhaus aus dem 17. Jh., direkt an der Piazza. €€€

Murlo

L'Etrusco
Via delle Carceri 15, 53016 Murlo
🍴 05 77-81 11 02, 33 82 03 76 77
Historisches Haus mit 3 gemütlichen Zimmern. €

La Locanda del Castello
Piazza dei Carceri 14, 53016 Murlo
🍴/Fax 05 77-81 41 88
www.lalocandadelcastello.com
Dorfhaus mit 3 netten Zimmern. Pizzeria. €

Orbetello

I Presidi
Via Mura di Levante 34, 58015 Orbetello
🍴 05 64-86 76 01, Fax 05 64-86 04 32
www.ipresidi.com
Gut ausgestattetes Mittelklassehotel. €€€

Sole
Via Colombo 2/Ecke Corso Italia
58015 Orbetello
🍴 05 64-86 04 10, Fax 05 64-86 04 75
www.hotelsoleorbetello.com
Einfacheres Mittelklassehotel. €€

Locanda di Ansedonia
Loc. Ansedonia, an der Aurelia km 140,5
🍴 05 64-88 13 17, Fax 05 64-88 17 27
www.lalocandadiansedonia.it
Gut ausgestattete Zimmer, mit Gartenrestaurant. €€

Palazzuolo sul Senio

Locanda Senio (Charme & Relax)
Via Borgo dell' Ore 1
50035 Palazzuolo sul Senio
🍴 055-804 60 19, Fax 055-804 39 49
www.locandasenio.it
Hotel und Restaurant. Unterschiedlich ausgestattete, gemütliche Zimmer und Suiten, teils mit Kamin, kein Aufenthaltsraum. €€€

Agriturismo Badia di Susinana
Via Badia di Susinana 36, 5 km außerhalb von
50035 Palazzuolo sul Senio
🍴 055-804 66 31
www.badiadisusinana.it
Historischer kleiner Weiler, Zimmer und Apartments in bäuerlichem Stil. Rustikales Restaurant. Viele Tiere, ländliche Ruhe, Pool, Wandermöglichkeiten. €

Pescia

Villaggio Albergo San Lorenzo e Santa Cristina
Via San Lorenzo 15, 51017 Pescia
🍴 05 72-40 83 40, Fax 05 72-40 83 33
www.rphotels.com
Zwei historische Papiermühlen aus dem 17. Jh., originelle Einrichtung, mit Restaurant. €€

Petrignano

Corte del Sole
Località I Giorni/Petrignano del Lago
06061 Castiglione del Lago
zwischen Cortona und Montepulciano
an der toskanisch-umbrischen Grenze
🍴 075-968 90 14, Fax 075-968 90 70
www.cortedelsole.com
Schön restauriertes ehemaliges Kloster, geschmackvoll eingerichtete Zimmer in mehreren Gebäuden. Ruhige Lage, großer Park, viele Rosen, Pool, Restaurant mit toskanischer Küche. €€€

Pienza

Il Chiostro di Pienza
Corso Rossellino 26
53026 Pienza
✆ 05 78-74 84 00, Fax 05 78-74 84 40
www.relaisilchiostrodipienza.com
Stilvolles Hotel in einem renovierten, ehemaligen Kloster in der Altstadt, mit Restaurant. €€€

San Gregorio Residence
Via della Madonnina 4, 53026 Pienza
✆ 05 78-74 81 75, Fax 05 78-74 83 54
www.pienza.net
Gemütliches Hotel am Stadtrand, Pool. €

Corsignano
Via della Madonnina 11
53026 Pienza
✆ 05 78-74 85 01, Fax 05 78-74 81 66
www.hotelcorsignano.it
Familiäres Hotel mit Restaurant, 100 m vom Zentrum. €€

Piombino

Centrale
Piazza Verdi 2, 57025 Piombino
✆ 05 65-22 01 88, Fax 05 65-22 02 20
www.hotel-centrale.net
Renoviertes Stadthotel, mit Restaurant. €€€

Pisa

Grand Hotel Duomo
Via Santa Maria 94, 56126 Pisa
✆ 050-56 18 94, Fax 050-56 04 18
www.grandhotelduomo.it
Komfortables Stadthotel, viele Geschäftsleute, beliebtes Restaurant, Parkgarage. €€€

Touring
Via Puccini 24, 56125 Pisa
✆ 050-463 74, Fax 050-50 21 48
www.hoteltouringpisa.com
Gutes Mittelklassehotel, guter Service. €€

Ariston
Via Cardinale Maffi 42
gegenüber dem Schiefen Turm
56100 Pisa
✆ 050-56 18 34, Fax 050-56 18 91
www.hotelariston.pisa.it
Frisch renoviertes Hotel in günstiger Lage. €€

Unterkünfte

Bagni di Pisa
Largo Shelley 18, 56017 San Giuliano Terme
✆ 050-885 01, Fax 050-885 04 01
www.bagnidipisa.com
Prächtige Villa mit Blick auf das Ortszentrum, luxuriöse Suiten, komfortable Zimmer, alles recht stilvoll eingerichtet, großzügige Aufenthaltsräume, Zigarrenraum mit Terrasse. Therme mit allen Arten von Behandlung für Fitness und Schönheit. Im Restaurant italienische und toskanische, auch vegetarische Gerichte. €€€€

Pitigliano

Belvedere
Località Casone di Pitigliano, an der SS 74
58017 Pitigliano
✆/Fax 05 64-61 92 49
www.belvederetoscana.com
Ordentlich eingerichtetes Mittelklassehotel mit Restaurant. €

Valle Orientina
Località Valle Orientina
an der SS 74, km 55,3
3 km von 50017 Pitigliano
✆ 05 64-61 66 11, Fax 05 64-61 77 28
www.valleorientina.it
Gepflegtes Hotel mit Restaurant sowie Spa & Wellness-Bereich. €€

Pontassieve

Moderno
Via Londra 5, 50065 Pontassieve
✆ 055-831 55 41, Fax 055-836 92 85
www.hotelmodernofirenze.it
Ordentliches Mittelklassehotel. €

Il Trebbiolo
Via del Trebbiano 8
50060 Molin del Piano
✆ 055-830 05 83, Fax 055-836 43 03
www.iltrebbiolo.it
Gepflegtes, historisches Landhotel mit typisch toskanischem Restaurant. €€

Locanda Nova
Via Piave 7

Unterkünfte

50065 Pontassieve
✆/Fax 055-836 81 92
www.locandanova.it
Einfache, saubere Pension. €

Pontremoli

Napoleon
Piazza Italia 2
54027 Pontremoli
✆ 01 87-83 05 44, Fax 01 87-83 15 92
www.hotelnapoleon.net
Einfaches, sauberes Mittelklassehotel, Restaurant mit Lunigiana-Küche. €€

Golf Hotel
Via della Pineta 32
54027 Pontremoli
✆ 01 87-83 15 73, Fax 01 87-83 15 91
Gepflegtes Mittelklassehotel mit Restaurant und Pool. €

Poppi

Casentino
Piazza della Repubblica 6
51014 Poppi
✆ 05 75-52 90 90, Fax 05 75-52 90 67
www.albergocasentino.it
Kleines Hotel mit gutem Restaurant (s. S. 160) im ehemaligen Pferdestall des Castello. €

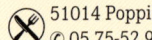

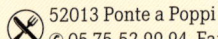

Parc Hotel
Via Roma 214
52013 Ponte a Poppi
✆ 05 75-52 99 94, Fax 05 75-52 99 84
www.parchotel.it
Gutes Mittelklassehotel an der Landstraße, Zimmer mit Air-Condition, Pool, mit Restaurant. €€

La Torricella
Località Torricella 14
52014 Poppi
✆ 05 75-52 70 45, Fax 05 75-52 70 46
www.latorricella.com
Kleines gepflegtes, ländliches Hotel. €€

Campaldino
Via Roma 95
52013 Ponte a Poppi
✆ 05 75-52 90 08, Fax 05 75-52 90 32
www.campaldino.it
Kleines Hotel mit gutem Gewölberestaurant, lokale Küche. €

Porto Ercole

Il Pellicano
Località Lo Sbarcatello
58018 Porto Ercole
✆ 05 64-85 81 11, Fax 05 64-83 34 18
www.pellicanohotel.com
Luxuriöse Hotelanlage mit Pool und eigener Badebucht, Terrassenlage, Blick aufs Meer, Spitzenrestaurant. €€€€

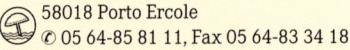

Villa Portuso
Località Poggio Portuso, 1 km nördl. des Ortes
58018 Porto Ercole
✆ 05 64-83 41 81, Fax 05 64-83 53 51
www.superdossier.it
Komfortables Mittelklassehotel, ruhige Lage mit Garten und Pool, beliebtes Restaurant. €€€€

Don Pedro
Via Panoramica 7
58018 Porto Ercole
✆ 05 64-83 39 14
Fax 05 64-83 31 29
www.hoteldonpedro.it
Gutes Mittelklassehotel mit Blick zum Hafen, Restaurant. €€

Prato

Hotel Giardino
Via Magnolfi 2/4/6, 59100 Prato
✆ 05 74-261 89, Fax 05 74-60 65 91
www.giardinohotel.com
Das Mittelklassehotel mit 28 Zimmern in einem Gebäude vom Ende des 18. Jh. liegt in der Fußgängerzone im historischen Zentrum direkt am Domplatz. Parkmöglichkeiten in einer bewachten Tiefgarage (11 €). €€

Hotel Flora
Via Cairoli 31, 59100 Prato
✆ 05 74-335 21, Fax 05 74-40 02 89
www.hotelflora.info
Familienhotel mit 31 Zimmern im Palazzo Martinelli aus dem 19. Jh., ebenfalls im historischen Zentrum, mit Bar und Terrasse. €€

Pratolino

Demidoff Hotel
Via della Lupaia 1556
50036 Pratolino
Buchungsbüro ✆ 05 94-90 80 31
Fax 05 94-436 07
www.hotel-demidoff.it
Elegant eingerichtetes Hotel mit Pool, Sauna und Fitness-Raum, auch Restaurant. €€

Punta Ala

Puntala Camping
58043 Punta Ala
✆ 05 64-92 22 94, Fax 05 64-92 03 79
www.campingpuntala.it
Direkt am Strand, 800 m lang, 30 m tief, extra Badebereich für Kinder, bewachsene Düne zwischen Platz und Meer, Pinienwald, Kinderanimation, großer Spielplatz, Sportmöglichkeiten, keine Hunde.

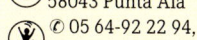

Radda in Chianti

Relais Fattoria Vignale
Via Pianigiani 9
53017 Radda in Chianti
✆ 05 77-73 83 00
Fax 05 77-73 85 92
www.vignale.it
Elegant eingerichtetes Hotel. Talwärts mit Pool. Taverne und Enoteca. €€€€

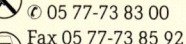

Vescine
Località Vescine, 53017 Radda in Chianti
Abseits der SS 429
zwischen Castellina und Radda
✆ 05 77-74 11 44, Fax 05 77-74 02 63
www.vescine.it
Umgebautes Gehöft mit mehreren Steinhäusern, komfortable Zimmer und Suiten. Restaurant, Bar und Pool mit kaltem Buffet. €€€

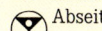

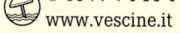

La Locanda
Località Montanino di Volpaia
53017 Radda in Chianti
Sehr komplizierte Anfahrt, hinter Volpaia, besser Wegbeschreibung schicken lassen.
✆ 05 77-73 88 33, Fax 05 77-73 92 63
www.lalocanda.it
Restaurierter historischer Bauernhof (16. Jh.), mehrere Gebäude mit Garten und Pool, komfortable Zimmer. Abendessen auf Bestellung, hauseigene Enoteca. €€€€

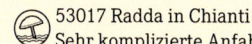

Unterkünfte

Rufina

La Speranza
Via Piave 14
50064 Rufina
✆ 055-839 61 12, Fax 055-839 61 14
Ordentliches Mittelklassehotel mit beliebtem Restaurant. €

Da Marino
Via Masseto 11
50068 Rufina
✆ 055-839 70 30, Fax 055-839 85 67
www.albergoristorantedamarino.com
Einfaches Hotel mit Restaurant. €

San Gimignano

Leon Bianco
Piazza della Cisterna 13
53037 San Gimignano
✆ 05 77-94 12 94, Fax 05 77-94 21 23
www.leonbianco.com
Freundliches Hotel im Zentrum gegenüber der Cisterna, kein Restaurant. €€

Bel Soggiorno
Via San Giovanni 91
53037 San Gimignano
✆ 05 77-94 03 75, Fax 05 77-90 75 21
www.hotelbelsoggiorno.it
Komfortables Hotel in einem Palazzo des 14. Jh., Terrasse mit Talblick, mit gutem Restaurant. €€

Pescille
Località Pescille
53037 San Gimignano
✆ 05 77-940 186, Fax 05 77-94 31 65
www.pescille.it
Landhotel mit vielen gemütlichen Räumen und bäuerlich eingerichteten Zimmern, mit Pergola und Pool. Verkauf von Wein und anderen Produkten. €€€

San Piero a Sieve

La Felicina
Piazza Colonna 14
50037 San Piero a Sieve

Unterkünfte

✆ 055-849 81 81, Fax 055-849 81 57
Kleines, gemütliches Familienhotel, eingebauter Medici-Turm. €

San Quirico di Sorano

Agnelli
Piazza della Repubblica 9
58010 San Quirico di Sorano
✆ 05 64-61 90 15, Fax 05 64-61 94 21
www.lavecchiafonte.com
Einfaches, sauberes Hotel mit Restaurant. €

San Quirico d'Orcia

Posta-Marcucci
Località Bagno Vignoni
53027 San Quirico d'Orcia
✆ 05 77-88 71 12, Fax 05 77-88 71 19
www.hotelpostamarcucci.it
Komfortables Hotel mit Restaurant und Thermalbad. €€€

Sansepolcro

La Balestra
Via Montefeltro 29, 52037 Sansepolcro
✆ 05 75-73 51 51, Fax 05 75-74 02 82
www.labalestra.it
Komfortables Hotel mit gutem Restaurant. €

Da Ventura
Via Aggiunti 30, 52037 Sansepolcro
✆ 05 75-74 25 60, Fax 05 75-75 95 00
www.albergodaventura.it
5 renovierte Zimmer über beliebter Trattoria. €

San Vincenzo

Riva degli Etruschi
Via della Principessa 120, 57207 San Vincenzo
✆ 05 65-71 99, Fax 05 65-70 40 11
www.rivadeglietruschi.it
Große Bungalowanlage am Sandstrand, alle Wassersportarten, 2 Pools, Spielplätze, 3 Restaurants. €€€€

Sarteano

Parco Delle Piscine
A1 Ausfahrt Chiusi, 53047 Sarteano
✆ 05 78-269 71, Fax 05 78-26 58 89
www.parcodellepiscine.it
Teils Pappeln, Kinderanimation, 2 Pools und Plantschbecken mit Thermalwasser, keine Hunde. Eurocamp-Mitarbeiter und Spielleiter, Zirkuszelt, Babysitten, Spieleverleih.

Sassetta

Tenuta La Bandita
Bei Sassetta, SS 329
Via Campagna Nord 30, 57020 Sassetta
✆ 05 65-79 42 24, Fax 05 65-79 43 50
www.labandita.com
Komfortable Villa in einsamer Lage, familiäre Leitung. Pool, Restaurant mit Maremma-Küche. €€€

Saturnia

Terme di Saturnia, The Leading Hotels of the World
Via della Follonata s/n, 58050 Saturnia
✆ 05 64-60 01 11, Fax 05 64-60 12 66
www.termedisaturnia.it
Ruhig gelegenes, komfortables Kurhotel mit Garten, Tennis. 2 Pools, auch für Tagesgäste. €€€€

Siena

Siena Hotel Promotion
Piazza Madre Teresa di Calcutta 5, 53100 Siena
✆ 05 77-28 80 84, Fax 05 77-28 02 90
www.hotelsiena.com

Certosa di Maggiano
Strada di Certosa 82, 2 km vom Zentrum
53100 Siena
✆ 05 77-28 81 80, Fax 05 77-28 81 89
www.certosadimaggiano.it
Sehr komfortables Hotel in einem früheren Kloster, individuell eingerichtete Zimmer, sehr gutes Restaurant, im Sommer im kleinen Kreuzgang. Pool und Fitnessraum. €€€

Moderno
Via Baldassarre Peruzzi 19, 53100 Siena
✆ 05 77-28 84 53, Fax 05 77-27 05 96
www.hotelmodernosiena.it

Unterkünfte

Traditionelles Hotel in günstiger Lage. Stadttor Porta Ovile, an der Rolltreppe zum historischen Zentrum. Gutes Restaurant, toskanische Küche; Privatgarage. €€

Duomo
Via Stalloreggi 38, 53100 Siena
✆ 05 77-28 90 88, Fax 05 77-430 43
www.hotelduomo.it
Ordentliches Hotel in einem Palazzo, Nähe Dom. €€

Antica Torre
Via Fiera Vecchia 7, 53100 Siena
✆/Fax 05 77-22 22 55, www.anticatorresiena.it
Kleines Hotel mit viel Atmosphäre in einem alten Turm (17. Jh.), Restaurant. €€

Locanda Garibaldi
Via G. Dupré 18, 53100 Siena
✆ 05 77-28 42 04
50 m bis zum Campo, einfache Zimmer, preiswertes Restaurant mit toskanischer Küche. €

Minerva
Via Garibaldi 72
53100 Siena
✆ 05 77-28 44 74, Fax 05 77-433 43
www.albergominerva.it
Ordentliches Mittelklassehotel. €€

Sovana

Sovana Hotel & Resort
Via del Duomo 66, 58010 Sovana
✆ 05 64-61 70 30, Fax 05 64-61 71 26
www.sovanahotel.com
Architektonisch gelungene Verwandlung eines alten Bauernhauses in ein kleines Landhotel. Komfortable Zimmer, elegante Salons, großer Garten mit Pool. €€€

Hotel Scilla
Via del Duomo 5, 58010 Sovana
✆ 05 64-61 65 31, Fax 05 64-61 43 29
www.albergoscilla.it
Kleines gepflegtes Hotel mit gutem Restaurant. €

Sovicille

Relais Borgo di Toiano
Località Toiano
53018 Sovicille
✆ 05 77-31 46 39, Fax 05 77-31 46 41
www.hotelmodernosiena.it
Gemütliches Landhotel mit mehreren komfortabel umgebauten Bauernhäusern, ruhige Lage, mit Pool. €€

Borgo Pretale
Località Borgo Pretale/Rosia, 53018 Sovicille
✆ 05 77-34 54 01, Fax 05 77-34 56 25
www.borgopretale.it
Zur Ferienanlage umgebautes, mittelalterliches Wehrdorf, luxuriös und rustikal eingerichtete Räume, viel moderne Kunst, Pool mit Snackbar; mit Feinschmecker-Restaurant. €€€-€€€€

Stia

Albergo Falterona
Piazza Tanucci 85
52017 Stia
✆ 05 75-50 45 69, Fax 05 75-50 49 82
www.albergofalterona.it
Stilvolles, gemütliches Haus mitten im Ort. €€

Torre del Lago Puccini

Italia
Viale dei Tigli 52, Westrand des Ortes
55048 Torre del Lago Puccini
✆ 05 84-35 98 28, Fax 05 84-34 15 04
www.campingitalia.net
1 km zum Strand, Pappelschatten, Kinderanimation, Spielplatz, Sportmöglichkeiten, Fahrradverleih, keine Hunde.

Dei Tigli
Viale dei Tigli 54, Westrand des Ortes
55048 Torre del Lago Puccini
✆ 05 84-35 91 82, Fax 05 84-34 12 78
www.campingdeitigli.com
800 m zum Strand, Pappelschatten, Kinderanimation, Spielplatz, schalldichte Disco, Fahrradverleih, Hunde erlaubt.

Vada

Tripesce
57018 Vada, südl. des Ortes
✆ 05 86-78 80 17, Fax 05 86-78 91 59
www.campingtripesce.it
Direkt am Strand, 300 m lang, 40 m breit, Mattendächer, Kinderanimation, Spielplatz, Sportmöglichkeiten, Fahrradverleih, keine Hunde.

Unterkünfte

Baia del Marinaio
Via dei Cavalleggeri 177, südl. des Ortes
57018 Vada
✆/Fax 05 86-77 01 64, www.baiadelmarinaio.it
400 m zum Strand, Bäume und Mattendächer, Kinderanimation, schöner Spielplatz, Pool, Plantschbecken, Sportmöglichkeiten, Hunde erlaubt.

Rifugio del Mare
57018 Vada, südl. des Ortes
✆ 05 86-77 00 91, Fax 05 86-77 02 68
www.rifugiodelmare.it
700 m zum Strand, verschiedene Bäume, Kinderanimation, Pool, Sportmöglichkeiten, Fahrradverleih. Hunde werden in einem separaten Zwinger untergebracht.

Viareggio

Plaza e de Russie
Piazza d'Azeglio 1, 55049 Viareggio
✆ 05 84-444 49, Fax 05 84-440 31
www.plazaederussie.com
Erstes Hotel des Ortes von 1871, gepflegt und komfortabel, mit gutem Restaurant. €€€€

Lupori
Via Galvani 9, 55049 Viareggio
✆ 05 84-96 22 66, Fax 05 84-96 22 67
www.luporihotel.it
Kleines, familiäres Haus im Zentrum, kein Restaurant, eigene Garage. €

Volterra: Villa Rioddi

Vicchio

Villa Campestri
Via di Campestri 19
50039 Vicchio
✆ 055-849 01 07, Fax 055-849 01 08
www.villacampestri.com
Villa des 14. Jh., historisches Ambiente in allen Räumen, komfortable Zimmer, Park und Pool, ruhige Lage, mit Restaurant. €€€

Vinci

Alexandra
Via dei Martiri 82, 50059 Vinci
✆ 05 71-5 62 24, Fax 05 71-56 79 72
www.hotelalexandravinci.it
Freundliches, renoviertes Hotel mit Dependance außerhalb des historischen Zentrums, also mit Parkmöglichkeiten. Mit gutem Restaurant La Limonaia, regionale Küche. €€

Volterra

San Lino
Via San Lino 26
56048 Volterra
✆ 05 88-852 50, Fax 05 88-806 20
www.hotelsanlino.com
Hotel der oberen Mittelklasse in einem früheren Kloster, mit Pool. €€

Villa Nencini
Borgo San Stefano 55, 56048 Volterra
✆ 05 88-863 86, Fax 05 88-806 01
www.villanencini.it
Familiäres Mittelklassehotel vor der Stadtmauer, Pool und schöner Panoramablick, Restaurant. €

Sole
Via dei Cappuccini 10
56048 Volterra
✆ 05 88-840 00, Fax 05 88-902 73
www.hotelsolevolterra.com
Einfaches, gepflegtes Hotel. €

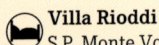

Villa Rioddi
S.P. Monte Volterrano – Località Rioddi
56048 Volterra
✆ 05 88-880 53, Fax 05 88-880 74
www.hotelvillarioddi.it
Familiäres, gutes Mittelklassehotel, 2 km außerhalb von Volterra. Pool im Garten. €

Service von A-Z

An- und Einreise	193	Klima/Kleidung/Reisezeit	199
Ärztliche Versorgung	193	Landkarten	200
Auskunft	194	Literatur	200
Autofahren/Verkehr	194	Notrufe	200
Automiete	195	Öffentliche Verkehrsmittel	200
Badegewässer	195	Öffnungszeiten	200
Camping	195	Presse/Radio/TV	200
Diebstahl	195	Rauchen	200
Diplomatische Vertretungen	195	Sport/Urlaubsaktivitäten	200
Einkaufen/Märkte	196	Sprachführer	203
Eintrittspreise (Museen)	196	Strom	209
Essen und Trinken	196	Telefon/Post	209
Feiertage/Feste	198	Tiere	209
Geld/Kreditkarten	199	Trinkgeld	209
Kinder	199	Unterkunft	209

An- und Einreise

Die meisten Toskana-Urlauber fahren mit dem **Auto** an ihr Ziel. Die schnellsten Wege ab Deutschland sind für die östliche Landeshälfte: über Österreich (Innsbruck, Brenner) nach Verona. Wer die östliche Toskana besuchen will, fährt über Bologna nach Florenz, dort auf der A1 Richtung Rom weiter bis Arezzo. Wer in den Westen, z.B. an die toskanische Küste will, fährt ab Verona nach Brescia und Parma, dann über die A 15 Richtung La Spezia.

Reisende aus dem Westen Deutschlands wählen besser den Transit über die Schweiz (St. Gotthard), dann Richtung Mailand und Parma, von dort südöstlich nach Florenz oder südwärts nach La Spezia und Carrara. Weitere Informationen für Autofahrer vgl. Autofahren/Verkehr.

Die **Flughäfen** Florenz oder Pisa werden täglich von Frankfurt und München aus angeflogen. Regelmäßige Flüge mit Air Dolomiti (in Zusammenarbeit mit der Deutschen Lufthansa) und Alitalia. Auskünfte unter www.aeroporto.firenze.it und www.pisa-airport.com.

Gute **Bahnverbindungen** gibt es täglich, z.B. München–Florenz, auch mit Schlaf- und Liegewagen. Eine andere Verbindung führt über die Schweiz nach Mailand, Genua, La Spezia und weiter an die toskanische Küste mit Stopp in Viareggio, Pisa, Livorno und Grosseto.

Reisende aus Deutschland, Österreich und der Schweiz benötigen lediglich den gültigen Personalausweis, wenn sie nicht länger als 3 Monate im Land bleiben möchten. Kinder benötigen statt des Kinderausweises jetzt einen Kinderreisepass. Kinderausweise werden nicht mehr ausgestellt, die alten sind bis zum Ablauf ihrer Gültigkeit nutzbar.

Die Kontrolle an den Grenzen ist seit dem Inkrafttreten des Schengener Abkommens eingestellt. Für den PKW ist der nationale Führerschein ausreichend, die Grüne Versicherungskarte ist nicht vorgeschrieben, aber trotzdem empfehlenswert. Für mitgeführte **Tiere** muss man einen fälschungssicheren EU-Heimtierausweis vorzeigen. Außerdem brauchen die Tiere einen unter die Haut injizierten Mikrochip oder eine spezielle Tätowierung.

Ärztliche Versorgung

Die ärztliche Versorgung in der Toskana entspricht mitteleuropäischem Standard. An der Hotelrezeption und bei den Touristenämtern erfährt man die Adressen deutschsprachiger Ärzte, die es vor allem in den Kurorten gibt.

In den italienischen Gesundheitszentren USL *(Unità Sanitaria Locale)* werden Bürger aus EU-Staaten kostenlos behandelt, auch an zuständige Fachärzte überwiesen, wenn sie über eine Europäische Krankenversicherungskarte EHIC verfügen (ersetzt den bisherigen Auslandskrankenschein E111), die von den gesetzlichen Krankenkassen ausgehändigt wird. Private Krankenhäuser oder

SERVICE von A–Z

niedergelassene Ärzte akzeptieren diese Karte nicht, man muss bar bezahlen. Für die Dauer des Urlaubs ist Kassenpatienten auf jeden Fall der Abschluss einer Auslandskrankenversicherung zu empfehlen, sie enthält auch die Deckung der Kosten für einen eventuell notwendigen Rücktransport.

Apotheken heißen auf Italienisch *farmacia*, die nächstliegende erfährt man an der Rezeption des Hotels oder Campingplatzes. Die Medikamentenauswahl entspricht internationalem Standard.

Übersetzer und Hilfe bei medizinischen Fragen gibt es bei der

Associazione Volontari Ospedalieri
in Florenz unter
✆ 055-234 45 67
in Siena unter
✆ 05 77-58 63 62.

Englisch und Französisch sprechende Ärzte sind in Florenz beschäftigt beim
Tourist Medical Center
Via Lorenzo il Magnifico 59
✆ 055-47 54 11.

Auskunft

In Deutschland:
Staatliches Italienisches Fremdenverkehrsamt ENIT
Kostenlose Nummer für Prospektbestellung:
✆ 00-800-00 48 25 42, für Informationen außerdem:

– Barckhausstraße 10
D-60325 Frankfurt/Main
✆ (069) 23 74 34, Fax (069) 23 28 94
frankfurt@enit.it

Weitere Auskünfte im Internet:
www.enit-italia.it

In Österreich:
Kärntnerring 4
A-1010 Wien
✆ (01) 505 16 39, Fax (01) 505 02 48
vienna@enit.at

In der Schweiz:
Uraniastr. 32
8001 CH-Zürich
✆ (043) 466 40 40, Fax (043) 466 40 41
zurich@enit.ch

In der Toskana:
In größeren Städten geben die APT-Büros Auskunft, in kleineren Orten die Pro-Loco-Infostellen. Auskunft für die Toskana allgemein:

Turismo in Toscana
Via Manzoni 16
50121 Firenze
✆ 055-233 20, Fax 055-234 62 86
www.turismo.toscana.it
Infos über Geschichte, Kunst, Natur, Agritourismus, Sport etc. Per Klick »Nützliche Hinweise – Karte der APT«: Karte der Tourismusorganisationen in den Provinzen der Toskana mit Info-Adressen.

Autofahren/Verkehr

Verkehrsbestimmungen: Gurtpflicht, Promillegrenze bei 0,5, Höchstgeschwindigkeit in Ortschaften 50 km/h, auf Landstraßen 90 km/h, auf Autobahnen 110 (Brenner-Autobahn) und 130 km/h. Bei schlechtem Wetter (Schnee, Regen) Höchstgeschwindigkeit auch auf Autobahnen 110 km/h.
Licht am Tage: Außerhalb der Ortschaften muss grundsätzlich mit Abblendlicht gefahren werden.
Warnwesten-Pflicht: Alle Kraftfahrer sind in Italien verpflichtet, eine fluoreszierende Warnweste mitzuführen. Sie muss getragen werden, wenn der Fahrer außerhalb der Ortschaften das Fahrzeug verlässt und sich auf der Fahrbahn aufhält.
Autobahngebühren: Die meisten Autobahnen in Italien sind kostenpflichtig, dafür kann man sich auf gut ausgebaute Fahrwege verlassen, z.B. A 15 Parma–La Spezia–Carrara–Pisa–Livorno, A 11 Viareggio–Lucca–Florenz (Firenze–Mare), A 1 Bologna–Florenz–Montepulciano–Chiusi, A 12 Viareggio–Lucca.

Wer viel herumfährt, sollte sich den Kauf einer Viacard überlegen. Damit kann man eine spezielle Autobahnausfahrt benutzen, spart also Zeit und die Suche nach dem passenden Geld. Die Viacard ist an den Grenzübergängen, bei den Automobilclubs sowie bei einigen Banken erhältlich.
Kostenfreie Autostraßen: Die *Superstrade*, autobahnähnliche, vierspurige Straßen, sind gebührenfrei. Beispiele: Florenz–Siena, Florenz–Pisa südlich der Autobahn Firenze–Mare mit Anbindung an Livorno, Livorno–Grosseto Richtung Latium, Arezzo–Sinalunga–Lago Trasimeno–Perugia, die Via Aurelia entlang der Versilia sowie von Grosseto nach Rom.
Automobilclubs: Mitglieder ausländischer Automobilclubs erhalten kostenlose Hilfe beim italienischen Automobilclub ACI, dessen Straßendienst italienweit unter ✆ 80 31 16 zu erreichen ist. Der einzige deutschsprachige Notruf des ADAC sitzt in Monza bei Mailand, erreichbar unter ✆ 02 10 41.

SERVICE
von A–Z

Die meisten **Tankstellen** haben für deutsche Autofahrer ungewohnte Öffnungszeiten: Geschlossen wird mittags zwischen 12.30/13 und 15.30/16 und abends ab 19/20 Uhr. An Sonn- und Feiertagen sind viele Stationen den ganzen Tag zu. Auch während der allgemein üblichen Pausen ist oft der Hinweis »Aperto« zu sehen, also: geöffnet. Dieser 24-Stunden-Service bezieht sich aber nur auf Automaten, die mit Geldscheinen in Betrieb gesetzt werden.

Oft lehnt der Automat die Scheine ab und gibt sie wieder zurück. Komplizierter wird es, wenn der Automat nicht funktioniert, nur das Geld schluckt und keinen Sprit spuckt. Die Rückerstattung ist möglich, aber umständlich und Zeit raubend. Deshalb: Morgens den Tank füllen, egal wie viel Sprit fehlt. Das gilt zwingend, wenn die Tagestour in weniger frequentierte Gegenden führt, wo das Tankstellennetz recht dünn ist, etwa in den Monti del Chianti, der Garfagnana oder den Colline Metallifere.

Automiete

In allen größeren Städten werden Autos vermietet. Preise für Mittelklassewagen betragen pro Tag € 75–100 inklusive Versicherungen bei unbegrenzter Kilometerzahl. Bei längerer Miete, z.B. für eine Woche, reduziert sich der Tagespreis. Auch Reiseveranstalter bieten inzwischen recht günstige Tarife an. In der Hochsaison gibt es Engpässe, Mietautos sollten deshalb rechtzeitig von Deutschland aus organisiert werden.

Badegewässer

Die toskanischen Badestrände haben im Allgemeinen gute Werte, die Bestimmungen der italienischen Behörden sind strenger als die EU-Norm. Viele Badeorte bemühen sich um das Qualitätssymbol der von Brüssel initiierten »Blauen Europa-Flagge«. Zusätzlich kontrolliert die Legambiente, Italiens grüne Initiative, die Gewässer und Strände auf Verunreinigung.

Camping

Die Toskana ist reich an Campingplätzen aller Kategorien, sei es im Landesinneren oder an der Küste. Unter den Infos zu den einzelnen Routen finden Sie familienfreundliche Plätze, alle mit Einrichtungen für Kinder, mit Pools bzw. an der Küste in Strandnähe. Der ADAC-Campingführer Südeuropa aktualisiert die Angaben regelmäßig. Campingplätze und Feriendörfer der FAITA (Federazione Associazione Italiane per il Turismo all' Area Aperta) bieten hohen Standard. Prospekt bei ENIT oder direkt bei
FAITA Toscana
Via Santa Caterina d'Alessandria 4
50122 Firenze
✆ 055-47 27 1, Fax 055-203 69 02
www.faita.it

Diebstahl

Bei allem Frieden, den die Toskana ausstrahlt, vor Diebstahl ist niemand sicher, vor allem nicht während der Urlaubssaison und speziell in Städten und am Strand. Entsprechende Warntafeln an Badeanstalten und Parkplätzen sprechen eine deutliche Sprache. Gerade im Sommerurlaub, wenn alle Gäste sich mehr um Sehenswürdigkeiten und Freizeitspaß kümmern, werden Diebe aus aller Herren Länder aktiv, ganz speziell dort, wo Gedränge zu erwarten ist. Also Handtasche und Brieftasche nicht leichtsinnig umhängen oder einstecken, vor allem der von Männern bevorzugten Gesäßtasche gilt der erste Griff.

Grundsätzlich nur das Notwendigste mitnehmen, wichtige Papiere und nicht benötigtes Geld im Hotelsafe lassen und für alle Eventualitäten eine Kopie des Ausweises oder Passes bei sich tragen.

In keinem Fall sollte man wertvolle Gegenstände im Auto lassen, auch ein verdeckter Kofferraum bietet keine Sicherheit. Wählt man bewachte Garagen, müssen diese versichert sein, sonst gibt es keine Haftung. Die Garagen in Hotels sind am sichersten, kein Hotelier möchte seine Gäste verärgern, trifft also entsprechende Vorsorge.

Diplomatische Vertretungen

Honorarkonsulat der Bundesrepublik Deutschland
Corso dei Tintori 3, 50122 Firenze
✆ 055-234 35 43, Fax 055-247 62 08

Konsulat der Republik Österreich
Lungarno Amerigo Vespucci 58, 50123 Firenze
✆ 055-26 54 22, Fax 055-29 54 57

Konsulat der Schweiz
Piazzale Galileo 5 (c/o Park Palace Hotel)
50121 Firenze
✆ 055-22 24 34
Fax 055-22 05 17

SERVICE von A-Z

Einkaufen/Märkte

Das Kunsthandwerk hat in der Toskana noch hohen Stellenwert. Manche Gegenden oder Städte bieten traditionell spezielle Artikel an. Einige Hinweise sind bei den Informationen zu den einzelnen Städten zu finden.

Ein paar besondere Tipps für **Carrara und Pietrasanta:** Gegenstände aus Marmor wie Schalen, Vasen, Briefbeschwerer, Eier und Pyramiden sowie Reproduktionen von klassischen Skulpturen;
Volterra: allerlei aus Alabaster wie Vasen, Lampenfüße, Aschenbecher, Skulpturen etc.;
San Gimignano: Kunstkeramik und handgewebte Stoffe;
Lucca: Handgewebtes sowie Seiden und Stickereien.

Eine große Auswahl bieten toskanische Märkte, vor allem Lederwaren: Jacken, Handtaschen, Gürtel, Geldbeutel, Schuhe. Vorsicht: Qualität prüfen, unbedingt auf die Verarbeitung achten. Auch viel Keramik gibt es auf den Wochenmärkten, Gegenstände aus Schmiedeeisen wie Kamingeschirr, Schuhabstreifer, Zeitungsständer, Aschenbecher, Kerzenhalter, Türklopfer und vieles mehr.
Beliebt sind die **Antiquitätenmärkte** der Toskana, hier die wichtigsten:
Florenz, vgl. Infos Florenz, S. 43
In anderen Orten wird meistens einer der Hauptplätze gewählt, also auf Plakate achten oder Auskunft bei der Information einholen.
Arezzo, 1. Sa und So im Monat,
Cortona, 3. Sa und So im Monat,
Carmignano, 1. So im Monat,
Lucca, rund um den Dom, 3. Sa und So im Monat,
Montelupo, 3. So im Monat,
Pisa, 2. Sa und So im Monat,
Pistoia, 2. Sa und So im Monat, außer Juli/Aug.,
Poggio a Caiano (nordwestlich Florenz), 4. So im Monat, außer Juli/Aug.,
Quarrata (zwischen Florenz und Pistoia), 3. So im Monat,
Siena, Piazza del Mercato, 3. So im Monat,
Viareggio, Piazza Manzoni, letzter So im Monat.

Toskanischer Wein gehört zu den üblichsten Mitbringseln. Die Auswahl ist groß und verwirrend, Empfehlungen sind fast immer Geschmackssache. Überall lockt der Hinweis *venditta diretta* – man sollte den Versuch wagen, aber keinesfalls ohne Verkostung.

Ähnliches gilt für das toskanische **Olivenöl**. Es soll *extra vergine* sein, also kalt gepresst, es hat höchstens 1 % Säuregehalt. Steht nur *vergine* auf dem Etikett, hat das Öl 2 % Säure, ist also minderwertiger. Für Fischgerichte ist junges, noch bitteres Öl nicht geeignet, auch das grüne, kräftig schmeckende Öl vom Lehmboden der Maremma überdeckt den zarten Fischgeschmack. Diese Sorten eignen sich jedoch sehr gut für Fleisch und Gemüse. Olivenöl aus Lucca ist fruchtig und dickflüssig, das aus dem Chianti unaufdringlich würzig, beide sind vielseitig geeignet.

Geschmacksache ist auch der Einkauf von **Pecorino**, dem würzigen Schafskäse. Auch hier gilt: vor dem Kauf unbedingt probieren. Geschäfte mit Qualitätsware haben immer Käsestückchen bereit und auch ein paar Würfel Weißbrot, das zwischen zwei Versuchen zur Neutralisierung der Geschmacksknospen gegessen werden sollte.

Eintrittspreise (Museen)

Der Eintritt in Kirchen ist frei, es sei denn, sie wurden zu Museen umgewidmet. In staatlichen Museen haben EU-Mitglieder bis 18 Jahre und ab 65 Jahre freien Eintritt. In anderen Museen ist die Kinderermäßigung recht unterschiedlich: freier Eintritt bis 6, 11 oder bis 14 Jahre ist möglich.

Die Preisangaben bei den Informationen z.B. € 4/2 bedeuten: für Erwachsene € 4, für Kinder € 2.

Essen und Trinken

Seit 2005 gilt in geschlossenen Räumen aller Bars und Restaurants **Rauchverbot**. Was niemand geglaubt hat, ist die Disziplin, mit der sich die italienischen Gäste an die Vorschrift halten. Erlaubt sind extra Raucherzimmer mit besonderer Belüftung. Das ist nicht überall möglich, doch mit viel Fantasie wurde den Rauchern das Leben erleichtert, extra geschlossene Veranden gebaut, kleine Vordächer an die Hauswände montiert etc. Wo es solche Möglichkeiten nicht gibt, ziehen sich Raucher und Raucherinnen den Mantel an und qualmen auch bei Regen und Kälte vor der Tür.

Als Gegenbewegung zur Fastfood-Welle haben Italiens Köche die Slowfood-Alternative erfunden: gut und gemütlich speisen. Eine gemeinsame Idee aller Restaurants, denn der Unterschied zwischen **Ristorante** (feines Lokal), **Trattoria** (familiär und preiswert) und **Osteria** (Weinschänke, *Osteria con cucina* = mit Küche) ist längst verwischt. Nur die Einrichtung/das Ambiente zeigt noch etwas Tradition.

Die Preise auch der früher preisgünstigen Osterien und Trattorien haben sich nach oben angepasst. Beim Preisvergleich hilft also nur der Blick auf die Speisekarte, die deutlich sichtbar aushängen muss. Dort lässt sich die Preiskategorie auch schon mit dem Preis für das *Coperto* (Gedeck) einschätzen: € 1–5 und darüber.

Für den kleinen Hunger reicht der Besuch einer **Bar**, die meisten haben *Panini*, knusprige mit Schinken, Wurst oder Käse sowie Tomaten und Salat belegte Brötchen. Oder die *Tramezzini*, aufeinander gelegte dreieckige Weißbrotscheiben mit reichlich Thunfisch, Ei oder Käse und einem Tropfen Mayonnaise. In den meisten Bars bezahlt man an der Kasse und gibt den Kassenzettel an der Bar mit der Bestellung ab. Eine Bar, die drinnen oder draußen auch Tische hat, muss zweierlei Preise anzeigen: *al banco* heißt im Stehen, in der Reihe *alla tavola* stehen die Preise beim Sitzen. Vor allem in großen Städten (Florenz, Siena, Montecatini) sind die Unterschiede recht groß.

Preiswert essen kann man in Imbissstuben mit der Bezeichnung **Tavola calda**, wo es vorgekochte, warme Speisen gibt, meistens typische toskanische Gerichte von guter Qualität – auch zum Mitnehmen. Preisgünstig sind auch die **Rosticcerien**, wo Gegrilltes angeboten wird. Auch **Pizzerien** gelten immer noch als preiswert; wird mit *al taglio* geworben, gibt es die Pizza auch im Stück zum Mitnehmen.

Auf den Märkten bekommt man die toskanische Spezialität **Porchetta**, mit Kräutern, Knoblauch und Gewürzen, oft auch mit Innereien gefülltes Jungschwein, als Scheibe in ein Brötchen gelegt. Speziell in Florenz gibt es **Panini mit Lampredotto** (Brötchen mit Kalbskutteln) und **Inzimino di trippa** (Kutteln in Brühe), das von den *Trippaioli* an kleinen Verkaufswagen verkauft wird.

Auf toskanischen Esstischen dürfen die **Crostini** nicht fehlen, kleine, geröstete oder frische Weißbrotscheiben mit einer Paste aus Leber oder Milz *(neri)*, mit Tomatenpaste *(rossi)* oder hausgemachter Mayonnaise *(bianchi)*. Crostini werden auch in den **Mescite** oder **Fiaschetterie** zum Wein angeboten. Vor dem Hauptgang wird oft die **Bruschetta** serviert, in manchen Gegenden der Toskana auch **Fettunta** genannt: dicke Weißbrotscheiben auf Holzkohlenglut geröstet, mit Knoblauch eingerieben und reichlich mit Olivenöl beträufelt.

Insgesamt gilt die toskanische Küche als bodenständig, bäuerlich und ehrlich, nichts wird überdeckt, die meisten Grundstoffe kommen aus der eigenen Landwirtschaft: Fleisch, Schinken, Wurst, frisches Gemüse, Hülsenfrüchte, Käse, Olivenöl, Pecorino, der würzige Schafskäse, in Meeresnähe Fisch und Meeresfrüchte. Die Vielfalt ist vor allem auf dem Büffet mit **Antipasti** zu entdecken: gegrilltes oder gebackenes Gemüse wie Auberginen, Artischocken, Zucchini, Lauch, Steinpilze und Tomaten, auch *al'agro*, sauer eingelegt. Dazu kommen weiße und grüne Bohnen, Salat, Schinken und Würste mit Fenchelsamen oder Pfefferkörnern sowie die kleinen, würzigen Wildschweinwürstchen *(Salame di Cinghiale)*.

SERVICE von A–Z

Castel Sorci: jeden Tag frische Pasta

Natürlich gibt es in vielen Restaurants auch Pasta und Risotto, doch typisch sind diese Gerichte mit wenigen Ausnahmen für die Toskana nicht. Als *Primo* werden Suppen gereicht, beispielsweise die **Ribollita** (die mehrfach Gekochte), über altbackenes Brot gegossene Gemüsesuppe, kalt gestellt und am nächsten Tag wieder aufgekocht, ursprünglich die Mahlzeit armer Bauern.

Fleisch gibt es in vielen Variationen von Lamm, Kaninchen, Zicklein und Rind, das vor allem als **Bistecca fiorentina**, T-Bone-Steak vom weißen Chiana-Rind. Es wird samt Knochen auf Holzkohle blutig bis rosa gegrillt, sollte für zwei Personen zusammen bestellt werden, ein gutes Kilo, mit Olivenöl beträufelt, mit Salz und frisch geschrotenem Pfeffer gewürzt. Dazu werden **Fagioli** gereicht, mit Salz und Pfeffer gewürzte weiße Bohnen gekrönt mit einem Spritzer Olivenöl in Form eines C *(tschi)*.

Nur zwei Prozent des italienischen Olivenöls kommen aus der Toskana. Was weltweit als Toskana-Öl angeboten wird, übertrifft diese Menge um ein Vielfaches. Viele Olivenbauern schützen sich mit einem staatlich kontrollierten Herkunftsnachweis: IGP *(Indicazione Geografica Protetta)* muss auf dem Etikett stehen.

Zur Abrundung einer Mahlzeit wird würziger **Pecorino** gereicht, rein aus Schafsmilch oder mit Kuhmilch gemischt. Manchmal wird er weich und jung empfohlen, doch Kenner schätzen Pecorino,

SERVICE von A-Z

der mindestens acht Monate reifte. Wer als Nachspeise Süßes bevorzugt, sollte eine Spezialität aus Siena probieren: **Panforte**, Pfefferkuchen mit Mandeln und kandierten Früchten. Oder typisch toskanische Crostate, mit Obst und Mandelsplittern belegte, dünne Blechkuchen. Falls das noch nicht reicht, kommen **Biscotti**, auch **Cantucci di Prato** genannt, auf den Tisch, das saugkräftige Mandelgebäck wird in **Vin Santo**, einen kräftigen Süßwein getaucht.

Beim toskanischen Wein gehen die Ansichten weit auseinander, auch der alten Regel »Rot zu Fleisch, Weiß zu Fisch« wird längst widersprochen. Keinesfalls falsch ist es, zum Fleischgericht einen roten **Chianti classico** zu kosten, der nach drei bis fünf Jahren als Riserva voll zur Geltung kommt. Beim rubinroten **Brunello di Montalcino** sind sich Weinkenner einig, auch der im Preis niedrigere **Nobile di Montalcino** hat seine Verehrer. Zu Fisch wird an der Küste der Weißwein **Bianco di Pitigliano** empfohlen, rund um Lucca und Montecatini der süffige **Montecarlo**. Zu den bekanntesten Weißweinen der Toskana gehört der goldgelbe **Vernaccia** aus San Gimignano, wegen seiner Beliebtheit allerdings immer wieder verfälscht, viele Weinkenner haben sich deshalb lieber dem leichten, trockenen **Galestro** vom schieferhaltigen Chianti-Boden zugewandt.

Die in diesem Buch bei den jeweiligen Regionen-Infos empfohlenen Restaurants wurden in vier **Preisklassen** eingeteilt, die Preise beziehen sich auf ein Menü ohne Getränke:

€	– unter 20 Euro
€€	– 20 bis 30 Euro
€€€	– 30 bis 40 Euro
€€€€	– über 40 Euro

Feiertage/Feste

Gesetzliche Feiertage:
1. Januar: Neujahr
6. Januar: Dreikönigsfest (*Epifania*)
Karwoche: Prozessionen in vielen Orten am Karfreitag
Ostersonntag/Ostermontag wird in ganz Italien groß gefeiert
25. April: Tag der Befreiung/Nationalfeiertag
1. Mai: Tag der Arbeit
1. So im Juni: Proklamation der Republik/Nationalfeiertag
15. August: Mariä Himmelfahrt/*Ferragosto*, Ferienbeginn in ganz Italien
1. November: Allerheiligen
1. So im November: Tag der Nationaleinheit
8. Dezember: Mariä Empfängnis
26. Dezember: Heiliger Stephan

Wie Toskaner Feste feiern

Allgemein gelten Toskaner als zurückhaltend und wortkarg. Doch bei ihren Festen sind sie kaum wiederzuerkennen. Die reiche Geschichte der Toskana bestimmt bis heute den Festkalender, der geprägt ist von Erinnerungen an Kreuzzüge, an Schlachten gegen die räuberischen Sarazenen und an mittelalterliche Ritterturniere. Der andere Hintergrund für oft tagelange Feste sind Wettkämpfe – meistens Stadtteil gegen Stadtteil – zu Ehren der Schutzheiligen.

Man muss wissen, dass nicht allein die Veranstaltungen interessant sind. Besucher sollten sich rechtzeitig erkundigen, wann und wo etwa die Zusammenstellung der zu jeder Feier gehörenden Festzüge stattfindet. Dies ist eine gute Gelegenheit, die Menschen ungezwungen zu beobachten. Nachher, beim Umzug, meistens in Renaissancekostümen, mit Fahnenschwingern und vom Trommelrhythmus unterlegten Musikkapellen, sind alle ernst und würdig.

Festkalender:
Februar/März
Karneval in Viareggio.

März/April
Karfreitag: Grassina bei Florenz, Passionsspiel unter Mitwirkung aller Einwohner in Renaissancekostümen; *Ostersonntag: Scoppio del Carro* in Florenz, ein von weißen Ochsen gezogener, vergoldeter Karren, mit Feuerwerkskörpern gefüllt, wird vor dem Dom entzündet; **So nach Ostern:** San Miniato (zwischen Florenz und Livorno) feiert die *Festa degli Aquiloni*, das Drachenfest mit Kunstflugdrachen.

Mai
Den ganzen Monat in Florenz der *Maggio Musicale*, ein Musikfestival; **20. Mai:** *Balestra del Girifalco*, Falkenwettkampf mit Armbrüsten in Massa Marittima; **Sonntag nach Himmelfahrt:** *Festa del Grillo* in Florenz im Park Le Cascine, Grillen in Käfigen werden verkauft und dann freigelassen; **letzter So:** Beginn des *Calcio in Costume* auf der Piazza Santa Croce in Florenz (vgl. auch 24. Juni).

Juni
17. Juni: *Regata di San Raniero* in Pisa auf dem Arno; **24. Juni:** Schlussakkord des *Calcio in Costume* in Florenz mit Festzug, *Calcio* heißt Fußball, hier ist es aber ein Wettkampf im Rugby-Stil; **letzter So:** *Gioco del Ponte* auf dem Ponte del Mezzo in

Pisa – starke Männer beider Stadtteile versuchen einen Karren auf Schienen auf die andere Seite der Brücke zu drücken; **Mitte Juni bis Ende Aug.:** *Estate Fiesolana* in Fiesole mit Musikdarbietungen, Theateraufführungen und Tanz.

Juli
2. Juli: *Palio delle Contrade* (vgl. auch 16. Aug.), Reiterwettkampf ohne Sattel auf dem Campo in Siena; **letzte Juliwoche:** *Settimana Musicale Senese* in Siena, Konzerte in verschiedenen Palazzi.

August
Den ganzen Monat: in Torre del Lago Puccini Opern des Meisters am Lago di Massaciuccoli, in Albarese Rodeo-Spiele der Cowboys aus der Maremma; **1. Monatshälfte:** *Cantiere Internazionale dell' Arte* in Montepulciano (nach Hans Werner Henze); **2. So:** Wiederholung der *Balestra del Girifalco* in Massa Marittima (vgl. Mai); **16. August:** zweiter Teil des *Palio delle Contrade* in Siena (vgl. 2. Juli); **14.–16. Aug.:** *Bruscello*, historisches Bänkelsänger-Fest in Montepulciano; **letzter So im Aug.:** *Bravio delle Botti*, Weinfässer-Wettkampf der acht Stadtgebiete Montepulcianos.

September
1. So: *Giostra del Saracino* in Arezzo, kostümierte Ritter mit langen Lanzen kämpfen gegen einen hölzernen Sarazenen; **2. So:** *Palio della Balestra* in Sansepolcro, Armbrustschützen wetteifern mit den Schützen aus dem umbrischen Gubbio; **13. Sept.:** *Luminara di Santa Croce* in Lucca, das *Volto Santo*, ein Kruzifix, wird durch die Stadt getragen; **2. Woche:** die *Rassegna del Chianti Classico*, Weinfest in Greve in Chianti.

Oktober
Letzter So: *Sagra del Tordo*, das Drosselfest in Montalcino, Wettkampf der Contrade mit Pfeil und Bogen, die Zuschauer trinken Brunello und essen gegrillte Drosseln.

November/Dezember
1. Nov.: in allen Orten Allerheiligen; **24. Dez.:** Heiligabend, eigentlich keine italienische Gepflogenheit, wird kaum gefeiert, dafür der **26. Dez.: Santo Stefano**. *Fiaccole di Natale*, eine Fackelprozession, gibt es in der Abbadia di San Salvatore bei Arcidosso; **Silvester:** Das neue Jahr, das *Capodanno*, wird überall mit Ballerei und Feuerwerkskörpern gefeiert, Jäger vertreiben mit ihren Flinten die bösen Geister.

Geld/Kreditkarten

Bei Verlust der Kreditkarte sollte man die folgenden Telefonnummern zur Sperrung wählen:

SERVICE
von A–Z

✆ 018 05 02 10 21 oder ✆ 116 116 (zentrale Sperr-Notruf-Nummer). Beide Nummern gelten bundesweit einheitlich für EC- und Kreditkarten fast aller Banken und Sparkassen. Bei Auslandsgesprächen vorher die Vorwahl des Landes wählen, für Deutschland +49, dann die erste Null der Notfall-Nummer weglassen. Weitere Informationen über www.kartensicherheit.de, dort im rechten SOS-Kasten auf »Notruf-Nummern« klicken.

Bitte beachten: Für die telefonische Sperrung der Kreditkarte benötigt man auch den Namen des Kreditinstituts, die Kontonummer und die Kartenart (Mastercard, Visa etc.), weil die Sperrung von Kreditkarten ohne persönlichen Kontakt per Sprachsteuerung erfolgt.

Hotels, Restaurants sowie die meisten Tankstellen und Geschäfte nehmen Kreditkarten an. Mit der Eurochequekarte und gängigen Kreditkarten kann man nach Eingabe der persönlichen Geheimnummer an den meisten Geldautomaten Geld abheben.

Öffnungszeiten der Banken finden Sie unter Öffnungszeiten s. S. 200.

Kinder

Die Toskana entwickelt sich erst Zug um Zug zum Reiseland für die ganze Familie. Zahlreiche Campingplätze und einige Hotelanlagen haben sich auf die Ansprüche von Kindern eingestellt. Vor allem die Küste ist mit ihren Bagni und Naturstränden für Familien mit Kindern gut geeignet, ausreichend Animation ist vorhanden. Wer endlich Zeit für die Kleinen haben und das Programm selbst gestalten will, ist klimatisch und wegen des Ambientes in einem Ferienhaus auf dem Lande gut untergebracht.

Klima/Kleidung/Reisezeit

Im Sommer ist das **Hügelland** angenehm warm, im Winter kann je nach Höhe Schnee fallen. Der Monte Amiata und der tosko-emilianische Apennin bei Abetone sind sogar Wintersportgebiete. Die **Tallandschaften** sind im Sommer heiß und schwül, angenehm im Herbst und Frühjahr. Wegen der ständigen Brise ist das Klima an der **Küste** auch im Sommer angenehm. Doch Vorsicht! Durch den Wind spürt man die starke Sonneneinstrahlung nicht, unbedingt Sonnenschutzmittel auftragen. Sonnenhut und Nackenschutz nicht vergessen.

SERVICE von A–Z

Die meisten Regenfälle vermerkt die Statistik zwischen Oktober und März. Aber auch in der Toskana ist in den letzten Jahren ein Klimawechsel zu verzeichnen, es regnet auch von April bis Juli immer wieder.

Klimatabelle

Monat	Luft (°C)	Wasser (°C)	Sonnenstd.	Regentage
Dez.-Feb.	9–10	12–14	4–5	7–10
März-Mai	15–23	13–16	5–7	8–9
Juni-Aug.	28–30	20–24	9–10	3–6
Sept.	26–28	22–23	7	6
Okt.-Nov.	13–20	14–15	4–5	9–11

Landkarten

Die ENIT-Büros und die Informationsstellen der einzelnen Städte und Provinzen bieten kostenloses, meist ausreichendes Kartenmaterial an. Gute Straßenkarten für Autofahrer, die viel unterwegs sind und auch Nebenstrecken einfach finden wollen, sind:
Generalkarte Toskana, MairDumont, 1:200 000 und Toscana, Kümmerly + Frey, 1:200 000, sowie Toscana, Touring Club Italien TCI, 1:200 000.

Literatur

Aigner, Gottfried: Familien-Reiseführer Toskana. Hamburg 2009.
Aigner, Gottfried: Go Vista Info Guide Toskana, Köln 2011.
Aigner, Gottfried: Go Vista City Guide Florenz, Köln 2011.
Nenzel, Nana Claudia: Reisetaschenbuch Toscana, Ostfildern 2008.
Nenzel, Nana Claudia: Richtig Reisen-Toscana, Köln 2009.
Nenzel, Nana Claudia: Toscana-Reisen für Genießer (Landhotels, Restaurants, Weingüter, Einkaufen), Köln 2003.
Osterie d'Italia. Italiens schönste Gasthäuser. München, jährlich aktuell.

Notrufe

Medizinische Notfälle, Krankenwagen ✆ 118
Rettungsdienst (bei Katastrophen) ✆ 113
Polizei ✆ 112
Feuerwehr ✆ 115
Pannenhilfe (ACI): ✆ 803116
Weitere Hilfen vgl. Ärztliche Versorgung.

Öffentliche Verkehrsmittel

Die preisgünstige italienische **Bahn** verbindet mit einem dichten Fahrplan die wichtigsten Städte der Toskana:
Florenz-Siena, Florenz-Arezzo, Florenz-Prato-Pistoia-Lucca-Pisa-Livorno-Grosseto, Abzweigung von Lucca nach Viareggio-Massa Carrara.
Da der Bahnhof meistens in der Stadt liegt, ist für den Besuch der großen Städte unbedingt die Bahnfahrt anzuraten.
Günstige **Busverbindungen** gibt es auf den Strecken Florenz-Lucca-Pisa, Lucca-Livorno, Lucca-Viareggio-Massa Carrara, Florenz-Arezzo-Cortona, Florenz-Siena.
Taxis: Die Preise sind günstiger als in Deutschland, die Tarife offiziell vorgeschrieben. Hotels vermitteln den Service, Adressen mit Telefonnummer gibt es in den Tourismusbüros.

Öffnungszeiten

Banken: Mo-Fr 8.30–13.30 und 14.45–16 Uhr. In Urlaubszentren öffnen manche Banken auch länger und samstags.
Postämter: Mo-Fr 8.30–14, Sa–12 Uhr.
Geschäfte und Apotheken: Mo-Fr 8.30/9–12.30/13.30 und 15.30/16–19/20 Uhr.
In touristischen Gebieten gelten die Öffnungszeiten auch für samstags, dafür sind viele Geschäfte montags geschlossen.

Presse/Radio/TV

Deutsche Tageszeitungen und Illustrierte sind in der Saison in allen größeren Ferienorten zu finden, die Auslandsausgaben der Tageszeitungen gibt es bereits am frühen Morgen.
Große Hotels verfügen über Satellitenempfang, welche deutschen Sender zu sehen sind, ist recht unterschiedlich. Wer Wert auf abendliches TV-Programm legt, sollte sich vorher nach der Auswahl der Sender erkundigen.

Rauchen

In Italien ist das Rauchen in öffentlichen Verkehrsmitteln, Geschäften, öffentlichen und privaten Büros, Kinos und Restaurants grundsätzlich verboten. Erlaubt ist es in separaten, gut belüfteten Raucherzimmern. Wer sich nicht an das

Rauchverbot hält, muss mit bis zu € 275 Bußgeld rechnen. Die Strafe wird noch höher, wenn neben Schwangeren oder Kindern geraucht wird.

***SERVICE
von A–Z***

Sport/Urlaubsaktivitäten

Angeln: Im Meer ohne Genehmigung, in Flüssen, Bächen und Seen mit Erlaubnis der zuständigen Verwaltung, Auskunft beim Fremdenverkehrsbüro und bei der
Federazione Italiana della Pesca Sportiva
Viale Tiziano 70, 00196 Rom
✆ +39-06-36 85 82 38, Fax +39-06-36 85 81 09
www.fipsas.it

Golf: 22 Golfplätze gibt es in der Toskana. Die neun 18-Loch-Plätze:

Tenuta Castelfalfi
Località Castelfalfi, 50050 Montaione
✆ 05 71-89 02 00, Fax 05 71-89 01 15
www.castelfalfi.it

Cosmopolitan Golf & Country Club
Viale Pisorno 60, 56018 Tirrenia
✆ 050-336 33, Fax 050-38 47 07
www.cosmopolitangolf.it

Montecatini Golf Club
Via dei Brogi, Località Pievaccia
51015 Monsummano Terme
✆ 05 72-622 18, Fax 05 72-61 74 35
www.montecatinigolf.com

Le Pavoniere Golf Club
Via di Mezzo 116, 55040 Pian di Conca
✆ 05 84-99 86 11, Fax 05 84-99 87 49
www.toscanagolfmore.com

Poggio dei Medici Golf & Country Club
Via San Gavino 27, 50038 Scarperia
✆ 055-843 55 62, Fax 055-843 04 39
www.poggiodeimedici.com

Golf Club Punta Ala
Via del Golf 1, 58048 Punta Ala
✆ 05 64-92 21 21, Fax 05 64-92 01 82
www.puntaala.net/golf

Golf dell' Ugolino
Strada Chiantigiana 3, 50023 Impruneta
✆ 055-230 10 09, Fax 055-230 11 41
www.golfugolino.it

Versilia Golf Club
Via della Sipe 100, 55045 Pietrasanta
✆ 05 84-88 15 74, Fax 05 84-75 22 72
www.versiliagolf.com

Golf Club Toscana
Località Il Pelagone 28
58023 Gavorrano
✆ 05 66-82 01 11, Fax 05 66-84 48 00
www.pelagone.com

Jagen: Sehr aufwendig mit Jagdschein vom Konsulat des Wohnortes, Abstempeln von der Grenzpolizei und Genehmigung durch die entsprechende Provinzverwaltung.

Motorboote: Zentren für diesen Sport sind Marina di Carrara, Marina di Massa, Viareggio, Punta Ala und Elba.

Radfahren/Mountainbiking: Gute Webseiten in deutscher Sprache gibt es bei der italienischen Radfahrerorganisation FIAB unter www.fiabonlus.it/deutsch/index.htm. Gute Auskünfte finden sportliche Radfahrer auch unter www.toskana.de/reiseinformationen/mountainbiking.

Ein paar ausgewählte Radverleih-Stationen in verschiedenen Städten:
Florenz, Alinari, Via Guelfa 85
✆ und Fax 055-28 05 00
Lucca, Casermetta San Donata, Piazzale Verdi s/n
✆ 05 83-58 31 50
Forte dei Marmi, Bike Shop Coppa, am Lungomare, ✆ 05 84-835 28
Siena, Centro Bici, Viale Toselli 110
✆ und Fax 05 77-28 25 50
Montepulciano, Pro Loco, Piazza Don Minzoni 1, ✆ 05 78-75 73 41 (Info-Stelle)

Reiten: Ländliche Betriebe *(agriturismo)* bieten viele Möglichkeiten, Zentren des Reitsports sind Follónica, Livorno, Marina di Massa, Orbetello, Pisa und Viareggio.
Gute Informationen über Reitunterricht, Reiterferien und Wanderreiten gibt es bei
Pferd & Reiter
Rader Weg 30 a, 22889 Tangstedt
✆ (040) 60 76 69 19, Fax (040) 60 76 69 31
www.pferdreiter.de

Empfehlenswerte Reiterhöfe:
Centro Equitazione Vecchio Texas
Località Gavillaccio
50063 Figline Valdarno
✆ 055-950 10 78, Fax 055-950 10 79
www.gavillaccio.it/it/maneggio.htm
Großer Reitpark mit 53 Pferden, 25 zum Reiten.

SERVICE von A–Z

Centro Turismo Equestre Rialto
Via del Ceretale 68
58010 Alberese
✆ 05 64-40 71 02
ilrialto@katamail.com

Azienda Agricola Regionale di Alberese
58010 Alberese
Località Spergolaia
✆ 05 64-40 71 80, www.albarese.com
Ausflüge mit den Cowboys *(butteri)* der Maremma.

Garfagnana Vacanze
Piazza delle Erbe 1
55032 Castelnuovo di Garfagnana
✆ 05 83-64 44 73, Fax 05 83-644 46 10
www.garfagnanaturistica.info
Auch geführte Wanderungen und Mountainbike-Touren im Naturpark Apuanische Alpen.

Reiterhotels:
Montebelli Agriturismo
Località Molinetto 6 – Caldana
58020 Gavorrano
✆ 05 66-88 71 00, Fax 05 66-814 39
www.montebelli.com
Übernachtung in gut eingerichteten Zimmern, Pool und Tennis, auch Trekking-Touren und Mountainbiking.

Il Poggio
Località Celle sul Rigo
53040 San Casciano dei Bagni
✆ 05 78-537 48, Fax 05 78-535 87
www.ilpoggio.net
Reitzentrum für Anfänger und Fortgeschrittene, Ausritte, ausgebildete Lehrer für Reittherapie, 14 Araber und Italian Saddle (s. auch S. 220).

Centro Ippico e Agrituristico Violino
Località Gricignano 99
52037 Sansepolcro
✆ 05 75-72 01 74
www.podereviolino.it
Übernachtung in komfortablen Zimmern.

Rifugio Prategiano
Località Prategiano 45
58026 Montieri
✆ 05 66-99 77 00, Fax 05 66-99 78 91
www.prategiano.com
Einsam liegendes Reiterhotel, deutsche Leitung, einfache Zimmer, Pool, auch Trekking-Touren möglich.

Antico Casale di Scansano
Località Castagneta, 58054 Scansano
✆ 05 64-50 72 78, Fax 05 64-50 78 05
www.anticocasalediscansano.com
Aufgemöbeltes Weingut, Wellness, Hotel, Restaurant.

Segelfliegen: Gute Thermik herrscht rund um Lucca, Siena und Borgo San Lorenzo. Auskünfte: **Centro Nazionale di Volo a Vela dell' Aereo Club d'Italia**
Via Rosatelli 111, Rieti/Latium
✆ 07 46-20 21 38, www.aeccvv.it

Segeln: Gute Reviere, auch Schulen gibt es entlang der toskanischen Küste, vor allem an der Versilia, der Riviera degli Etruschi und auf Elba.

Tauchen: Schulen bieten Kurse in Livorno, Castiglioncello, Piombino und in Rio Marina/Elba an.

Tennis: Gute Plätze gibt es in jeder größeren Stadt und in allen größeren Hotelanlagen. Clubs nehmen gerne Gäste auf.

Wandern: Trekking setzt sich in der Toskana immer mehr durch. Relativ gut gekennzeichnet sind Wanderwege in der Garfagnana, im Chianti-Gebiet und in der Gegend rund um den Monte Amiata. Auskünfte geben die Fremdenverkehrsämter oder der **Club Alpino Italiano** (CAI), Via del Mezzetta, 50135 Florenz, ✆ 055-612 04 67, info@caifirenze.it oder Via Altopascio 8, 59100 Prato, ✆ 05 74-220 04, www.caifirenze.it.
Intensiv dem Trekking widmet sich auch die **Cominità Montana della Garfagnana**, Via Vittorio Emanuele 7, 55032 Castelnuovo di Garfagnana, ✆ 05 83-651 69.
Gute Wanderkarten gibt es in der Buchhandlung **Il Viaggio**, Borgo degli Albizi 41, 50122 Florenz.

Wintersport: Relativ schneesicher sind die Skigebiete Abetone in der Garfagnana, Cutigliano und Maresca im Pistoieser Apennin (50 km Piste, mehr als 30 Skilifte), Campo Cecina in den Apuanischen Alpen und rund um den Monte Amiata (10 Lifte, Skischulen).
Für die Skigebiete in der **Garfagnana** gibt es Informationen beim
APT Abetone-Pistoia-Montagna Pistoiese,
Via Marconi 70
51028 San Marcello Pistoiese
✆ 05 73-63 01 45, Fax 05 73-62 21 20
www.pistoia.turismo.toscana.it
für das Skigebiet um den **Monte Amiata** das APT,
Via Adua 25
53021 Abbadia San Salvatore
✆ 05 77-77 58 11, Fax 05 77-77 54 77
www.amiataturismo.it

Sprachführer

Alltag/Umgangsformen

Buon giorno! Wer kennt diese Begrüßung nicht? Sie wird in Italien bis 12 Uhr mittags verwendet, danach sagt man schon *buona sera*. Beides sind sehr höfliche Ausdrücke, sie werden überall da benutzt, wo gesiezt wird. *Ciao* ist Begrüßung ebenso wie Verabschiedung, wird aber nur verwendet, wenn man sich nahe steht.

Wenn Sie ein öffentliches Lokal oder Büro verlassen, sagen Sie besser *arrivederci* oder *buon giorno* bzw. *buona sera*. *Buona notte* sagt man dann, wenn man sich verabschiedet, um ins Bett zu gehen.

Die Italiener sind in der Regel sehr hilfsbereit, freuen sich über ausländische Besucher und fragen neugierig nach deren Herkunft und dem Grund des Besuches.

Keine Panik, wenn Sie befürchten, zwar eine Frage stellen zu können, die Antwort aber nicht verstehen – Italiener haben eine sehr ausgeprägte Körpersprache. Im Übrigen wissen Sie ja: *Sì* heißt ja, *no* nein. Und vergessen Sie nicht, sich zu bedanken – *grazie*!

Buon giorno!	Guten Tag!
Buona sera!	Guten Abend!
Buona notte!	Gute Nacht!
Ciao!	Hallo!
Come stai?	Wie geht es dir?
Come sta?	Wie geht es Ihnen?
Arrivederci!	Auf Wiedersehen!
Buon viaggio!	Gute Reise!
Ciao!	Tschüss!
A presto!	Bis bald!
A domani!	Bis morgen!
Molto piacere di averti conosciuto.	Schön, dich kennengelernt zu haben.
sì/ no/ forse	ja/ nein/ vielleicht
Mi chiamo ...	Ich heiße ...
Come ti chiami?	Wie heißt du?
Come si chiama?	Wie heißen Sie?
Scusi!	Entschuldigen Sie!
Grazie mille!	Vielen Dank!
Prego!	Bitte schön/Keine Ursache!

Übrigens: In Italien gibt es zwei Ausdrücke für »bitte«: *per favore* und *prego*. Bitten Sie jemanden um eine Gefälligkeit, verwenden Sie *per favore*. Ansonsten heißt es *prego*.

Falls Sie nicht alles verstehen (zugegeben: die Italiener sprechen ganz schön schnell), können Sie sagen: *Non ho capito. Per favore, parli più lentamente.* Wenn auch das nichts hilft, bleibt noch die Möglichkeit, sich das Gesagte aufschreiben zu lassen: *Me lo scriva, per favore.*

Autofahren

Sollten Sie mit dem Auto unterwegs sein, können Sie die folgenden Vokabeln sicher gut gebrauchen, an jeder Tankstelle und im alltäglichen Straßenverkehr. Und falls Sie mal eine Werkstatt nötig haben ...

Was auf Straßenschildern steht

lavori in corso	Bauarbeiten
deviazione	Umleitung
pedaggio autostradale	Autobahngebühr
strada senza uscita	Sackgasse
senso unico	Einbahnstraße
il divieto di parcheggio	Parkverbot
zona disco	Parken mit Parkscheibe
attenzione uscita veicoli	Vorsicht Ausfahrt
tornante	Kurve

Rund ums Auto

La mia macchina è stata forzata.	Mein Auto ist aufgebrochen worden.
Mi hanno rubato ...	Man hat mir ... gestohlen
Mi dia il Suo nome e il Suo indirizzo/ il nome della Sua assicurazione, per favore.	Geben Sie mir bitte Ihren Namen und Ihre Anschrift/ Ihre Versicherung an.
Mi occorre una copia della denuncia per la mia assicurazione.	Ich brauche eine Kopie der Anzeige für meine Versicherung.
Non è colpa mia.	Es ist nicht meine Schuld.
Lei andava troppo forte.	Sie sind zu schnell gefahren.
la patente	Führerschein
I Suoi documenti, per favore.	Ihre Papiere, bitte.
Lei non ha rispettato la precedenza.	Sie haben die Vorfahrt nicht beachtet.
Lei non ha mantenuto la distanza di sicurezza.	Sie sind zu dicht aufgefahren.
Andavo a ... chilometri all'ora.	Ich bin ... km/h gefahren.
l'autostrada	Autobahn
l'incrocio	Kreuzung
il semaforo	Ampel
il parcheggio	Parkplatz

SERVICE von A–Z

SERVICE von A–Z

il parchimetro	Parkuhr
il distributore automatico di biglietti per il parcheggio	Parkscheinautomat
Posso parcheggiare qui?	Kann ich hier parken?
la cintura di sicurezza	Sicherheitsgurt
il distributore	Tankstelle
la benzina	Benzin
senza piombo	bleifrei
il gasolio	Diesel
Il pieno, per favore.	Volltanken, bitte.
Per favore, controlli la pressione delle gomme.	Prüfen Sie bitte den Reifendruck.
andare	fahren
sorpassare	überholen
voltare	wenden
a destra/a sinistra/ sempre diritto	rechts/links/geradeaus
attraversare	überqueren
l'ammenda	Bußgeld
la pianta della città	Stadtplan
la sicurezza	Sicherheit
l'ingorgo	Stau

In officina — In der Werkstatt

Ho avuto un incidente.	Ich habe einen Unfall gehabt.
Ho un guasto.	Ich habe eine Panne.
Ho una gomma a terra.	Ich habe einen Platten.
La macchina non parte.	Mein Wagen springt nicht an.
La batteria è scarica.	Die Batterie ist leer.
I freni non sono a posto.	Die Bremsen funktionieren nicht.
l'officina	Werkstatt
l'olio del motore	Motoröl
il cambio dell'olio	Ölwechsel
il motore	Motor
il cambio	Getriebe
la candela	Zündkerze
il parafango	Kotflügel
il carburatore	Vergaser
la freccia	Blinker
la ruota	Reifen
il motorino d'avviamento	Anlasser
il tergicristallo	Scheibenwischer
il parabrezza	Windschutzscheibe
il faro	Scheinwerfer
il radiatore	Kühler

Einkaufen

Quanto costa?	Wie viel kostet das?
i soldi	Geld
la cassa	Kasse
spendere	ausgeben
pagare	bezahlen
l'offerta speciale	Sonderangebot
vendere	verkaufen
la vetrina	Schaufenster
Un po' di meno, per favore.	Etwas weniger, bitte.
Un po' di più, per favore.	Etwas mehr, bitte.
più piccolo/più grande	kleiner/größer
Dove posso trovare …?	Wo bekomme ich …?
Vorrei …	Ich hätte gerne …
Per favore, mi dia un pacco di …	Geben Sie mir bitte eine Packung …
Per favore, mi faccia vedere …	Zeigen Sie mir bitte …
Dica, prego!	Bitte schön! (Sie wünschen?)
Posso aiutarla?	Kann ich Ihnen helfen?
Lo posso provare?	Kann ich das anprobieren?
Accetta carte di credito?	Nehmen Sie Kreditkarten?
Vorrei qualcosa di meno caro.	Ich hätte gerne etwas Billigeres.
troppo caro	zu teuer
Ha anche la taglia …?	Haben Sie das auch in Größe …?
Che taglia porta?	Welche Größe haben Sie?
Ho la taglia …	Ich habe Größe …
È troppo grande/piccolo.	Das ist zu groß/klein.
la svendita	Ausverkauf
la camicia	Hemd
i pantaloni	Hose
il cappotto	Mantel
la gonna	Rock
il vestito	Kleid
il collant	Strumpfhose
le calze	Strümpfe
il blazer	Blazer
la giacca	Jacke
il foulard	Halstuch

Colori — Farben

scuro	dunkel
chiaro	hell
blu	blau
marrone	braun
giallo	gelb
rosso	rot
verde	grün
nero	schwarz
bianco	weiß
grigio	grau

Essen und Trinken

SERVICE von A–Z

Wo bekommt man's
la panetteria	Bäckerei
la pasticceria	Konditorei
la macelleria	Fleischerei
il negozio	Geschäft
il mercato	Markt
il negozio di generi alimentari	Lebensmittelgeschäft
il supermercato	Supermarkt

Al ristorante — Im Restaurant

Scusi, c'è un buon ristorante?	Wo gibt es hier ein gutes Restaurant?
Un tavolo per … persone, per favore.	Einen Tisch für … Personen, bitte.
Può riservarci per stasera un tavolo per quattro persone.	Reservieren Sie uns bitte für heute Abend einen Tisch für 4 Personen.
È libero questo tavolo?	Ist dieser Tisch noch frei?
Mi può dire dov'è la toilette, per favore?	Wo sind bitte die Toiletten?
Per di qui, prego.	Hier entlang, bitte.
Cameriere, il menu, per favore.	Herr Ober/Bedienung, die Speisekarte, bitte.
la lista delle bevande	Getränkekarte
la lista dei vini	Weinkarte
Che cosa mi consiglia?	Was können Sie mir empfehlen?
Avete pietanze vegetariane?	Haben Sie vegetarische Kost?
Prendo …	Ich nehme …
Per antipasto/dessert/secondo prendo …	Als Vorspeise/Nachtisch/Hauptgericht nehme ich …
Per favore, un bicchiere di …	Bitte ein Glas …
Buon appetito!	Guten Appetit!
Alla salute!	Zum Wohl!
Vorrei una tazza di caffè.	Ich möchte eine Tasse Kaffee.
Ci porti, per favore …	Bringen Sie uns bitte …
Il conto, per favore.	Die Rechnung, bitte.
Conti separati, per favore.	Wir möchten getrennt bezahlen.
Tutto un conto, per favore.	Alles zusammen, bitte.
Vorrei la ricevuta.	Ich möchte bitte eine Quittung.
È stato di Vostro gradimento?	Hat es Ihnen geschmeckt?
Grazie, era davvero molto buono.	Danke, sehr gut.
La riporti indietro, per favore.	Bitte nehmen Sie es zurück.
mangiare	essen
bere	trinken
l'acqua minerale naturale	Mineralwasser ohne Kohlensäure
l'acqua minerale gassata	Mineralwasser mit Kohlensäure
la birra	Bier
il bicchiere	Glas
la bottiglia	Flasche

Pesce — Fisch
frutti di mare	Meeresfrüchte
cozze	Miesmuscheln
gamberetti	Garnelen
granchio	Krabbe
calamari	Tintenfische
carpa	Karpfen
sogliola	Seezunge
salmone	Lachs
tonno	Tunfisch
trota	Forelle

Carni — Fleisch
gallina	Huhn
pollo	Hähnchen
anatra	Ente
scaloppine	kleine Schnitzel
saltimbocca	Kalbsschnitzel
tacchino	Truthahn
fagiano	Fasan
frattaglie	Innereien
polpette	Fleischklößchen
bistecca	Steak
braciola	Rumpsteak
fegato	Leber
montone	Hammel
vitello	Kalbfleisch
agnello	Lammfleisch

Pasta — Nudelgerichte
Pasta al burro	mit Butter
Pasta al pomodoro	mit Tomatensoße

205

SERVICE von A-Z

Pasta al sugo	mit Fleischsoße		
Pasta all'arrabbiata	mit Tomatensoße und Chili		
Pasta alla carbonara	mit Ei und Bauchspeck		
Pasta alla panna	mit Sahne		
Pasta al pesto	mit Basilikum, Pinienkernen und Käse		
Pasta alla vongole	mit Venusmuscheln		
penne	kurze Nudeln		
tagliatelle	Bandnudeln		
vermicelli	Fadennudeln		
lasagne	Teigblätter mit Fleischsauce, überbacken		

Verdura — Gemüse
- gli sparagi — Spargel
- gli spinaci — Spinat
- le carote — Karotten
- i fagioli — Bohnen
- i piselli — Erbsen
- le patate — Kartoffeln
- l'insalata — Salat
- il pomodoro — Tomate
- il cetriolo — Gurke
- gli zucchini — Zucchini
- il cavolfiore — Blumenkohl
- la cipolla — Zwiebel
- le verdure crude — Rohkost

Frutta — Obst
- la mela — Apfel
- la pera — Birne
- le fragole — Erdbeeren
- i lamponi — Himbeeren
- le ciliege — Kirschen
- il melone — Melone
- la pesca — Pfirsich
- l'albicocca — Aprikose
- il pompelmo — Pampelmuse
- la banana — Banane
- le prugne — Pflaumen
- il limone — Zitrone
- l'arancia — Apfelsine
- l'uva — Weintrauben

Modi di cottura — Zubereitungsarten
- a vapore — gedämpft
- arrosto — gebraten
- al forno — gebacken
- fritto — frittiert
- al cartoccio — in der Folie gebacken
- alla brace — gegrillt
- gratinato — überbacken

Un mucchio di altre cose — Was es sonst noch gibt
- il latte — Milch
- la panna — Sahne
- il formaggio — Käse
- lo yogurt — Joghurt
- le uova — Eier
- il burro — Butter
- le spezie — Gewürze
- l'aglio — Knoblauch
- il sale — Salz
- il pepe — Pfeffer
- lo zucchero — Zucker
- l'aceto — Essig
- l'olio — Öl
- il miele — Honig
- il ghiaccio — Eis

Dal panettiere — Beim Bäcker
- il pane — Brot
- il pane misto di segale e frumento — Graubrot
- il pane nero — Schwarzbrot
- il pane bianco — Weißbrot
- i biscotti — Gebäck
- la torta — Torte

Kosmetik/Presse/Öffentliche Verkehrsmittel

Was Sie zur Körperpflege brauchen
- lo spazzolino da denti — Zahnbürste
- il dentifricio — Zahnpasta
- il cotone idrofilo — Watte
- la crema da barba — Rasiercreme
- le lamette — Rasierklingen
- i fazzoletti — Taschentücher
- il pettine — Kamm
- il rossetto — Lippenstift
- la saponetta — Seife
- l'asciugacapelli — Haartrockner
- l'asciugamano — Handtuch
- lo shampoo — Haarwaschmittel

All'edicola — Im Zeitschriftenladen
- il giornale — Zeitung
- la rivista — Zeitschrift
- Vorrei un giornale tedesco. — Ich hätte gerne eine deutsche Zeitung.
- Si possono comprare anche i francobolli qui? — Kann ich bei Ihnen auch Briefmarken bekommen?
- il francobollo — Briefmarke
- la carta da lettere — Briefpapier
- la busta — Briefumschlag
- la carta — Papier
- la penna a sfera — Kugelschreiber

SERVICE von A–Z

Mezzi di trasporto	Öffentliche Verkehrsmittel
il treno	Zug
la stazione	Bahnhof
l'autobus	Bus
l'aereo	Flugzeug
l'aeroporto	Flughafen
la nave	Schiff
il porto	Hafen
il traghetto	Fähre
Quando parte il prossimo …?	Wann fährt der nächste …?
… l'ultimo …?	… der letzte …?
un biglietto	Fahrkarte
partenza	Abfahrt
arrivo	Ankunft
uscita	Ausgang
entrata	Eingang
ritardo	Verspätung

Assistenza medica	Medizinische Versorgung
Dal medico	Beim Arzt
il medico	Arzt
il dentista	Zahnarzt
Ho mal di gola.	Ich habe Halsschmerzen.
Non mi sento bene.	Ich fühle mich nicht wohl.
Mio marito/mia moglie sta male.	Mein Mann/meine Frau ist krank.
Ho fatto un'indigestione.	Ich habe mir den Magen verdorben.
Sono molto raffreddato/a.	Ich bin stark erkältet.
Sono al … mese di gravidanza.	Ich bin im … Monat schwanger.
Ho la pressione alta/bassa.	Ich habe einen hohen/niedrigen Blutdruck.
Ho dei dolori qui.	Hier habe ich Schmerzen.
Non sopporto bene questo clima.	Ich vertrage dieses Klima nicht.
Mi sono ferito/a.	Ich habe mich verletzt.
il braccio	Arm
il malleolo	Knöchel
il cuore	Herz
il dente	Zahn
il ginocchio	Knie
la gamba	Bein
la mano	Hand
il naso	Nase
l'occhio	Auge
l'orecchio	Ohr
la pelle	Haut
il piede	Fuß
la testa	Kopf
la diarrea	Durchfall
il vomito	Erbrechen
la nausea	Brechreiz
la tosse	Husten
il mal di testa	Kopfschmerzen
i disturbi circolatori	Kreislaufstörungen
la lombaggine	Hexenschuss
la scottatura	Sonnenbrand
le vertigini	Schwindel
la pomata	Salbe
la compressa	Tablette
il sonnifero	Schlaftabletten
le gocce	Tropfen
l'analgesico	Schmerzmittel
le bende	Verbandszeug

Wo? Wie? Was? – Orientierung

Wie man nach dem Weg fragt (und die Antwort versteht)

Scusi, dov'è …?	Entschuldigung, wo ist …?
Come si arriva a …?	Wie komme ich nach …?
Come si arriva nel modo più veloce alla stazione?	Wie komme ich am schnellsten zum Bahnhof?
Sempre diritto.	Geradeaus.
A destra.	Nach rechts.
A sinistra.	Nach links.
È questa la strada per …?	Ist das die Straße nach …?

Welche Sehenswürdigkeiten gibt es in der Stadt

il ponte	Brücke
il castello	Schloss
l'anfiteatro	Amphitheater
la fontana	Brunnen
il monumento	Denkmal
il fiume	Fluss
la chiesa	Kirche
il museo	Museum
il municipio	Rathaus
le rovine	Ruine
la cappella	Kapelle
il parco	Park
il palazzo	Palast

Telefonare	Telefonieren
Dov'è che si può telefonare qui?	Wo kann ich hier telefonieren?
Mi saprebbe dire per	Können Sie mir bitte

SERVICE von A-Z

favore dov'è una cabina telefonica?	sagen, wo hier eine Telefonzelle ist?
Dove posso comprare una carta telefonica?	Wo bekomme ich eine Telefonkarte?
Qual è il prefisso di …?	Wie ist die Vorwahl von …?
Non risponde nessuno.	Es meldet sich niemand.
Provi ancora una volta.	Versuchen Sie es noch einmal.

La camera / Unterkunft

Mi saprebbe dire dove posso trovare una camera?	Wissen Sie, wo ich hier ein Zimmmer finden kann?
Cerco un alloggio.	Ich suche eine Unterkunft.
Quanto costa?	Wie viel kostet es?
Mi può fare una prenotazione?	Können Sie für mich dort reservieren?
È lontano da qui?	Ist es weit von hier?
Come ci si arriva?	Wie kommt man dorthin?
Avete una camera doppia/singola libera?	Haben Sie ein Doppelzimmer/ Einzelzimmer frei?
Posso vedere la camera?	Kann ich mir das Zimmer ansehen?
Si può aggiungere un lettino per bambini?	Können Sie ein Kinderbett aufstellen?
il lavandino con doccia e WC	Waschbecken mit Dusche und WC
Partiamo domattina.	Wir reisen morgen früh ab.
Prepari il conto, per favore.	Machen Sie bitte die Rechnung fertig.
Mi chiama un taxi, per favore?	Können Sie mir bitte ein Taxi rufen?
il campeggio	Campingplatz
la tenda	Zelt

Il tempo / Wetter

Che tempo farà oggi?	Wie wird das Wetter heute?
Ha già sentito le visioni del tempo?	Haben Sie schon den Wetterbericht gehört?
Fa/Farà caldo.	Es ist/wird warm.
molto caldo	heiß
freddo/fresco	kalt/kühl
C'è afa/tempesta.	Es ist schwül/stürmisch.
Quanti gradi ci sono?	Wie viel Grad haben wir?
la nuvolosità	Bewölkung
il temporale	Gewitter
il caldo/la pioggia/il sole	Hitze/Regen/Sonne
il vento/la nuvola	Wind/Wolke

I numeri / Zahlen

uno	eins
due	zwei
tre	drei
quattro	vier
cinque	fünf
sei	sechs
sette	sieben
otto	acht
nove	neun
dieci	zehn
undici	elf
dodici	zwölf
tredici	dreizehn
quattordici	vierzehn
quindici	fünfzehn
sedici	sechzehn
diciassette	siebzehn
diciotto	achtzehn
diciannove	neunzehn
venti	zwanzig
trenta	dreißig
quaranta	vierzig
cinquanta	fünfzig
sessanta	sechzig
settanta	siebzig
ottanta	achtzig
novanta	neunzig
cento	hundert
mille	tausend
duemila	zweitausend

L'ora/Il calendario / Zeitangaben/Kalender

Che ore sono?	Wie spät ist es?
Sono le …	Es ist …
adesso	im Moment
oggi	heute
ieri/l'altro ieri	gestern/vorgestern
domani/dopodomani	morgen/übermorgen
di mattina/di pomeriggio/di sera	vormittags/nachmittags/abends
giorno	Tag
settimana	Woche
mese	Monat
anno	Jahr
lunedì	Montag
martedì	Dienstag
mercoledì	Mittwoch
giovedì	Donnerstag
venerdì	Freitag
sabato	Samstag
domenica	Sonntag

gennaio	Januar
febbraio	Februar
marzo	März
aprile	April
maggio	Mai
giugno	Juni
luglio	Juli
agosto	August
settembre	September
ottobre	Oktober
novembre	November
dicembre	Dezember

SERVICE von A–Z

Strom

Die Stromspannung beträgt normalerweise 220 Volt. Deutsche Schukostecker passen selten in italienische Steckdosen. Zwischenstecker gibt es in Elektro- oder Haushaltswarengeschäften, auch die Hotelrezeption hilft gerne aus.

Telefon/Post

In größeren Städten und in Urlaubsorten wurden zahlreiche Telefonzellen eingerichtet. Wegen Diebstahlgefahr sind sie meistens nur mit Telefonkarten zu bedienen. Telefonkarten gibt es bei der Telecom, an Automaten, in den Hotels sowie an Zeitungskiosken und in Tabakläden. Beachten Sie das aufgedruckte Verfallsdatum!

In Italien gehört die Ortsvorwahl inklusive der Null zum festen Bestandteil jeder Teilnehmernummer, gleichgültig ob man vom Ausland anruft, von einem italienischen Ort oder innerhalb des Ortes. Als Beispiel die Nummer der Informationsstelle in Florenz: ✆ +39-055-233 20. Bei Anruf auf ein italienisches Handy entfällt die Null. Die **Vorwahl** von Italien nach Deutschland lautet ✆ +49, nach Österreich ✆ +43, in die Schweiz ✆ +41, gefolgt von der Ortsvorwahl ohne die erste Null und der Teilnehmernummer.

Tiere (Hunde und Katzen)

Bei Reisen auf die Kanarischen Inseln wie generell innerhalb der EU besteht für alle Katzen und Hunde (und Frettchen) die elektronische Chip-Pflicht. Die bisher erlaubte Kennzeichnung der Tiere durch Tätowierungen entfällt. Die Tollwutimpfbescheinigung und der EU-Heimtierpass müssen sich auf das »gechippte« Tier beziehen und von einem ermächtigten Tierarzt ausgestellt worden sein: mindestens einen Monat oder höchstens ein Jahr vor Reiseantritt.

Trinkgeld

Obwohl in den Restaurants der Service meistens im Preis enthalten ist, wird bei guter Bedienung ein zusätzliches Trinkgeld erwartet. Je nach Zufriedenheit gibt man 5–10 %. Im Hotel sollte das Zimmermädchen etwa € 5 je Woche und Person erhalten, ähnlich der Kellner. Der Gepäckträger bekommt für ein nicht allzu großes Gepäckstück € 1, in Luxusherbergen mehr.

An der Bar freut sich jeder, wenn Trinkgeld liegen gelassen wird, aber das ist nicht unbedingt notwendig. Taxifahrer werden nach dem Taxameter entlohnt, man rundet die Summe auf; beim Friseur gibt man üblicherweise rund 10 % Trinkgeld.

Unterkunft

In größeren Städten und touristischen Zentren finden sich Hotels aller Kategorien, der Standard ist üblicherweise hoch, aber auch die Preise sind es. Ziemlich günstige Angebote gibt es bei den Reiseveranstaltern mit Pauschalangeboten.

Ferienhäuser/Agriturismo: Ferienwohnungen in Villen oder Schlössern und Apartments auf alten toskanischen Landgütern werden immer häufiger angeboten. Die Beliebtheit ist derart gewachsen, dass häufig ein Jahr im Voraus gebucht werden muss (Prospekte und Buchung in Reisebüros).

Informationen über Agriturismo gibt es im Internet unter www.Agriturismo.regione.toscana.it und außerdem bei drei Organisationen:

Agriturist Toscana
Via Alfani 66, 50121 Firenze
✆ 055-28 78 38, Fax 055-230 22 85
agritosc@confagricoltura.it

Turismo Verde Toscana
Via Verdi 5, 50122 Firenze
✆ 055-200 22, Fax 055-234 50 39
ww.turismoverde.it

Vermieterorganisation CIA
(Confederazione Italiana Agricoltori)
Via Iacopo Nardi 41, 50132 Firenze
✆ 05 52-33 89 11, Fax 05 52-33 89 88
www.cia.it

Weitere Tipps für Agriturismo
unter www.turismointoscana.it

Orts- und Sachregister

Die **fetten** Hervorhebungen verweisen auf ausführliche Erwähnungen, *kursiv* gesetzte Begriffe und Seitenzahlen beziehen sich auf den Service von A–Z.

Abbadia San Salvatore 100
Abbazia di Monte Oliveto Maggiore 100 f.
Abbazia di Sant' Antimo 102
Abbazia di Vallombrosa 49
Albegna, Tal 9
Alberese 9, 78, **79 f.**
- Parco Naturale della Maremma 79
Albinia 88, 118, 177
Alpi Apuane (vgl. auch Parco Naturale delle Alpi Apuane) 5, 57
An und Einreise 193
Anghiari **141 f.**, 145
- Castello di Sorci 142
- Museo Statale di Palazzo Taglieschi 141
- Santa Maria delle Grazie 141 f.
- Stradone 141
Ansedonia 78, **80**
- Museo Archeologico Rovine di Cosa 80
- Tagliata Etrusca 80
Apennin 23, 103
Apuanische Alpen vgl. Alpi Apuane
Arcidosso **103**
- Parco Faunistico del Monte Amiata 103 f.
Aretino 173
Arezzo 6, 7, 15, 18, 35, 108, 120, 140, 141, **142 f.**, 145, 150, 152, 173, 175, 177 f.
- Cappella Bacci 143
- Dom San Donato 142 f., 143
- Giostra del Saracino 143
- Loggia del Vasari 142
- Museo Archeologico 142, 143
- Piazza della Repubblica 142
- Piazza Grande 142
- Pieve di Santa Maria 142
- San Francesco, Kirche 142, 143
Arno, Fluss 6, 8, 23, 34, 36, 38, 42, 49, 68, 140, 146
Ärztliche Versorgung 193 f.
Asciano 104 f., 108, 178
- Basilica di Sant' Agata 104
- Museo Cassioli 105

- Museo Archeologico e d'Arte Sacra 104 f.
Aulla 52, 71
Auskunft 194
Autofahren/Verkehr 194 f.
Automiete 195

Badegewässer 195
Badia a Colitbuono 144
Bagno di Lucca 5
Bagno di Romagna 146
Bagno di Pignoni 118
Bagno Vignoni 105
Bagnone 52 f., 188
Balze 138
Barga **53**, 60, 178
- Dom San Cristoforo 53, 55
Bianco di Pitigliano 174
Bibbiena 7, 140, **144 f.**, 146, 159, 178
- Palazzo Dovizi 144
- Pieve dei Santi Ippolito e Donato 144, 145
Bisenzio 6
Bivigliano 44
- Monte Senario, Kloster 44
Bolgheri 80 f.
Borgo a Mozzano 56
- Ponte della Maddalena 56
Borgo San Lorenzo **45**, 49, 178
- Antico Molino Faini 45
- Pieve San Lorenzo 45
Bosco ai Frati, Kloster 47
Buonconvento 100, 102, 105
- Museo di Arte Sacra 105
- Museo della Mezzadria Senese 105

Caiano 178
Caldana 178
Camaiore 56 f., 183
- Museo d'Arte Sacra 56
Camaldoli **145**, 146, 179
- Eremo 145
- Kloster 145
Campiglia Marittima 8, **81 f.**
- Parco Archeominerario di San Silvestro 81 f.
- Rocca di San Silvestro 8, 81
Camping 195
Camporgiano 64, 179
Capalbio 82 f.
Capanne 64
Capolona 146
Caprese Michelangelo **145 f.**, 179
- Museo Michelangelo 145, 146
Carbonifera 179
Careggi 45 f. vgl. Medici-Villen
Carrara 5, 52, **57 f.**, 62, 64
- Museo Civico del Marmo 57, 58
- Ravaccione-Stollen 57, 58

Casale Marittimo 179
Casentino 5, 7, 140, **146**
Castagneto-Carducci 80
Castel San Niccolò 146, **147 f.**, 179 f.
Castellina in Chianti **148**, 154, 158, 161, 172
Castello del Trebbio, Medici-Schloss 47, 48
Castello di Brolio 141, **148 f.**
Castello di Gargonza 157
Castello di Meleto 141, **149**
Castello di Montemignaio 147
Castello di Spaltenna 154
Castello Montecchio Vesponi 150
Castello San Niccolò 147
Castelnuovo di Garfagnana 58 f., 64, 179
Castelnuovo di Misericórdia 83
Castelvecchio Páscoli 55
- Casa Páscoli 55
Castiglion Fiorentino **150 f.**, 175
- Piazza San Francesco 150
- Pinacoteca Comunale 151
Castiglioncello 78, 83
Castiglione della Pescaia 91
Cecina 80
Certaldo Alto **125 f.**
- Casa del Boccaccio 125
- Funiculare 125
- Museo d?Arte Sacra 125
- Palazzo Pretorio 125
Cetica 146, 147
- Bagni di Cetica 147
- Museo del Carbonaio 146, 147
Chiana, Fluss 140
Chianciano Alto 106
Chianciano Terme **106 f.**, 113, 180
- Museo Etrusco Archeologico 106, 107
Chianti 7, 8, 140 ff.
Chiantigiana 148
Chianti-Wein 144, **170–174**
- Chianti Classico 149, 155, 171, 173
- Chianti Rufina 49
- Gallo Nero 170, 172
Chiusi 9, 18, **108**, 111
- Duomo/Museo della Cattedrale 108
- Museo Archeologico Nazionale 108
- Museo Civico 108
- Tomba del Colle 108
- Tomba della Pelegrina 108
- Tomba della Scimmia 108
Chiusi della Verna 180 vgl. auch La Verna
Colle di Val d'Elsa 8, 124, **126**, 180
- Museo Archeologico 126

210

Orts- und Sachregister

Colli Fiorentini 173
Colli Senesi 173
Colline Metallifere 8, 18, 78, 90
Colline Pisane 173
Collodi 52, 59 f.
– Parco di Pinocchio 59
– Villa Garzoni 59 f.
Colonnata **57 f.**, 195
Consuma 181
Cortona 9, 18, 19, 140, 150, **152 f.**, 154, 175, 180
– Duomo Santa Maria 152
– La Fortezza Medicea 152
– Museo dell' Accademia Etrusca 152
– Museo Diocesano 152
– Palazzo Comunale 152
– Piazza della Repubblica 152
– Piazza Garibaldi 152
Crete 7, 8, 100, 104, **108 f.**

Dicomano 49
– Oratorio di San Onofrio 49, 50
Diebstahl 195
Diplomatische Vertretungen 195

Einkaufen/Märkte 196
Eintrittspreise (Museen) 196
Elba 8, 9, 18, 89, 90, **92–99**, 181
– Capoliveri 92 f., 99
– Cavoli 99
– Chiessi 99
– Fetovaia 99
– Madonna del Monte 94
– Madonna di Monserrato 93
– Marciana Alta 93 f.
– Marciana Marina 94 f., 96
– Marina di Campo 95
– Monte Calamita 92
– Monte Capanne 94
– Parco Minerario 99
– Poggio 96
– Pomonte 99
– Portoferraio 96 f.
– Porto Azzurro 92, 98 f.
– Rio Marina 99
– Rio nell' Elba 99
– Secchetto 99
– Westliche Panoramastraße 99
Elsa-Tal 125, 126
Emilia Romagna 5
Eremo di Calómini 60
Essen und Trinken 196 ff.

Fantiscritti 57
– Cava Museo di Walter Danesi 57, 58
Feiertage/Feste 198 f.
Fiesole 18, **43**, 45
– Kathedrale San Romolo 43
– Kloster San Francesco 43
– Museo Bandini 43

– Römisches Theater/Museum 43
Figline Valdarno 182
Fiora-Tal 122
Fivizzano 5
Florenz 6, 14, 18, 21, 23, **26–43**, 52, 60, 72, 140, 141, 159, 164, 165, 167, 171, 172, 173, 181 f., *193*, 194
– Badia Fiorentina (Santa Maria Assunta) 31, 41
– Baptisterium 27, 40
– Barockkirche Ognissanti 39
– Basilica di San Lorenzo 41
– Biblioteca Laurenziana 35
– Campanile 27 f., 40
– Capella Brancacci 38 f., 42
– Cappelle Medicee 35, 41
– Cenacolo di Ognissanti 42
– Duomo Santa Maria del Fiore 27, 40
– Festung Belvedere 23, 39
– Galleria dell' Accademia 32, 34, 40, 41
– Galleria Palatina 36
– Giardino di Boboli 23, 39, 42
– Kirche Santo Spirito 39
– Kloster San Marco 34
– Loggia dei Lanzi 32
– Mercato Centrale 35, 42
– Museo Archeologico Nazionale 35, 40, 41
– Museo dell'Opera del Duomo 27, 30, 40
– Museo di San Marco 40, 41
– Museo Nazionale del Bargello 30, 40
– Museo Tesoro di San Lorenzo 35, 41
– Orsanmichele 33, 41
– Palazzo della Signoria 32
– Palazzo Medici-Riccardi 35, 41
– Palazzo Pitti 20, 23, 32, 36, 40, 42
– Palazzo Vecchio 13, 14, 23, 32, 33, 34, 35, 41
– Paradiespforte 26 f.
– Pazzi-Kapelle 34
– Piazza del Duomo 26
– Piazza della Signoria 31, 33
– Piazza San Lorenzo 35
– Piazza San Marco 34, 35
– Piazza San Trinità 36
– Piazza Santa Maria Novella 36
– Piazza Santissima Annunziata 35
– Ponta alla Carraia 36
– Ponte Vecchio 20, 23, 36, 38
– San Lorenzo, Grabeskirche 35
– Santa Croce, Kirche und Museum 33, 40
– Santa Maria del Carmine 38
– Santa Maria Novella, Kirche 36 f., 42, 167
– Santa Trinità 13
– Spedale degli Innocenti 35, 41

– Uffizien 20, 23, 32 f., 40
Follónica 87, 182
Fonteblanda 182
Foresti Casentinesi 146

Gaiole in Chianti 8, 140, 144, **154 f.**, 172, 182
Gallicano 60
Garavicchio 82
Garfagnana 5, 52, 53, 64, 71
Gargonza 157
– Castello di Gorgonza 157
Gavorrano 83
– Parco Minerario Naturalistico 83
Geld/Kreditkarten
Giardino dei Tarocchi 82 f.
Giglio, Insel 9, 88
Greve in Chianti 8, 148, **155**, 172, 183
– Mostra Mercato del Chianti 155
Grezzano 48
Grosseto 9, 78, 79, 80, **84**, 87, 120, 183
– Dom San Lorenzo 84
– Museo Archeologico e d'Arte della Maremma 84
– Piazza Dante 84
– Ruderi de Roselle 84
Grotta del Vento 60

Kinder 199
Klima/Kleidung/Reisezeit 199 f.

La Verna/Chiusi della Verna **156 f.**
– Basilika Santa Maria Assunta 156
– Capelle delle Stimmate 156
– Santuario della Verna 146, 156
– Sasso Spico 156
Lago di Bolsena 118
Lago di Massaciuccoli 75
Lago di Vagli 64
Lago Trasimeno 154, 175
Laguna di Orbetello 88
Landkarten 200
Larderello 8
Lardo 57, 58
Lido di Camaiore 183 f.
Literatur 200
Livorno 13, 20, 78, 83, **85 f.**, 183
– Fortezza Nuova 85
– Venezia Nuova 85
– Terrazza Mascagni 85
Londa 49
Lucca 5, 6, 11, 18, 19, 52, 56, 59, **60 ff.**, 63, 174, 175, 183 f.

211

Orts- und Sachregister

- Dom San Martino 60, 61
- Palazzo Guinigi 61, 62
- Piazza del Mercato (Piazza dell'Anfiteatro) 61
- San Michele in Foro, Kirche 61, 62
- Stadtmauer 60
- Torre Guinigi 62
- Volto Santo 60, 61

Macchia Lucchese 75, 76
Magra-Tal 71
Manciano 9
Maremma vgl. Parco Naturale della Maremma
Marina di Bibbona 80, 83, 184
Marina di Castagneto-Donoratico 78, 83, 86, 184
Marina di Cecina 78, 83, 86, 184
Marina di Massa 62
Marina di Torre del Lago Puccini 75, 76 vgl. auch Viareggio
Marmorberge vgl. Carrara
Massa 5, **62 f.**, 64
- Castello Malaspino 62, 63
- Palazzo Cybo Malaspino 62
- Piazza Aranci 62
Massa Marittima 8, 78, **86 f.**, 91, 184 f.
- Balestro del Girifalco 87
- Duomo San Cerbone 86
- Museo della Miniera 87
- Museo di Arte e Storia della Miniera 87
- Piazza Garibaldi 86
- Punta Ala 87
Medici-Brücke 49
Medici-Villen 26, **45 f.**
- Cafaggiolo 47, 48
- Careggi 45, 46
- Castello 46
- La Petraia 45 f.
- Demidoff 51
Molino Grifoni 147
Montalbano 173
Montalcino 9, 100, 102, 103, **109 f.**, 185
- Brunello di Montalcino, Wein 109, 110, 173
- Fortezza 109
- Museo Civico e Diocesano d'Arte Sacra 109, 110
- Rosso di Montalcino, Wein 109, 173
Montaperti 19
Monte Amiata 9, 100, 203

Monte Argentario 9, 78, 80, 88
Monte Belvedere 62
Monte Falterona 6
Monte Labbro 103
Monte Penna 146
Monte Pisanino 64
Monte San Savino/Gargonza 157
Monte Sant' Egidio 152
Montecarlo, Wein 174
Montecatini Alto 63
Montecatini Terme 59, 63, 64, 173, 185
Montelupo 185
Montemerano 120
Montemignaio
- Castello di Montemignaio 147
Montepulciano 9, 100, 106, **111 ff.**, 186
- Bravio delle Botti 113
- Cantiere Internazionale d'Arte 113
- Duomo 111, 112
- Madonna di San Biagio, Kirche 111 f.
- Museo Civico e Pinacoteca Crociani 111, 112
- Nobile de Montepulciano, Wein 111, 173
- Palazzo Comunale 111, 112
- Palazzo del Capitano del Popolo 111
- Piazza Grande 111
- Porta al Prato 111
- Porta Grassi 111
Monterchi **157**
- Museo delle Bilance 157
- Museo Madonna del Parto 157
Monteriggioni 124, **126**, 186
Monti del Chianti 8
Monti dell' Uccellina 79
Monticchiello 113 f.
- Teatro Povero 113, 114
Morellino di Scansano 173
Mugello 26, **44 ff.**
Murlo 114
- Museo Archeologico/Antiquarium di Poggio Civitate 114, 115

Notrufe 200

Öffentliche Verkehrsmittel 200
Öffnungszeiten
Olivenöl 144
Ombrone 62
Orbetello 78, 82, 88, 186
Orbetello Scalo 88
Orcia-Tal 102, 117
Orgia **126 f.**
- Il Museo di Bosco 126, 127

Palazzuolo sul Senio **46 f.**, 186
- Museo Archeologico Alto Mugello 46

- Palazzo dei Capitani dei Popoli 46
Parco Archeologico »Citta del Tufo« **115 f.**
Parco Archeologico di Baratti e Populonia 90, 91
- Tomba dei Carri 90
- Tomba del Bonzetto di Offerente 90 f.
Parco di Cavriglia 141, **158**
Parco Faunistico 100
Parco Naturale della Maremma 5, 18, 78, 79, 100 vgl. auch Alberese
Parco Naturale delle Alpi Apuane 64
Parco Sculture del Chianti 158
Pecorino 8, 9, 109, 110
Pelago 49
Pescia 59, 64, 186
- Museo Civico Carlo Magnani 64
- Palazzo dei Vicari 64
- Piazza Grande 64
Pescia Fiorentina 82
Pian d'Alma 87
Piemont 5
Pienza 5, 9, 100, 113, **116 f.**, 187
- Bischofspalast 117
- Corso Il Rossellino 117
- Dom 117
- Museo Diocesano 117
- Palazzo Piccolomini 117
- Palazzo Pubblico 140
- Piazza Pio II 117
Pietrasanta 64 f.
- Museo degli Bozzetti 65
Pieve Santo Stéfano 145
Pievescola 186 f.
Piombino 8, 78, **89**, 187
- Museo Archeologico del Territorio di Populonia 89
Pisa 6, 13, 14, 15, 18, 19, 23, 52, **65–69**, 76, 78, 85, 172, 173, 187
- Baptisterium 65, 66, 68
- Borgo Stretto 68
- Botanischer Garten 67 f.
- Campanile/Torre Pendente/ Schiefer Turm 23, 65, 66, 68
- Camposanto 66, 68
- Duomo Santa Maria 65, 66, 68
- Gioco del Ponte 68, 69
- Lungarno Pacinotti 68
- Museo dell' Opera del Duomo 66 f., 69
- Museo delle Sinopie 66, 69
- Piazza dei Cavalieri 68
- Piazza dei Miracoli 65
- Piazza Garibaldi 68
- Ponte di Mezzo 68
- Regatta di San Ranieri 69
Pistoia 6, 15, 18, 19, 20, 52, 63, **70 f.**, 174

212

Orts- und Sachregister

- Baptisterium 70
- Capella di San Jacopo 70
- Duomo San Zeno 70, 71
- Giardino Zoologico di Pistoia 71
- Museo Civico 70, 71
- Museo Marina Marini 70, 71
- Oratorio Sant' Antonio Abate (Capella del Tau) 70, 71
- Palazzo Comunale 70
- Palazzo del Podestà 70

Pitigliano 9, 115, **118 f.**, 121, 122, 187
- Aquädukt 118
- Bianco di Pitigliano, Wein 118
- La Piccola Gerusalemme 118
- Madonna delle Grazie, Kapelle 118
- Museo Civico Archeologico/Orsini-Palast 118
- Museo Archeologico 115
- Piazza Fortezza 118

Poggibonsi 127, 154, 161
Poggio Bruno 91
Polcanto 178
Pomino 49
- Castello di Pomino 51
- San Bartolomeo, Pfarrkirche 49, 50

Pomino, Wein 49
Pontassieve 49, 187 f.
- Porta Fiorentina 49
- Torre dell' Orologio 49

Pontremoli 52, **71 f.**, 188
- Museo delle Statue Stele Lunigiana 71, 72

Poppi 7, 140, 145, 146, **159 f.**, 188
- Castello dei Conti Guidi/Palazzo Pretorio 159, 160
- San Fedele, Kirche 159, 160

Populonia 8, 18, 78, **90 f.**
- Akropolis 90
- Golfo di Baratti 91
- Necropoli delle Grotte 8, 90 f.

Porto Azzurro 182
Porto Ercole 88, 91, 188
Portoferraio 181
Porto Santo Stefano 88, 91, 177
Prato 6, 15, 18, 19, 52, 70, **72 ff.**, 166, 188
- Capella della Sacra Cintola 73
- Castello dell' Imperatore 73, 74
- Duomo Santo Stefano 73
- Museo del Tessuto 74
- Museo dell' Opera del Duomo 73 f.
- Palazzo Vescovile 73 f.
- Santa Maria delle Carceri 73, 74
- Santa Margherita, Kloster 166

Pratolino 189
Pratomagno 7, 146
Pratovecchio 146, **160**
- Castello di Romena 160

- Museo Archeologico e delle Arme 160
- Pieve di San Pietro a Romena 160

Presse/Radio/TV 200
Punischer Krieg, 2. 175
Punta Ala 189

Radda in Chianti 8, 140, 141, 144, 154, 172, **161**, 189
- Camminamento Medievale 161

Rauchen 200 f.
Riviera degli Etruschi 5, 81, 78
Ronta 48
- Antico Mulino Margheri 48

Roselle 18
Rufina 49, 173, 189
- Castello di Pomino 51
- Museo della Vita e del Vino 50

San Baronto 184
San Gimignano 8, 19, 124, **127 ff.**, 174, 189
- Chiesa Collegiata Santa Maria Assunta 128
- Museo Civico 128 f.
- Piazza del Duomo 127
- Piazza della Cisterna 128
- Rocca di Montestaffoli 127
- Torre Grossa 128 f.

San Giovanni d'Asso 100
- Museo del Tartufo 100, 102

San Godenzo 49
- Abbazia Benedettina di San Godenzo 50

San Miniato al Tedesco 74 f.
- Dom und Museo Diocesano d'Arte Sacra 75
- Rocca Federiciana 74, 75

San Piero a Sieve 47 f., 189 f.
- Fortezza di San Martino 47
- Pieve di San Pietro 47

San Quirico d'Orcia 100, 105, 109, 116, **120**, 190
- Collegiata Santa Maria, Stiftskirche 120
- Festa del Barbarossa 120
- Horti Leonini 120
- Palazzo Chigi 120

San Quirico di Sorano 9, 115, **119**, 121, 190
- Colombario 119
- Insediamento Rupestre di Vitozza 119
- Rocaccia 119

San Vincenzo 90, 190
Sansepolcro 141, 145, **162 f.**, 190
- Aboca-Museum 162
- Museo Civico/Pinacoteca Comunale 162

Sant' Anna di Stazzema (vgl. auch Pietrasanta) 65
- Museo Storico della Resistenza Toscana 65

Sarteano 190
Sassetta 190
Saturnia **120 f.**
- Cascate del Mulino 121
- Porta Romana 121

Scarperia **48 f.**
- Autodromo del Mugello 49
- Museo Ferri Taglienti 48
- Palazzo dei Vicari 48

Serchio, Fluss 6, 56, 60
Sesto Fiorentino 45, 46
Siena 7, 8, 15, 19, 100, 104, 105, 106, 108, 116, 120, 124, 126, **129–136**, 140, 154, 155, 171, 172, 173, 190 f.
- Baptisterium 130, 134
- Campanile 124
- Casa di Santa Caterina 130, 134
- Duomo Santa Maria 124 f., 134
- Fonte Gaia 132
- Fortezza 130
- Museo Archeologico Santa Maria della Scala 131, 135
- Museo Civico 132, 135
- Museo dell' Opera Metropolitana 131, 135
- Palazzo Pubblico 132
- Palazzo Sansedoni 132
- Palio 131, 133, 136
- Piazza del Campo 124, 131 f., 133
- Piazza del Duomo 131
- Pinacoteca Nazionale/Palazzo Buonsignori 131, 135
- Rathaus 130
- San Domenico, Kirche 130, 134
- Torre del Mangia 132, 133, 135
- Via della Galluzza 130

Sieve-Tal 45, 49
Sorano 9, 115, **121 f.**
- Collegiata di San Nicola di Bari 121, 122
- Fortezza Orsini 115, 121, 122

Sovana 9, 115, **122 f.**, 191
- Dom San Pietro 123
- Museo Etrusco/Palazzo Pretorio 123
- Santa Maria, Kirche 122, 123
- Tomba Ildebranda 123
- Parco Archeologico »Città del Tufo« 123

Sovicille 191
Sport/Urlaubsaktivitäten 201 f.
Sprachführer 203–209

213

Orts- und Sachregister/ Namenregister

Stia 146, **163**, 191
- Castello di Porciano 163
- Piazza Tanucci 163
- Santa Maria Assunta, Kirche 163
Strada dei Castelli 140
Strada in Casentino 147
Strettoia 64
Strom 209
Subbiano 146

Tanella di Pitagora 152
Telefon/Post 209
Tiere 209
Torre del Lago Puccini 75, 191
- Puccini-Museum 75
Torri 136 f.
- Monastero della Santissima Trinità 136 f.
Tosco-Emilianischer Appenin 6
Toskanische Küste 5

Trinkgeld 209
Tuoro Sul Trasimeno 154, 175, 176
- Precorso Storico Archeologico della Battaglia 176

Unterkunft 177-192, *209*

Vada 191 f.
Valdarno 6 f., 8, 154, 161
Valdichiana 9
Valdisieve 26, 49 ff.
Valle Fantiscritti 57
Vallombrosa 144
Vernaccia di San Gimignano 174
Versilia 5
Vespignano 45, 164
Vetulonia 18, 78, **91**
- Museo Civico Archeologico »Isidori Falchi« 91
- Zona Archeologica di Vetulonia 91
Viareggio 52, 56, 75, **76**, 192
Vicchio 45, 192
- Casa di Giotto 45
- Museo di Arte Sacra 45
Villa und Park Demidoff **51**
Villafranca 52

Vinci **77**, 192
- Casa Natale di Leonardo 77
- Museo Ideale Leonardo da Vinci 77
- Museo Leonardino (Castello dei Conti Guidi) 77
Vitozza 115 vgl. auch San Quirico di Sorano
Volterra 8, 18, 19, 124, **137 ff.**, 192
- Amphitheater/Teatro Romano 137, 138
- Dom Santa Maria Assunta/Museo Diocesano 137, 138
- Ecomuseo dell?Alabastro 137, 139
- Museo Etrusco Guarnacci 137 f.
- Palazzo Minucci-Sodaini 137
- Palazzo del Pretorio 137, 138
- Piazza dei Priori 137
- Pinacoteca e Museo Civico 137, 138
- Porta all' Arco 137

Weinstraße Chianti Rufina e Pomino 49, 50 f.

Namenregister

Albizzi, Rinaldo degli 11
Alexander VI. 14
Altligurer 71
Ammannati, Bartolomeo 32

Baglioni 15
Bandinelli, Baccio 32
Barbarossa (Friedrich I.) 120
Bartolo, Domenico di 131
Bartolo, Taddeo di 111
Benito Mussolini 22, 23
Berlusconi, Silvio 23

Bigarello da Como, Guido 53
Boccaccio, Giovanni 4, 19, 125
Boccherini, Luigi 60
Böcklin, Arnold 76
Bondone 165
Botero, Fernando 65
Boticelli, Sandro 11, 13, 33, 34, 36
Bronzino, A. di Cosimo 32
Brunelleschi, Filippo 11, 28, 30, 34, 35, 39, 41, 70
Bruni, Leonardo 11
Buti, Francesco 166
Buti, Lucrezia 166

Caravaggio 33, 36
Cellini 31
Cimabue, Giovanni 34, 45, 164 f.

Clemens VII. 14 f.
Como, Giroldo da 86

Da Vinci, Leonardo 77, 168
Da Vinci, Ser Piero 168
Dante Alighieri 4, 19, 27, 30, 34, 160
Donatello (Donato de' Bardi) 11, 30, 31, 32, 40, 47, 48, 73, 130
Durant, Will 10
Duse, Eleonora 76

Erzbischof Salviati 12
Etrusker 8, 18, 71, 78, 80, 81, 86, 90, 99, 104, 118, 119

Falchi, Isidoro 91

214

Namenregister

Fra Angelico 34, 41, 45, 152
Franz von Assisi 146, 156
Franz von Lothringen (Kaiser Franz I.) 20
Fredi, Bartolo di 128
Friedrich II. 73, 74

Gaddi, Agnolo 73
Gaius Flaminius 175 f.
Galilei Galilei 34
Ghibellinen (Kaisertreue) 19, 129
Ghiberti, Lorenzo 27, 130
Ghirlandaio, David 167
Ghirlandaio, Domenico 13, 33, 38, 39, 42, 167
Giambologna 30, 31, 32, 51
Giotto di Bondone 19, 27, 38, 45, 164, 165
Giovanni, Matteo di 141
Goethe, Johann Wolfgang von 4
Gozzoli, Benozzo 35
Guelfen (Papsttreue) 19, 129
Guidi, Fürsten 160

Hannibal 9, 154, 175 f.
Hasdrubal 176
Heinrich VII. 105

Kaiser Augustus 137
Kaiser Diokletian 18
Karl der Große 19
Karl V. 15, 113
Karl VIII. 13
Katharger 175, 176
Kelten 71
Kolumbus, Christoph 39
König Ferrante von Neapel 12

Langobarden 19
Lippi, Filippino 31, 33, 38, 40, 61, 74, 166
Lippi, Fra Filippo 73, 166
Lord Byron 76
Lorenzetti, Ambrogio 132
Lorenzetti, Piero 152
Lorenzo, Bicci di 144, 163

Machiavelli, Niccolò 34
Manetti, Gianozzo 11
Mann, Thomas 76
Marinsky, Harry 65
Marsuppini, Carlo 11
Martini, Simone 132
Masaccio 38 f., 42, 166
Masolino 38 f.
Medici, Familie **10–17**, 32, 33, 36, 41, 45, 46, 85
– Alessandro 15
– Anna Maria Lodovica 17
– Averardo 11
– Chiarissimo 11
– Cosimo I. 15 f., 20, 32, 39, 44, 46, 49
– Cosimo II. 17
– Cosimo III. 17, 20
– Cosimo der Jüngere 15
– Cosimo il Vecchio, der Ältere 11, 14, 20, 33, 34, 46, 47
– Ferdinando I. 17, 20, 36, 45
– Ferdinando II. 17
– Ferdinand III. 21
– Francesco I. 16 f., 51
– Gian Gastone 17, 20
– Giovanni dalle Bande Nere vgl. Cosimo I 15 f.
– Giovanni di Bicci 11
– Giovanni, Papst Leo X. 13, 14, 20, 32
– Giuliano 12, 47
– Giuliano (der Jüngere) 14
– Giulio (später Clemens VII.) 14
– Lorenzino 15
– Lorenzo I. 14
– Lorenzo der Ältere 15
– Lorenzo der Gichtige 105
– Lorenzo il Magnifico, der Prächtige 11 ff., 20, 45, 46, 47, 48
– Piero il Gottoso, der Gichtige 11, 20
– Piero der Einfältige 13
– Salvestro 11
Michelangelo 5, 13, 15, 20, 30, 31, 32, 34, 35, 40, 65, 145, 174
Michelino, Domenico di 30
Michelozzo 11, 34, 35, 47, 48, 111

Napoleon I. 9, 20, 92
Niccoli, Niccolò de' 11

Orsini, Clarice 11 f.
Orsini, Grafen von 119
Otto I. 74

Papst Adrian 120
Papst Innozenz VIII. 13
Papst Leo X. 144
Papst Pius II. 116 f., 133
Papst Pius IV. 15
Papst Pius V. 20
Papst Sixtus 12
Páscoli, Giovanni 55
Pazzi, Familie 12
– Franceso de' 12
Perugino 36
Peter Leopold 20, 21
Petrarca, Francesco 4
Piccolomini, Enea Silvio (Pius II.) 116 f.
Piero della Francesca 7, 140, 142, 143, 157, 162
Pietro, Lorenzo di (Il Vecchietta) 117
Pietro, Sano di 120
Pisano, Giovanni 66, 67, 130
Pisano, Guglielmo 137
Pisano, Nicola 65, 131
Pontormo, Jacopo da 34
Porta, Bartolomeo della 137
Prinz Demodoff 51
Puccini, Giacomo 60, 75
Pythagoras 152

Quercia, Jacopo della 130, 134, 135

Raffael 36
Reni, Guido 33
Ricasoli, Baron Bettino 172
Robbia, Andrea della 35, 43, 50, 73, 137, 138, 145, 156, 163
Robbia, Familie 58, 74, 111, 125, 146
Robbia, Luca della 47, 49, 165 f.
Rosselino, Bernardo 117, 133
Rossini, Gioacchino 34
Rubens 36
Rucellai, Giovanni 36

Saint-Phalle, Niki de 82, 83
Salutati, Coluccio 11
San Gimignano, Bastiano da 167
Sangallo, Antonio da 112
Sarazenen 19
Savonarola 13 f., 20, 32
Siena, Santa Catarina di 105
Signorelli, Luca 152
Soderini, Piero 14

Theoderich 19
Tintoretto 36
Tischbein 4
Tizian 36
Toledo, Eleonora di 32

Van Dyck 36
Vasari, Giorgio 16, 28, 32, 33, 40, 142, 164, 167, 168
Velázquez, Diego Rodriguez de Silva y 36
Veronese, Paolo 36
Verrocchio, Andrea del 13, 30, 32, 167 f.
Vespucci, Amerigo 39, 42
Vittorio Emanuele II. 21

Walewska, Maria 94

Zuccari, Federico 28

215

Bildnachweis

**Bildnachweis
Impressum**

Gottfried Aigner, München: S. 8, 47, 48, 49, 51, 53, 56, 58, 59, 76, 81, 82, 85, 93, 94, 103, 104, 106/107, 109, 110, 113, 114/115, 115 o., 128, 130, 131, 136 o., 136 u., 137, 138, 141, 144, 146, 148, 149, 150/151, 153, 154, 155, 158, 159, 161, 165, 170/171, 174, 176, 181, 185, 192, 197
Anne Conway, Florenz: S. 2/3
Herbert Hartmann, München: S. 4, 21, 27, 35, 36, 41, 96/97, 98, 127
Horst Herzig, Groß-Gerau: S. 42,
Imago/Imagebroker: S. 75 (Handl), 77 (Peter Widmann), 95 (Siering), 125 (Giovannini), 172 (Peter Widmann)
Volkmar M. Janicke, München: S. 89
Axel M. Mosler, Dortmund: S. 30, 205
José F. Poblete, Oberursel: S. 6/7, 22/23, 29, 33 u., 38, 43 o., 57, 60, 61, 62, 63, 66, 68, 69, 70, 72, 78, 84, 86, 87, 88, 90, 102, 111, 112, 116, 118, 121, 122, 123, 133, 134, 138/139, 142, 143
Paul Stepan-Vierow, Köln: S. 24/25, 32

Alle übrigen Aufnahmen stammen aus dem Archiv des Vista Point Verlags.

Umschlagvorderseite: Typisches Chianti-Bauernhaus mit Taubenturm. Foto: Gottfried Aigner, München
Vordere Umschlagklappe (innen): Übersichtskarte des Reisegebietes
Schmutztitel (S. 1): Detail aus dem Fresko »Zug der Heiligen Drei Könige« von Benozzo Gozzoli (Capella dei Magi im Palazzo Medici-Riccardi, Florenz). Foto: Vista Point Verlag (Archiv), Köln
Innentitel (S. 2/3): Florenz mit Palazzo Vecchio, Baptisterium, Campanile und Dom. Foto: Anne Conway, Florenz
Hintere Umschlagklappe (außen): Sonnenblumenfeld bei Chianciano Terme. Foto: Gottfried Aigner, München
Umschlagrückseite: Sandro Botticellis »Primavera« (Galleria degli Uffizi, Florenz), Foto: Vista Point Verlag (Archiv), Köln (oben); Die Crete südlich von Siena, Foto: José F. Poblete, Oberursel (Mitte); Der Dom Santo Stefano in Prato, Foto: José F. Poblete, Oberursel (unten)

Gaia ist eine Marke der Vista Point Verlag GmbH, Köln
© 2012 Originalausgabe Vista Point Verlag GmbH, Köln
Alle Rechte vorbehalten
Verlegerische Leitung: Andreas Schulz
Reihenkonzeption: Horst Schmidt-Brümmer, Andreas Schulz
Lektorat: Kristina Linke, Christiane Mahlberg
Layout und Herstellung: Sandra Penno-Vesper, Britta Wilken
Kartographie: Berndtson & Berndtson GmbH, Fürstenfeldbruck, Kartographie Huber, München
Gedruckt auf chlorfrei gebleichtem Papier

ISBN 978-3-86871-470-8